公元787年,唐封疆大吏马总集诸子精华,编著成《意林》一书6卷,流传至今

意林:始于公元787年,距今1200余年

一则故事　改变一生

意林青年励志馆

有目标的人在奔跑，没目标的人在流浪

《意林》图书部　编

吉林摄影出版社

·长春·

图书在版编目（CIP）数据

有目标的人在奔跑，没目标的人在流浪 /《意林》图书部编. -- 长春：吉林摄影出版社，2017.11
（意林青年励志馆）
ISBN 978-7-5498-3399-3

Ⅰ.①有… Ⅱ.①意… Ⅲ.①自我管理—青年读物 Ⅳ.①C912.1-49

中国版本图书馆CIP数据核字(2017)第285562号

有目标的人在奔跑，没目标的人在流浪　YOU MUBIAO DE REN ZAI BENPAO,MEI MUBIAO DE REN ZAI LIULANG

出 版 人	孙洪军
主　　编	顾　平　杜普洲
责任编辑	施　岚　胡晓路
总 策 划	徐　晶
丛书统筹	郭妙霞
策划编辑	石　艳
设计总监	资　源
封面设计	资　源
美术编辑	孔凡雷
开　　本	889mm×1194mm　1/16
字　　数	340千字
印　　张	11
版　　次	2017年11月第1版
印　　次	2022年7月第6次印刷

出　　版	吉林摄影出版社
发　　行	吉林摄影出版社
地　　址	长春市净月高新技术产业开发区福祉大路龙腾国际大厦A座17楼
邮　编	130117
电　　话	总编办：0431-81629821
	发行科：0431-81629829
网　　址	www.jlsycbs.net
经　　销	全国各地新华书店
印　　刷	三河市宏图印务有限公司

书　　号	ISBN 978-7-5498-3399-3	定　价：29.90元

启　事

本书编选时参阅了部分报刊和著作，我们未能与部分作品的文字作者、漫画作者以及插画作者取得联系，在此深表歉意。请各位作者见到本书后及时与我们联系，以便按国家相关规定支付稿酬及赠送样书。

地址：北京市朝阳区南磨房路37号华腾北搪商务大厦1501室《意林》图书部（100022）
电话：010-51908630转8013

版权所有　翻印必究

（如发现印装质量问题，请与承印厂联系退换）

目录 CONTENTS

脆弱的时候，别让情绪操控了你

走运的你与不走运的你	岑嵘	002
香蕉里的爱与恨	尤今	003
不是世界不好，是你见得太少	渡渡	004
最苦与最乐	梁启超	004
不做赶趟儿的事	佚名	005
堵在胸口半个世纪的猪蹄	曾颖	006
恨别人也痛苦	蔡澜	007
越优秀越读书	［日］斋藤孝 程亮译	008
别人	倪匡	008
那些年，我们一起写过的小说	明前茶	009
因有屎壳郎，才有天堂	赵盛基	009
再见，妈妈	不良生	010
飞机头等舱让人易怒	蓝山	011
独乐	子沫	012
不按常理出牌的人，更容易快乐	嘉倩	013
与人为友	亦舒	013
少女心，告诉你一个秘密	路小远	014
买什么更快乐	崔鹏	015
我们总是要看完别人的人生，才会明白一些道理	肖卓	016
在观鸟的快乐中脱离自己	蒋方舟	017
布袋莲	林清玄	018
"差一点儿"是好事	刘威麟	019
时间开窍	丁菱娟	019
恭喜，你终于失恋了	詹蒙	020
纵然人生再苦，也别成为失乐人	慕容素衣	020
至高的赞美	尤今	021
远离那些苦大仇深的人	毕淑敏	022
无忧惧	王鼎钧	022
记了20年的恨	［爱尔兰］艾丽丝·默多克 李克红 编译	023
菲佣的礼物	辉姑娘	023
吃货改变历史	马伯庸	024
煮一碗面的软实力	孙晴悦	025
羡慕与同情	林清玄	025
英国火车站的奇葩晚点理由	乔凯凯	026
我们该生谁的气	张君燕	026

拥有怎样的心态，就拥有怎样的人生

与眼镜的搏斗史	火锅	028
再少一些些	郑海娇	029
年少的微光握在手掌	程宇翰	030
盲鱼	晓月	031
32个未接电话	张振斌	032
候鸟守护人	明前茶	033
青春里，那化妆过的祝福	耶雅亿	034
末日心态	罗振宇	035
更有钱却更不快乐	李少威	036
生死成败的关键	刘墉	036
胖女孩的人生哲学	流沙	037
甜太简单，回甘才有味	蒋勋	038
空心看世界	林清玄	038
陈道明没那么完美，朋友圈没那么幸福	王鹏程	039
因果相应	徐德祥	039
做真实的自己	［日］加藤谛三 陈璇璇译	040

CONTENTS 目录

池塘里的数十万只青蛙	邓 笛	040
暗 示	崔耕和	041
抛 开	倪 匡	041
我就是爱看朋友圈	曲玮玮	042
人之心择其轻重 ［印度］安东尼·德·梅勒 孙张静译		042
捕蛙人	周汉泱	043
心态三种	孙道荣	043
最佳报复	亦 舒	043
心在哪，人在哪，钱在哪	李筱懿	044
人生贵在担当	安妮宝贝	045
年轻受苦是福气	冯 仑	046
真正的重要	马 德	046
受何等委屈，将成何等人	刘永加	047
两类心	冯海鹏	047
再见了，兄弟	尹 腾	048
等级客	倪 匡	048
心的救赎	陈行慧	049
每个妈妈都是傻傻的	张晓风	049
每一次物是人非，都是你宝贵的起点	孙晴悦	050
朋友圈里的陌生人	清 浅	051
美好会遇见美好	白音格力	052
天 空	倪 匡	052
一把伞，一辈子 ［日］高桥有纪 杨渡译		053
厚利多销	盛 乐	053
车厢内的冷漠	刘润生	054
生命中最美好的事都是免费的	拾 遗	055
不要在我孤独的时候说爱我	摆渡人	056
拔河比赛	谭幼今	057
96岁，也可以这么酷	花一城	058
我为什么要生气	黄 桐	058

你的认知，决定了你所看到的世界

人生启蒙之师	沈嘉柯	060
请先把自己升级为女神	夏苏末	061
爆棚的正义，往往是识见不足的愚蠢	雾满拦江	061
就算再努力，也变不成白天鹅	王诺诺	062
没遇见喜欢的人，就先做喜欢的事	卷毛维安	063
泥鳅和鲤鱼	宁书科	063
一元充值的"陷阱"	红豆粥	064
时间使人忘记爱情	张小娴	064
林妹妹的裙子	三 毛	065
自搔脚板不痒	李碧华	065
世界不会停在你熟悉的年代	武云溥	066
煮石医心病	赵元波	066
年轻人的"装"，恰是一颗励志心	程振伟	067
浪 漫	蔡药药不吃药	067
为什么要远离"见人下菜"的人	谢可慧	068
欣赏一只豹	毕淑敏	068
仰面婆姨低头汉	冯 仑	069
原来不打折也是极好的	张珠容	069
不会说话的人，怎样拥有好运	艾小羊	070
有多假就有多热情	马 德	070
做一个"珍珠"女孩	苏 芩	071
"怕"的哲学	南怀瑾	071
鲜鱼刺身	尤 今	072
温 暖	蔡药药不吃药	072
鞋的故事	日 胜	073
太了了	英豪子	073
在星空里迷路	七 微	074
敢与不敢	蒋骁飞	075
17岁的那场雪	于 丹	075
我的第一堂"同理心"之课	陈文茜	076
江湖四件事	蔡志忠	076
奶奶们的"爱心木椅"诊所	李 雷	077
美术课的人生启示	黄小平	077
人与狼的故事	张蓬云	078
香港第一课	姚秦川	078
中国演艺圈为何罕见学霸级明星	猫 儿	079

单恋可能是上天给你的厚礼	李月亮 080	你耗费的心血尚不足以填满垃圾桶	王 路 082
谋生之道	黄佟佟 080	为什么"富二代"不愿接班	陈雪频 083
德国："见死不救"也犯法	张君燕 081	帕金森鸡毛蒜皮定律	[英]露西·凯拉韦 偲言 译 084
要回来的礼物	张亚凌 081	做足底面功夫	莱 茵 084

有目标，你才能心之所向必及远方

你想成为怎样的人	大 鹏 086	赚多少钱可以财务自由	邢 天 102
取舍的气度	于 丹 087	将需求打包出售	沈 沂 103
没有谁的人生很容易	[日]卫藤信之 刘小霞 译 087	谁可善待你	姜烨雨 104
一个科学家的养成	苏 河 088	喜欢吃鱼，就不要怕刺	巫小诗 105
"没用"才是人生珍宝	蔡康永 089	九曲花街	流念珠 105
困住你的只是你自己	落 落 090	让你顶住压力的7个支点	沈畔阳 106
每次只追一个人	张君燕 091	没有紧箍咒，孙悟空成不了斗战胜佛	沈嘉柯 107
性价比最高的活法，叫作"我乐意"	倪一宁 092	我与幸福之间，只差一只猫儿	[日]村上春树 杨若思 译 108
走出去，让世界找到你	陶瓷兔子 093	不跑者赢	鲍海英 109
做亦舒女郎要花多少钱	黄佟佟 094	钓 鱼	毛丹青 109
向日葵左转，牛粪右转	李浅予 095	被逼出来的顶尖人物	董 凡 110
真正的铁饭碗不是体制，而是你的本事	周 冲 096	逐鹿者不顾兔	范一直 110
不死的水熊虫	王新芳 097	欲为大树耻与草争	陈鲁民 111
掌握时间轨道的赢家	吴淡如 098	飞	释戒嗔 111
什么才是真正有趣的生活	萧萧依凡 099	多想还能深情款款	居经纬 112
你所有的偏见，都只是因为你还未达到那个层级	夏至未眠 100	恋 手	蔡 澜 113
洁净的心境	顾 城 100	离开是为了回来	刘若英 114
选择喜欢的，后悔的概率会小一点儿	简 白 101	怎么夸女孩子的容貌	张佳玮 114
弃马种草	茹继田 101		

仰望星空，也需要你脚踏实地

赶走喜鹊	沈石溪 116	一次永生难忘的出行	雷蒙德 121
妈妈，学校里有人欺负我	花揪太太 117	裴宽埋鹿肉	倪西赟 121
不给善良增加负担	郝金红 118	一秒钟换角色	吴建雄 122
战马不能总转圈	齐欣远 118	爱的尊严	梁小雨 123
一次失败的离家出走	路 明 119	疲惫的神明	照日格图 123
美在天成	王 伟 119	承认自己"很笨"，是推卸责任	刘威麟 124
愿你学会笑着低下头	李月亮 120	人与镜	巴特尔 124
有魅力的人	梁凤仪 120	鲈鳗的悲剧	石顺江 125

CONTENTS 目录

为谁而发奋	张小娴	125
最朴素的美意	沈嘉柯	126
灵猴的懊悔	程刚	126
犯错比读书学到更多	［德］罗尔夫·多贝里 刘菲菲 译	127
该快还是该慢	张珠容	127
余裕	子沫	128
我们的友情是如何消失的	卢思浩	128
你是我兄弟	喵大菇	129
过去的锋芒毕露	张小娴	129
最好的顾客	［法］亨利·特罗亚 张成柱 译	130
荷兰航班：一秒钟的迟疑	魏蔻蔻	132
人最大的修养是知人不评人	王雯	133
倒置啤酒赢生存	付体昌	133
温和成就的航天员	杨兴文	134
只碰不约	江志强	135
蟒蛇的伤疤	陆布衣	136
华服与首席	张志兴	136
用美器消磨时光	冯唐	137
用镜头凝视贫困母亲16年	陈世冰	138
好吃勤做	章诒和	139
用心良甜	辉姑娘	140
看热闹	马德	140

养成好习惯，受用一生

拒绝成长的戏剧性	吴晓波	142
做人，要会控制"闲"度	张宝峰	143
闺蜜相轻	佚名	143
有些事不必等	姜钦峰	144
赞赏对方最渴望的部分	金川	144
爱自己，才是一生的罗曼史	佚名	145
与其结交朋友，不如减少敌人	高士闵	146
节省五秒钟	胡晴舫	146
远敬衣衫近敬人	一池月光	147
马和驴	高英	147
做一个能带来小幸福的人	刘同	148
那块误人的糖霜蛋糕	钟伟民	148
加拿大人的"一根筋"	枫叶	149
好人生，属于好主人	王月冰	150
自己当第一，不如和许多"第一"做朋友	刘威麟	150
会涂口红的女人	子沫	151
花费时间和浪费时间	林清玄	152
美是需要智商的	李月亮	152
做一个有自制力且热爱生活的人	杨熹文	153
泥人和木人的隔阂	海星	153
大部分的熬夜都无关努力，只是低效而已	巫小诗	154
开会时的表情	［英］露西·凯拉韦	155
比惨不如比狠	陈立飞	156
别人的房间	艾小羊	157
从菜鸟到大师的距离	张一楠	157
分座	王飙	158
习惯造就贫富	陈琪钱	158
多一步不想	曲家瑞	159
自然更替	［巴西］保罗·科埃略 夏殷棕 编译	159
专车司机记事	张嘉佳	160
朋友的圈子，自己的家事	宋慧敏	160
没有无线网络的幸福	蒋骁飞	161
失信筑起的墙	张勇	162
不等待	［日］松浦弥太郎 张富玲 译	163
你要离开的不是朋友圈，而是那个连你自己都不喜欢的自己	鹤本丽琪	164
过得有趣不如过得认真	yoxi	165
考试和马拉松	薛涌	166
你会聊天吗	四四	167
有句话不知当讲不当讲	罗伟	168
日本的委婉	刘润生	168

脆弱的时候，别让情绪操控了你

经常情绪良好的人，必定也是一个有好人缘、幸福、会取得成就的人。

如果放纵或喂养坏情绪，最后的结果是伤己、伤人、伤心、伤身。人的情绪波动像迷一样，难以预测，更难破解。年轻的时候，我们时常会遇到一些让我们措手不及情绪瞬间变糟糕的难题，它带给我们不好的情绪。在不那么好过的日子里，你要学会梳理情绪，学会每天给自己找一个开心的理由，哪怕只是阳光很暖，电量很满。

愿你所有快乐，无须假装；也愿你此生尽兴，赤诚良善。

有目标的人在奔跑，没目标的人在流浪

走运的你与不走运的你

□岑嵘

A中学是我们市里最好的中学之一，毕业的学生大都出类拔萃。那年升学考试，我差两分没能被录取，为此一直耿耿于怀。每次经过这所学校时，我都会想一个问题，如果那一年考试时某道选择题我没有选错误的D，而选了正确的C；或者批作文的老师心情好那么一点点儿，那么我的人生或许会完全不同。

这样的节点也许就是所谓的人生转折点吧，我把这想象成一个平行世界，那么在平行世界那一端那个幸运的我，人生会有怎样的不同？

这个看似永远无法解答的谜，经济学家却出人意料地给出了答案。

经济学家把一些重要事件产生的分叉，用一个专业名词来命名——"断点回归"。即任何时候都有一个精确的数字（一个断点）把人们分成两个不同的群体，经济学家可以对极为接近截止点的人们的人生结果，进行比较或回归分析。

纽约史岱文森高中是一所让人梦寐以求的学校，这所学校的学生大多能考上全美排名前20的名牌大学，然而，要进入这所高中并非易事，因为只有5%的考生能考上这所高中。

一个叫耶尔马兹的少年和当年的我一样，遗憾地差了两分没能被这所高中录取。耶尔马兹当然永远没有办法回到少年时代的那次考试并且拿回那两分，然后比较一下两者的人生有何不同。我们想当然的办法是，比较上了史岱文森高中的学生和没上史岱文森高中的学生的人生差异。显而易见，从史岱文森高中毕业的学生更多地考上了名牌大学，因为能进入这所高中的学生，都是当年经过激烈竞争的优胜者，他们在总体素质上比其他学校的学生更好，这是顺理成章的事，因此这并不能真正说明问题。

更精确的比较是什么呢？经济学家需要找到两个几乎完全相同的小组，这个时候，"断点回归"派上用场了。

麻省理工学院和杜克大学的经济学家阿蒂拉·阿卜杜勒卡迪罗格鲁、乔舒亚·安格里斯特和帕拉格·帕塔克等人组成了一个团队，他们比较了"断点"，也就是史岱文森高中录取分数线分数上下的学生的最后结果。这些经济学家研究了数百位像耶尔马兹一样因一两道题而错过史岱文森高中的学生，然后将他们和数百名考试成绩稍好，因为多对了一两道题考上史岱文森高中的学生进行比较。

他们评判成败的标准是这些学生的大学预修课程分数、学术能力评估测试分数和最终进入大学的排名。

研究的结果让人吃惊。几位经济学家发现，分数线两边的学生最后的大学预修课程分数和学术能力评估测试分数都难分高下，所就读的大学也都是排名相当的名牌大学。

这几位经济学家评价道：史岱文森高中不会使你在大学预修课程考试中表现得更好，也不能让你最终考上更好的大学。竞争激烈的入学考试席位的价值似乎并未体现出来，入选的精英学子在这里学业进步的程度并不足以证实学校的优势。

我们再看另一个例子。美国哈佛大学毕业生进入职场10年后的年薪平均达12.3万美元，宾夕法尼亚大学的毕业生进入职场10年后的年薪平均达8.78万美元。尽管两所都是很好的学校，但显然能够上哈佛似乎更能让人走向成功，因为哈佛大学总体生源质量比宾夕法尼亚大学要好。

经济学家斯泰西·戴尔和艾伦·克鲁格用了同样的方法来研究精英大学与毕业生未来收入潜力之间的关系。他们发现，当两组背景相似的学生都被哈佛大学录取，然而，其中的一组最终选择了宾夕法尼亚大学时，其结果和史岱文森高中的研究惊人相似，两组学生的职业收入难分伯仲，如果以未来的收入作为衡量标准，他们也大致相近。

上述研究表明，如果真有平行世界，在某个重要节点走运的你（比如幸运多了一两分考上心仪的学校），并不意味着从此会比那个不走运的你更成功，只要你不气馁，不怨天尤人，两者的差别其实最终是微不足道的，一时的幸运与否并不会决定你的人生成败。

生活永远不可能像你想象的那么好，但是也不会像你想象的那么糟。

作家蔡珠儿在散文《香蕉之死》中说了一则触动人心的故事。这个真实的故事，是希腊朋友瓦西勒斯告诉她的。

以前在希腊，香蕉是异国风味的昂贵水果，只有克里特岛产一点儿，大部分从非洲老远运来，等辗转运抵他所住的小城，蕉皮早已乌黑瘀伤，价格却毫不疲软。

有一天，瓦西勒斯的父亲发了薪水，买了一串香蕉回来，但很快就被家里人分光了，最后剩下一根，他和妹妹追着抢，不惜大打出手，他扯着妹妹的头发喊"小偷"，妹妹也狠狠踢他，大叫"强盗"。

父亲闻声赶来，勃然大怒，赏了"小偷"和"强盗"各一巴掌。然后，当着兄妹俩的面把那根香蕉狠狠踩烂。剩下兄妹两个，面面相觑。

读到这儿，我忍不住被蔡珠儿活蹦乱跳的文字逗笑了，但是，笑意还在唇边荡漾，泪光却已悄然闪出。

我想起了好友阿舒。

我的好友阿舒在家排行第三，上有两个姐姐，下有两个弟弟，一家七口，苦苦地在贫穷的泥沼里挣扎。

阿舒的父亲是建筑工人，母亲是家庭主妇。一家人一起租了一个面积不大的房间，却常常交不出房租来。

房东的目光像秤砣，把阿舒一家人的心压得沉甸甸的。

六岁的阿舒，常常挨饿，瘦得像根柳条。妈妈告诉她，如果太饿了，便去喝水，胃囊灌饱了水，便不会疼痛了。

那天，当饥饿的感觉再度化成刀子一寸一寸地凌迟着她的胃囊时，她溜进了厨房。

厨房里氤氲着一股香甜的气息，她仰头上望，在壁橱的把手上，高高地挂着一串黄到了巅峰状态的香蕉，非常饱满、非常诱惑。

她贪婪地看着，连眸子也泌出了唾液。就在这时，房东迈了进来。冷冷地瞅了她一眼，当着她的面，摘下一根香蕉，剥开蕉皮，一口一口地吃了起来。

少不更事的阿舒，呆呆地站着，傻傻地看着。饿坏了的她，奢望一个善意的施舍。

香蕉里的 爱/与/恨

□ 尤 今

房东慢条斯理地吃完后，将不谙世事的香蕉皮朝她抛去，空荡荡的香蕉皮，带着一丝残存的香气，落在她赤裸裸的脚背上，柔软而又冰凉。

房东俯首看她，荡在眸子里的笑意，轻蔑而又刻薄。她说：

"你去，叫你妈还房租。房租还了，我便赏你一根香蕉。"

说着，她又刻意摘下了一根香蕉，从窗口丢了出去，恶狠狠地说："告诉你妈，如果再过几天房租依然不还，你们一家便像这根香蕉一样，滚出屋子，到街头去睡。"

阿舒早熟，这件让她备受侮辱的事，成了她日后拼死奋斗的驱策力。

日后当上了会计师的她，忆述这桩让她受伤的往事时，声音里还饱含着泪水：

"房东把房间连同自己的舒适和隐私一起租出去，图的，不就是房租吗？我们常常拖欠房租，肯定也影响了他们的生计。错在我们，她给我们白眼和冷脸，是我们咎由自取，怪不得她。但是，她在厨房里恣意而冷酷地践踏一个无辜小孩儿的自尊，却是一种精神的虐待。"

如今，阿舒在自家后园里栽种了好几株香蕉树。她努力浇水除虫施肥，树则卖力结出丰美肥硕的香蕉。她大串小串地捎着、提着，送给张三李四、甲乙丙丁。

香蕉柔润香甜，大家交口赞誉，她笑嘻嘻地说道："分享，就是福啊！"

阿舒认为穷困唯一的"克星"便是教育，所以，常常捐款给学校，资助贫家子弟升读大学。

当年，那一根飞出窗外的香蕉，并没有在磕磕碰碰的艰苦岁月里转化为一支伤人的暗箭或一把捅人的匕首；反之，经过了时间的沉淀与生活的历练，它化成了一颗温柔的爱心。

愚者与智者的分野，就在于此。

不是世界不好，是你见得太少

□ 渡渡

在一家高大上的公司上班的最大好处之一，是我经常分辨不清是哪种腔，管他是伦敦腔还是纽约腔的各种级别的boss（老板）过来发好吃的。那天戴着绒线帽的某个说着粤语的潮男走进办公室，和办公室里的各位打着招呼，并掏出一盒精致的罐子，分给众人。

盒子里面的吃食是做得精致的马卡龙，一个一个色彩缤纷，模样小巧可爱，不过，于我而言也就仅限于可爱。我对马卡龙这种被人称为"少女的酥胸"的甜点没什么好感，以前在某价格不菲的西点店点过，小小一个几十元，我这种嗜甜如命的人，都觉得它黏糊糊的，除了甜腻得吓人之外别无长处。

"哇，好好吃哎。"老板吃了一个，连连赞叹。我随手从盒子里拿了一个粉红的，咬了一口，刹那间明白了马卡龙为何获得如此多的美誉。杏仁小圆饼外壳酥脆，内里却湿润香甜，满满的草莓酱恰到好处，每层的口味都很丰富，丝毫没有甜腻的感觉。

吃完马卡龙的时候，突然脑海里闪过了一句话："你以前觉得马卡龙不好吃，不过是因为你没吃过真正好的。"

有个朋友，极为讨厌推理小说，每每看到我在读，总是要对我批判一番，说是穷极无聊，后来我觉得不胜其烦，死活推荐了海堂尊的《巴提斯塔的荣光》给他，过了一周，他把书还我，颇为扭捏地问我还有没有其他类似的书可以推荐。这大概是我看过的第一个"黑转粉"的故事。

小时候买了许多青少版的世界名著来看，长大后也经常会看一些翻译作品。我曾经非常想不通一些名著何以会被称之为名著，不仅是晦涩，更多的是枯燥，而句子亦是拗口，后来有一次，有机会读了一册名家翻译的版本，方才感受到"信、雅、达"的美。

表姐自大学毕业后相亲无数，从22岁到29岁，仍然没有实现把自己嫁出去的目标。有次去外地看她，晚饭时听她屡屡抱怨男人的不可靠，目光短浅。而在她的人生里，除了相亲之外，连真正的恋爱都没有谈过几次。

而某次，一个网友找我倾诉，说是异地恋失败。后来有一次看她的主页，总是分享别人一些关于异地或是异国的文章，然后留下高贵冷艳的"总会分手的"之类的话，实在是让人难以理解，她究竟哪来的如此多的怨气。

想来他们，都未曾怎么经历，也未曾如何见识过，就开始草草放弃。

每次有明星宣布恋情或者有明星宣布分手，都会有一大批人在网上宣称自己相信爱情，或者不相信爱情了。对于爱情的信任，就因为一些花边新闻而随随便便地改变，那你自己的生活，又会怎么样呢？

这世上有太多的人，吃过几次烧坏的鱼，便判断鱼肉不好吃；读过几本烂书，就信了书不好看；听过几桩杀人案，就觉得人心都是坏的；见过几个拜金主义的女人，就说女人都只爱钱；遇上过几个渣男，就说男人都是骗子；分过几次手，就以为世界上没有真爱。甚至不仅是自己悲观，还要把这种情绪都强加到别人身上。

我一直都很讨厌妄下判断与故作成熟这两件事。很多时候，我们轻易地判断某件事不好，没希望，没结果，不过是因为我们看见过的太少，或者看见的东西层次不够。而仅仅凭借我们所见过的那些浅薄世界，就做出一脸的成熟去评判这个世界，其实并不明智。

相信美好的东西，却不仅仅是因为迷恋美好的东西带给你的愉悦。承认缺陷，而不沉浸于缺陷与黑暗面可能带来的痛苦。

心空无一物才会寂寞，人无所相信才会痛苦。

这世界并非不好，不过是我们未曾见过好的罢了。

最苦与最乐

□ 梁启超

人生什么最苦呢？贫吗？老吗？死吗？都不是。我说人生最苦的事莫过于身上背着一种未来的责任。凡人生在世间一天，便有一天应该做的事，该做的事没有做完，便像是有几千斤重担子压在肩头，再苦是没有的了。为什么呢？因为受那良心责备不过，要逃躲也没处逃躲呀！

答应人办一件事没有办，欠了人的钱没有还，受了人的恩惠没有报答，得罪了人没有赔礼，这就连这个人的面也几乎不敢见；纵然不见他的面，睡梦里都像有他的影子来缠着我。为什么呢？因为觉得对不住他呀！因为自己对于他的责任还没有解除呀！不独对于一个人如此，就是对于家庭，对于社会，对于国家，乃至对于自己，都是如此。凡属

不做赶趟儿的事

□佚名

现在有一个很奇怪的现象,一夜之间,好像所有人都变成了吃货。满世界的吃货,各式教授厨艺的平台一一展现,好像说自己不是吃货,就显得不热爱生活。

说实话,我对吃还真没什么兴趣,吃本是一件自然而然的事,不过萝卜白菜,各有所爱,干净可口的小菜就行,弄得那么声势浩大,还真是不太能理解,人为地把生活弄复杂了。

真正热爱美食的人反而是不露声色的,随意一个小菜,就可能不一样。我就遇到过这么一位朋友,几个人在另一朋友家聚会,他突然说,我来烧一条鱼吧。20分钟,鱼端上来,普通的红烧鱼,汁浓汤香,令人赞不绝口。只是一条鱼而已,平时没听他说热爱美食、爱烧菜什么的。他说吃是有天赋的,有这种天赋偶尔露露就好,没有这种天赋也很正常,也不要觉得惭愧,觉得有什么不对。他说现代人容易把事弄隆重了,兴趣没必要变成公共事件。再说,整天把吃挂嘴上,也不是什么好事,毕竟,世界上还有比吃更有意思的事。

对于我来说,跟什么人一起吃,吃的氛围比吃什么重要得多。比如,大家都觉得难吃的飞机餐,我还挺喜欢,外面是云遮雾绕,美妙的夕阳餐,氛围特别,附带着就觉得食物好吃了。日本有本漫画书《孤独的美食家》,该书作者认为真正喜欢吃的人都是不露声色的,是每天的生活,而不是拿出来作秀的。

我对美食的某种精神感兴趣,比如一家小寿司店能得到米其林三星,一定有不一样的东西,我欣赏别人做事的态度。

相对爱美食,旅行家好像也多了起来。旅行本是一件很私人的事,现在好像全天下的人都争先恐后地去旅行,似乎一下子很多旅行家冒出来了,但是聊的也是去过什么地方,花了多少钱,更多的聊不出来。一个地方,别人去了,自己不去,就好像落后了:你去了欧洲,我只去东南亚,就觉得不好意思;你去了国外,而我还在国内游走,又觉得落伍了……遇到一个所谓热爱旅行的人,所有的大小假期几乎赶场一样安排得满满的,个人网站被各类照片贴得满满的,吃个饭发个微博,住酒店发个微博,飞机上发个微博,一言一行都要立马报告……但是真正的旅行是放松心情的,而她却相当浮躁,根本静不下来,一天到晚在查各类信息,为旅行而旅行,她的旅行变成了某种形式。

真正聪明的人是越走越安静。我的一位朋友就说,我就不爱旅行,每次都觉得累。她最喜欢的是放假回老家小住两日,回老家就是她的旅行。另一朋友就喜欢在自己的城市里找一家好酒店住住,吃酒店自助餐,她说我把旅行的消费花在平时了。

我也爱旅行,但我不喜欢说,也不喜欢给人推荐指南。这是私人的事,其中的曼妙只能自己慢慢体会。我倒是觉得有一位朋友做得特别好。她没有任何计划,完全随机而行,并不去太远的地方,她说出行太频繁,显得太躁也太累,并不是好的方式,偶尔为之便好。

有一位聪明人这样说,现代四大俗:喝茶,熏香,写书法,学佛。本来好好的事,就是因为有些人不是发自内心,而是为了赶趟儿这样做,因为不这样做就显得不高雅……

好多人对自己的生活津津乐道。可是好友明泉说,我真觉得生活很平淡。失望才是生活的状态。有的人觉得人就该快乐,一天到晚找快乐,可是科学告诉我们,人快不快乐,基因占50%,有的人体内如果某种多巴胺的分泌过少,就不容易快乐,这个还真是自己控制不了的,不快乐也没什么不对。

我受过他好处的人,我对于他便有了责任。凡属我应该做的事,而且力量能够做得到的,我对于这件事便有了责任。凡属我自己打主意要做一件事,便是现在的自己和将来的自己立了一种契约,便是自己对于自己加一层责任。

有了这责任,那良心便时时刻刻监督在后头。

这种苦痛却比不得普通的贫、病、老、死,可以达观排解得来。所以我说人生没有苦痛便罢,若有苦痛,当然没有比这个加重的了。

翻过来,什么事最快乐呢?自然责任完了,算是人生第一件乐事。古语说得好:"如释重负。"俗语亦说:"心上一块石头落了地。"人到这个时候,那种轻松愉快,真是不可以言语形容。责任越重大,负责的日子乃越长;到责任完了时,海阔天空,心安理得,那快乐还要加几倍哩!

大抵天下事从苦中得来的乐才是真乐。

堵在胸口半个世纪的猪蹄

□ 曾颖

和大多数从困难时期走过来的人一样，我的母亲对食物非常敬重和珍惜。在她的记忆年轮里，一粥一饭，不仅仅是一粥一饭，而可能是一条命。

在她童年时期的饥饿岁月里，她看过太多吃者生不吃者死的例子。这些记忆，深深地镌刻入她的基因里，以至于在她成长岁月的每个时间段，都发挥着决定性的作用。

我要讲的这件事发生在20世纪70年代中期，那时物质供应虽然也紧张，但已不至于饿死人了。这时的母亲，已有了两个儿子，大的我五岁，小的弟弟一岁多。

这个时段的母亲眼里，食物是对她的儿子们最实在最真切的爱。她像很多母亲一样，宁肯自己少吃，也不要儿子饿着。不！准确地说，是宁愿自己饿着，也不让儿子们吃得不满意。

在我幼小的记忆里，每当家里吃肉，母亲总是选块没肉的骨头一直啃，就像经典故事"妈妈只爱吃鱼头"里那个老是抢着没肉的鱼头啃的妈妈那样。这里面的奥秘，直至我多年后当了父亲时，才恍然大悟。

但偷嘴事件，就发生在这个时段。

那一年，我母亲打零工的雪茄烟厂来了一位新同事，这位被叫作青姨的阿妈因为和我家住在同一条街上，自然与母亲同路上下班，故事就发生在她们同行的第三天。

工厂在小城的东北方，家在小城的西北方，运行路径，恰好是穿城而过。

那时虽然没有小贩或个体户，但县城仅有的几家国营商店，都在她们必经之路上：米粉店里冒着酸香味的臊子米粉，小食店里辣子汪汤宽的合脂粉，综合食堂高耸至屋檐的蒸笼里的牛肉和肥肠，工农茶馆门口香糯澄黄的油茶上面的馓子和花生。

还有文明店门口临时支起大锅煮起的烩面，上面酥酥的响皮滚滚的圆子和青绿的葱花下黏稠稠香喷喷的烩面和汤，还有三八副食店那些要票才能买到的红糖糕点和棒棒糖，都像一个个可爱的尤物，施尽魅力勾引着人们原本油水不多而常有疯狂想象力的味觉。

对于每天只就着一道菜吃点饭，半个月左右才吃一顿肉的人来说，这种香味，既是诱惑，也是折磨。特别是口袋中的钱与肠子里的愿望不匹配的时候，就更是令人难受了。

在香气和诱惑扑面而来又缱绻而去的街头，青姨忍不住了，提议吃点东西。

妈妈虽然也想，但一想着上午只挣了四五毛钱，就有些舍不得。而且，背着自己的家人一个人在外面吃东西，是她近三十年人生中从没有干过的事。作为一个贫家女子，从七八岁起，她就从自己的饭碗里捞一小撮米，以作家里月底无米之时的口粮。这种独自在外吃东西的事，完全不符合她的道德观，特别是此时她已成为两个孩子的母亲。

青姨是个善于做思想政治工作的人，听了妈妈的话后，讲了一个故事，说是"粮食关"时期，她老家乡下有两家人，一家父母把分到的所有食物都给了孩子，而另一家父母则是把自己顾好，然后再照看孩子。最后的结果，前一家父母死掉了，孩子自然也没落个好，而后一家则全家保全了。

由此得出结论，大人自己吃，也不完全是为了自己。

这则不知是真事还是为了安母亲心的段子确实起到了让她放松警惕的作用，而这时，她们恰好走到县食品厂的热卤摊前。

热卤的汤锅里煮着排骨、猪蹄、尾巴和下水。这些可爱的小家伙在冰糖、酱油和香料炒制的卤汁里被煮得金黄澄亮、松软入骨、香气四溢。这色香味十足的场景，再加上青姨的思想政治工作，彻底摧毁了母亲最后一道防线。

她终于忍不住了，拿出八毛钱和半斤肉票，和青姨合伙买下一只油光闪闪的猪蹄。

荷叶中包着的半只猪蹄，如同一件绝美的艺术品，青绿的背景下，白净的骨头透明的蹄筋莹洁油亮的白肉被一层金黄的肉皮包裹着，散发着丝丝缕缕若隐若现的香气，宛如刚从仙洞里取出的宝物，让人的胃，忍不住一阵痉挛，恨不能立即伸出一只手来，将它纳入腹中，直接闯过口舌和牙齿的关口，连骨头都不吐。

青姨几乎就这么干了，拿起猪

恨别人也痛苦

□蔡 澜

我们年轻的时候,疾恶如仇。

这当然是青年人最大的好处,他们天真,不受世俗污染,喜欢就喜欢,讨厌就讨厌,没有中间路线。年纪渐大,好与坏模糊了许多,这也不是短处,只是人生的另一个阶段。

初到社会,同事间有一些看不顺眼的,即刻非置对方于死地不可。有的讲你几句,马上想诛他家九族,年轻人有的是花不尽的爱与恨,很可惜的是恨比爱多。

年纪大的人,一切已经历过,抓紧了年轻人的弱点,加以利用,先甜言蜜语把他们骗得高高兴兴,再加几句赞美使他们飘飘然,把他们肚中的东西完全挖出来,用它们当成利刃,一刀刀往背后插进去,年轻人毫无招架余地,死了还不知是谁害的。

别骂人老奸巨猾,因为你也有老的一天。奸与不奸,那是角度的问题。自己老了,就认为自己不奸了。就算不奸,在年轻人眼中,你还是奸的。

洋人常说做人要像红酒,越老越醇,道理简单,做起来不易。

年轻人逐渐变成中年人,又踏入老年,疾恶如仇的特性慢慢冲淡,但也变不成好酒,有些人总是以为世上的人都欠他们的,所以变成了醋。

老的好处是学习到什么叫宽容,自己错过,就能原谅别人,但有些人偏偏认为自己永远是对的,不断地对别人加以评判,要对方永不超生。他们不知道,恨别人也是痛苦事。

蹄,到摊后一处无人的电桩下,脸背着大街,狼吞虎咽起来。

显然,她是老手,一副轻车熟路的样子,不一会儿就把那半个猪蹄给干掉了,不仅把骨头嚼得稀烂咽了下去,还意犹未尽地舔着荷叶上面的卤汁和油水。

我的母亲,却远没有那么潇洒和自在,她捧着猪蹄,却犹如尿急了在集市上找厕所的感觉,东找也觉得不合适,西找也觉得不自在,整个大街上所有的人,包括卤肉摊上的猪头,仿佛都在嘲笑她,让她觉得自己的额头上写了大大的两个字,偷嘴。

其实,集市还是那个集市,人们各自忙着自己的事,根本没有空搭理这个捧着猪蹄被自己内心的价值观折磨得一脸惶惑的女人。

这让母亲的心情稍稍放松下来,怯生生小心翼翼地对着猪蹄,啃了一口。这是她这辈子第一次也是唯一一次比家人更先下口吃某样好东西,是她觉得歉疚和不可饶恕的偷吃。

那一口与其说咬的是猪蹄,倒莫如说是咬下一块装满了羞愧的气球,惭愧和自责,瞬间传遍她的全身,猪蹄上留下的牙印仿佛也在嘲笑她,令她不安,令她无法再下第二口,令她忍不住丢下青姨,飞快地跑回家。

那天中午,我们全家每个人热气腾腾的饭碗里,都有了一块香气扑鼻的猪蹄,谁也没有如母亲担心的那样,发现牙印。

之后,母亲再没有和青姨同路,但偶尔会看到青姨背对着大街狼吞虎咽的背影,她还看到过青姨的丈夫同样姿态的身影,还听到过青姨的儿子偷东西换吃的,没吃完绝不回家的事情。她觉得,一家人不应该这样。她也暗自庆幸,那一只猪蹄,没有啃完。

这件事是在我47岁生日时听母亲讲的,虽然事过四十多年,母亲的愧意仍溢于言表。这时,我们全家都因血脂原因而与猪蹄绝了交,但大家仍为那一口堵在母亲胸口近半个世纪的猪蹄,默哀三分钟。

越优秀越读书

□ [日] 斋藤孝　程亮 译

许多企业家都喜欢读书，尤其是领导大型企业、同时身为日本财界领军人物的企业家们，均读过大量书籍。还有我经常接触的一些七八十岁的老人，他们都是活跃至今的顶级企业家，同样也是书虫。

这一现象绝非偶然。首先，企业家每天都要承受超出常人想象的巨大压力，因为他们不光要对自己和自己的亲人负责，还要对员工、客户及其家人的生活负起直接或间接的责任。他们之所以不断读书，或许正是为了承担起这份重担。

读书有两大好处。一来，读书不只是单纯的娱乐，它能让我们得到独处的时间，使精神恢复平衡。二来，读书能帮助企业家磨炼不可缺少的决断力和判断力。

当我们必须做出判断的时候，沉浸在书的世界里，能让我们跟目标对象拉开距离，这样我们才有可能做出冷静的判断。而且，书中所记载的人类的智慧，也能在很大程度上成为判断的参考，或者为我们增添勇气。从这个角度来看，企业家要是不读书，那才奇怪。

现在无论工作还是私事，都存在太多选项，我们不得不时刻做出或大或小的判断。大的判断比较重要，会对日后的生活造成很大影响，例如，跳不跳槽，结不结婚，住在哪里，等等。此外还有日常琐碎的判断，诸如聚会在哪家店举办，邀请谁参加，聚会结束后去哪儿继续玩，等等。

很多时候，失败并非因为能力不足，而是由判断失误造成的。在职业竞技体育的世界里，当实力相当的双方经过激烈对抗决出胜负后，失败的一方常会后悔："都怪我当时选择了那个战术……"在每天的工作和交流中，一瞬间的判断失误也有可能导致严重的失败或损失。想必每个人都有过这样的经历。

反过来看，只要判断力得到足够的锻炼，我们就能顺利地与社会妥协。若将这一能力比作"刀"，则只需每天打磨，使之随时可用，而能够充当"磨刀石"的，便是读书。

此时，"情绪"会成为阻碍。譬如，有的人因判断失误而失败了，却不反省，而是强行得出以自我为中心的"结论"。诸如"我尽力了""正因为考虑到对方的情况，才选择了那样的行动""所以自己并没有错"，等等。为了照顾自己的情绪，故意弱化问题的严重程度。

如此一来，自然难以做出合理的判断，很可能拼尽全力，却因判断失误而毫无成果，不可谓不悲惨。

别人

□ 倪匡

有很多种痛苦，是人自己找来的，喜欢和别人做比较，就是一种自己找来的痛苦。

自己是自己，别人是别人，为什么会有那么多人，把自己和别人来做比较呢？本来是全然没有关系的两个个体，一比较，事情就多了起来，种种困扰痛苦，也就应运而生。

在比较的过程中，很多人都会发现，别人比自己生活得开心、快乐；也会发现，别人的事业顺利、爱情顺心，而自己仿佛什么也没有。

在比较的过程中，在发现别人比自己强的情形下，愤懑之心，油然而生。为什么？自己好像在任何地方，条件都不比他差，何以在实际上，却处处不如别人？这是为什么？是命运差，还是一时的时运未济？将来会怎样？会一直比人差，还是有朝一日，可以飞黄腾达、扬眉吐气？

在和别人比较的过程中，很难发现别人比自己差，原因很简单：一、人很少与表面上看起来比自己差的人做比较；二、表面上看起来比自己好的人，他的差处，别人是看不到的。

别人怎么样是别人的事，要自寻烦恼，尽管经常找人比较。

那些年，我们一起写过的小说

□ 明前茶

毕业30周年之际，高中同学建了一个微信群，以供联络之用。彼时儿女皆已去上大学，大家都成了空巢中年，翻出十七八岁的趣事来看，真的别有一番趣味。在晒出一大堆野炊、郊游、运动会的合影后，班长晒出了他用一整卷黑白胶卷拍出的影像——每张照片呈四方形排列着4张稿纸，37张照片一共拍了148张稿纸。

这是什么？微信群里一片激动的"嗷嗷"声——原来，这是30年前我们高三（1）班全体同学接龙写作的小说原稿！

要知道，我们可是一个理科班，班主任是数学老师。当语文老师别出心裁要在班里放一沓稿纸，让"有兴趣的同学自由写作"时，数学老师竟然没有提出反对意见。不仅如此，他还以遒劲的钢笔字，在首页写下了整个故事的开头："公元835年，长安，郊野上出现了一个骑毛驴戴斗笠的人，晶莹的雨珠正在他的斗笠与蓑衣上舞蹈，绵延不绝的湿气令他的衣色更深了一些。就在大家窃窃低语，猜测他是谁时，有一道闪电般的眼风已经瞬间掠过所有人的脸，迅速隐没在斗笠的帽檐后。"

能够想象这是数学老师写出的小说开头吗？时间设置在晚唐，悬疑、武侠、志怪、谍战，种种悬念已经在这百来字的开头中点出，并与广阔的时空紧密勾连。这就如一团乱麻中抽出了一个线头，让有志于理出头绪来编织整个故事的人欲罢不能。没错，我们那个时代的高中老师都是理想主义者，物理老师看得懂日语期刊，地理老师能画精细的博物标本，政治老师写得一手可以参展的书法，都不是什么奇事。数学老师既然已经布下迷局，那就要看谁能在余下的篇章里解谜，或者布下更大的迷局了。

用接龙的方式写作，是一件十分有趣的事。记得那时为了有时间写作，有的人5:30就起床，赶在早自习之前翻窗进入教室，奋笔疾书；有的人在晚自习之后特意找劳动委员要钥匙，就为了打扫完卫生可以续写接龙小说。依照数学老师定下的基调，小说基本上写成了章回话本形式，于是，有人贡献故事，有人贡献人物的精细描摹，有人贡献每个章节开头结尾的打油诗。大家都没有学过诗词的平仄韵律，但这又有什么关系呢？我们总是在无意中踩中了韵脚，又得意地指引了故事下一步的发展方向。

在一天要刷五套试卷的高三，鼓励全班来写这东西有啥用呢？老实说，并没有什么用。当时的高考作文考的都是"达·芬奇画蛋""挖了三五口井都没出水"这样的材料作文，它需要鸡汤哲理，需要严丝密合的论述，需要揣度命题人的微言大义。写小说，除了对想象力与语言本身有所锤炼，对应试，助益并不大。

然而，我们还是兴致勃勃地写下去了。我们这帮学子，为何没有在密集的刷题与应试中垮掉，没有在每个月都排名上榜的竞争强度下变得歇斯底里，有可能，就是有人在这种密度很大的压抑生活中，帮我们凿开了一个自由的缝隙，在这里，我们可以见到清澈的天光，闻见唐朝的墨香。

写小说就是这样一个缝隙，它栽培的都是看不见的东西。好奇心，韧性，幽默感，苦中作乐的能力，还有狂野的想象力。这些东西像竹筏一样，送我们蹚过高考这一年的激流险滩。

说一句题外话，当年的高考黑马，我们班考到第一名的男生，平时所有的模拟考，都只在班级十名左右。那一年，他就是接龙小说最积极的写手，几乎每周都要花两三个小时，满足一下粉丝们"后来如何"的心愿。他考上了北大。而我，早就不记得他的考分了，但对他留下的纯蓝色墨水笔迹，依旧记忆犹新。

因有屎壳郎，才有天堂

□ 赵盛基

东部非洲的塞伦盖蒂草原，方圆31080平方千米，这个神奇的地方是野生动物的天堂，仅角马就多达150万头。虽然这里每年都会上演世界上最壮观的角马大迁徙奇观，但它们只离开两个月，之后就又回到这个地方。也就是说，角马每年有10个月的时间生活在这里。

如此罕见的群体，它们每天排泄的粪便超过450吨，可以装满16个集装箱。这仅仅是一天，那么一个月、一年呢？长此以往，整个草原不就被粪便埋没了吗？可草原上并没见到粪便啊！难道草原上也有清洁工？没错，的确有"大自然的清洁工"，它们的名字叫蜣螂，俗称屎壳郎。别看它体长只有5~30毫米，却能滚动远远大于其体重的粪便。它们每天吃掉的粪便也都超过自身的体重，塞伦盖蒂草原四分之三的动物粪便是被它们吃掉的。也许你曾对屎壳郎极度厌恶，现在却真得感谢它们。如果没有屎壳郎，塞伦盖蒂草原将会被堆积如山的粪便埋没，青草也会因缺氧而不复存在，那这里就不再是野生动物的天堂，而是它们的坟墓。

母亲病逝的那天中午，我俯身浅浅地抱住她，小心翼翼地问："妈，我可以亲亲你吗？"她点点头，然后把嘴唇噘起。我吻她布满皱纹干涩的暗红色的唇，就像小时候，她满含爱意地亲吻我一样。

这是今生今世与最亲爱的人，温柔的、痛楚的、告别的吻。

~ 触感 ~

母亲躺在灵堂中间，寿衣穿戴整齐，像个安详睡去的大红胖子。我木讷地望着白色挽联，心想：这毛笔字真丑，她看了一定也不喜欢。

守在母亲身边时，亲戚们不让我触碰她的身体，否则"会让她走得不安稳"。可与舅舅轮流守夜的那天晚上，我还是偷偷摸了一下她的手，触感冰冰凉凉。

母亲临终前，由于器官功能衰竭，血液循环变缓，手脚低温已是常态。此刻再摸着她的手，倒也不觉异样。只感觉她还在我身旁，还会用手温柔地摸摸我的后脑，像往常一样。

~ 白球鞋 ~

她走后的第三天，出殡。长辈叮嘱要穿白鞋子。我临时跑遍附近商场，最后买到一双白球鞋。我从不知道关于出殡会有那么多的规矩，"捧着遗像走出家门后，要一直走，不能回头。"长辈说。

出了家门，车开往殡仪馆。"快点，快点！"工作人员催促我们，他们的火化时间表排得满满当当。一个小时后，我目送母亲的遗体被缓缓送入炉内，脑子里像一道闪电炸过，我莫名大喊："妈妈，快些跑啊，快些跑。"快些跑，少受点火炙的疼痛。

只穿过一天的白球鞋，按照规矩，葬礼结束后要扔掉。可我将它用纸盒打包好，藏在了家中的鞋柜深处。

我就是穿着这双鞋，陪妈妈走完了最后一段路。

~ 宴请 ~

第六天，我在酒店里办告别答谢宴。来客中大多是我的亲友同事，父母那边的亲戚们早就回了老家。

她一生节俭，从未舍得这样去酒店用餐，可她走后，我却要以她的名义来宴请。宴席很热闹，可与她熟识的，寥寥无几。

宴席开始前，我发表了一段简短的致辞，我说："那就借这样一个大多数出席者在打牌唠嗑、敬酒恭维、谈天说笑，而其实没什么人伤心、没什么人在乎主题的时刻，让这个世间记得，这一晚，是为了我的母亲。让这个世间记得她来过，爱恨过，挣扎过，无悔过。"

~ 遗物 ~

仪式、人情，一切都结束，我终于要面对家里的后续工作。

还是那些规矩，逝者的遗物，该烧的要烧，该扔的要扔。我照做了。牙刷、毛巾……扔那些小物件的时候人有点儿木木的。而衣橱里的衣服，想了又想，我收回了手。

工作后，我只给母亲买过很少几件衣物。每次看到她都会生气，嘀咕我又花了些不必要的钱。她很少穿，却都件件细致地储藏在衣柜里。

买的衣服里，她最喜欢那件唐装棉衣，有好看的盘花纽扣、传统的牡丹花图案。那年大年初一早上，母亲将它穿上了一会儿，然后又不舍地换下了。"等你将来婚娶时我就穿这件棉衣参加你的婚礼。"她喜滋滋地说。

母亲走的那天，我将这件棉衣给她穿在了寿衣里。

我把给她买的几件衣物偷偷留了下来，藏到了我的衣柜里、发肤里、灵魂里。

~ 歌曲 ~

母亲走后，我写东西时听得最多的歌，是赵雷的《妈妈》。

几个月前我整理放小电器的抽屉，翻出了几年前送给她的一只MP3播放器。只是个劣质小玩意儿，但她很爱惜，一直未损坏，里面存放了许多他们那个年代爱听爱唱的歌。我听着，却猛然跳出几首孙燕姿、梁静茹的歌曲。那是我曾经喜爱的。

我想起第一次把MP3递给母亲时，教她插上耳机线，摁下播放键。我说："快，开始唱了，可以听了。"她手忙脚乱，用两只手抓起耳机歪歪斜斜塞到耳朵里。

音乐让她露出轻快的表情，苦难的人生中仿佛唯有此刻，可以只存留美好。

~ 母亲节 ~

母亲离开后的第60天，恰逢母亲

再见，妈妈

□不良生

节。

我早起出门，去以前常和母亲一起去的小超市买了些水果，再过一个十字路口，去花店挑了束百合。我决定去看她。

不是传统的扫墓日，陵园里十分安宁，我一块一块墓碑找过去。她住院时，我也是这样从病房间穿行过去，走着、望着，找到母亲的那间。

陵园里有鸟语声，初夏的阳光从天空铺下来，有的折射进树林，有的沐浴着我和她，就像前尘旧事从未远离。

~ 鸡蛋 ~

我和她聊起了鸡蛋。

谁会知道这一天就是倒计时中的一天呢？她生前最后一周，我居然还每天去上班。母亲奄奄一息地躺在小房间，对我说："去煮些鸡蛋吧。"

我煮了好几个，端到小房间想剥给她吃。她虚弱地叹气："我哪里还吃得了鸡蛋呀，你每天早上班前都要记得吃一个。"

从前那么多年，每逢周末，她都要把供我下周吃的鸡蛋煮好。如今她病成这样，还只惦记着我，怕我嫌麻烦不给自己煮，才用这样"哄骗"的方式。

"早餐啊，无论吃什么，都要记得给自己多加一个鸡蛋。"

~ 百日 ~

6月17日，是母亲走后百日。

走在大街上，路过从前与母亲一起吃过饭的餐馆。火锅店、鸭血粉丝汤馆、吉祥馄饨、富春早点，都是些平民的小吃店，但当时母亲总舍不得花钱。我哄骗她说有折扣券，不用可惜咯，她才肯乖乖跟我去。

我从这些店门口路过，路过我们一起靠窗坐过的位置，路过她等我去锁电动车时，驻足过的树荫。

这么多承载回忆的店铺，却只剩下我独自记着。我矫情地想：我不会再光顾你们了。

~ 玉米 ~

8月，又到玉米成熟的季节。玉米是母亲生前最爱吃的。

可她舍不得买新鲜玉米，总要等晚几天过了旺季再去跟菜市场的小贩杀价。然后家里成日成日地沸腾着玉米的香气。

大舅的女儿与女婿去年来我家做客，母亲让我去路口买回一些水煮甜玉米。那种三块钱一根的，口感卖相都好。她给我留了一根，其他的都拉扯着给客人带走。母亲说，你们路上吃。他们客气推让，母亲跟着走出家门一段路，热情地硬塞过去，没给自己留下哪怕半根。

又到了玉米成熟的季节。可我再也看不到那个拎着一大袋玉米，笑盈盈地走进家门的母亲了。

~ 遗憾 ~

我渐渐不再执着于回忆。时间没法抚平伤痛，但可以淡去。可那天晚上我做梦，梦见她走的那天，凌晨三四点，她躺在医院急诊室里，说："我想喝点儿粥。"

那个时间哪来的粥呢？我便让大舅开车去肯德基，买搁了食盐和各类调味品的皮蛋瘦肉粥。可这一时慌张，我竟忘了母亲胸腹水严重而不能吃盐。喂母亲吃了两口，她就喂嚅着说："咸，太咸，不吃了。"

母亲生命的最后时刻，想喝点清淡稀粥。我为什么没有跑回家煮粥呢？这个问题，我其实不那么想知道答案。

~ 永别 ~

母亲离开一周年。在那天清晨我告诉自己：从今天开始，我不要再那么想念她了。

思念是双向的电波，我这么天天想着她，生者的执念会打扰逝者的安宁吧。

我不想母亲像我念叨她一样，念叨着各种对未来的担忧。她该从亲情的枷锁中挣脱，得到自由了。

关于"永远"，从前有句话很文艺腔，"永远有多远？"其实我们都知道这个世界上没有什么是永远的，爱啊、恨啊、相聚啊、离散啊、拥有啊，都不会是永远的。

但我现在觉得人生是有"永远"这回事儿的。

比如，你走了，就永远不会再回来了。妈妈，再见。

飞机头等舱让人易怒

□ 蓝 山

近几年，乘客在飞机上动粗的事件越来越多，说起来，原因最主要是航班晚点。不过也有一些奇葩的理由，比如自己的座位没和亲友的连在一起、旁边的人太吵。不过一项新研究提供了一个新的解释。

研究人员对一家航空公司所有航班数据库中的"非法干扰性旅客事件"进行了数据分析，结果发现，配备了头等舱的航班出现经济舱乘客闹事的概率几乎是其他航班的4倍，而在经济舱的乘客需要从头等舱穿过的航班中，经济舱乘客也更容易出现暴力行为。此外，这种攻击性的情绪爆发引发的事件发生在头等舱的概率是其他航班的近12倍。

研究人员认为，飞机在本质上是社会的一个缩影，头等舱和经济舱就像两个阶级的群体，存在等级差别势必会导致社会动荡，人心不稳。这就是飞机上的乘客会突然看什么都不顺眼，因一些很小的事就会大打出手的原因。

有目标的人在奔跑，没目标的人在流浪

□子沫

独乐

有名的型男里维斯以《黑客帝国》扬名天下，很大牌，但是他的生活简单得不能再简单，很独乐。

他不拍戏时，喜欢做的事是散步去公园的长椅上吃一个三明治，发发呆，听听鸟鸣，秋天的黄叶细碎落了一地，几个小时过去就好；在一列去向不知何方的慢火车上看看报纸，什么都不要说；他还喜欢在过生日时独自去咖啡馆，为自己点上一客蛋糕，想点心事，独自待一会儿……

他说喜欢一个人待着，很舒服。

反差那么大，我没有想到，但又觉得理所当然，因为这样，他才会有不一样的气质。

对黄秋生印象一直不错，虽然他是从闹剧起家的，但是某一次看一位名主持人采访他，我就看出了他的不一样，几句话就让那个煽情主持人哑口无言。

后来才知道，他虽没上过什么学，却读很多很多的书。他说，读过书后知道什么是好，什么是不好，就够了。人得有自觉。

他成名后一样不喜欢夜店，他说我就喜欢在家喝红酒，为什么要出去呢？

内心丰富的人不会那么躁，那么喧哗。他们有独乐的能力。

今年，刘欢和夫人在希腊举行了银婚纪念。那样的夜风和海，他们的表情宁静，对生活充满喜悦，让旁观的人都为之感动。

刘欢也是有独乐能力的人，身处娱乐圈，却完全不受影响，从未离开过讲台。他说，最喜欢的是一个人待在家里的乐器室，谱曲听音乐，在巴赫的古典音乐的世界里静静沉沦，一人要有与自己独处的能力。

这样的场景令人向往，一间方寸乐室，一个人，四面八方涌动的音乐，无人打扰，安静的灵感奔涌而出，真的好。

所以，他是在上台阶的人，每次出场都不一样。

有那么三年，他选择在美国陪女儿读书，远离了喧嚣，他一样乐在其中，送女儿上学后，去健身房健身，回家读书听音乐，体重减了很多，整个人变得清爽宁静，他的"陪读减肥"的经历真是妙不可言。他说一回到北京后，有点儿适应不了机场嘈杂的吵闹声，他习惯了安静。

这个独乐的人从没有过绯闻，从一而终，感情专一，像他的古典音乐一样，弥漫在寂静中。一轮明月。

还有，陈道明，书香世家，他也读很多很多的书，不怕被人忘记，累了倦了状态不好了，也不急，门一关，读书去！

他说，简单才是高级。一个人如果什么都要体验，都要参与，那太累了太躁了太复杂了，他选择用第三只眼看世界。他成就了高级这个词。一个眼神就到位。

不光是娱乐圈，连普通人都是上蹿下跳，扎堆找乐，一个人待着，独乐就是无乐就是无聊。他们在寻求快乐的路上太闹了，最后曲终人散，无尽虚空，只能是更不快乐，与快乐和内心的安宁擦肩而过。

我看过BBC（英国广播公司）拍的这么一部剧，剧中的一个场景，一位中年人，每年过生日时，都会选一家自己喜欢的酒店，找一个临窗的位置，点一杯香浓的咖啡和甜品，打开随身携带的CATCH 22（一本他最喜欢的书），静静坐着，把失落、惊喜、感动一一融化在书中，这是一个独处的奢华场景，与钱无关，像是内心的一个华丽舞台，流光溢彩，真好。

他也只是普通人，却懂独乐的奢华。

而我最近经历的精彩独乐是在一个夏日清晨。

那天，我起了一个大早。开车去东湖，清晨，路面空旷，收音机里正传出大小百合的老歌《天凉好个秋》……

那时，东湖的太阳正从水平面冉冉升起，对面是磨山，水面上波光粼粼，绿树婆娑，非常美。

那时，武汉是每天39℃的高温，这样的清晨，因为独乐，空气中弥漫着幸福的味道。

我的一位友人更高级。

他偶尔想转换心情，就会在家附近找家环境不错的酒店小住一天，一个人，一瓶小酒，两个小菜，关上门，无人打扰，盘腿坐在酒店的地毯上，透过酒店的落地玻璃窗看窗外的城市夜色。她独乐，快乐，无人打扰，真的很好。

所以，我很少听到我这个朋友抱怨什么……

不按常理出牌的人，更容易快乐

□ 嘉倩

不按常理出牌的人，喜欢在大夏天里把空调开到最低，洒一身花露水，然后躲进厚棉被里幸福地哆嗦；喜欢在冬天尽情晒太阳，在街头看到雪糕柜如获至宝，边用力吸鼻子边幸福地舔棒冰。

越是稀缺的资源，越是珍贵。这个经济学原理，可以让一个拥有一切却不快乐的城里人，在偏执里给自己一点儿幸福。

欧洲的度假胜地，往往是万里无云阳光充沛的南法或西班牙海岛；我总和人称赞的，却是海牙冬天的海。

海牙皇家海滩在夏天时的拥挤盛况是无法想象的：一家家酒吧搭起了扩展到沙地上的露天座椅，迪斯科音乐此起彼伏，简易搭建的零食车可以买到便宜却美味的炸春卷或香肠，沙滩上、海水里满是拖家带口的荷兰人。

因此，但凡来到荷兰的游客，大多被建议是在郁金香花开的四五月，那时天气温暖，阳光也是一年四季中难得好的。其余时节，尤其冬日，简直不可能。那时上课，千年准时的荷兰同学一觉醒来，看到窗外正午十二点依然风雨大作一片漆黑的天也会产生厌世感，纷纷找理由给导师发邮件请假不上学。

冬日，一切是死掉了的。

我呢，却兴奋至极，挑个下雪的周末，全副武装：最厚的羽绒服、雪地靴、棉袜，踏上开足暖气的一号电车（贯穿海牙城市两端，从代尔夫特一直到海滩），到站后在凛冽的寒风中张开双手奔向大海。

因为积雪，沙地是雪白的。远处的海永不结冰，深蓝色不动声色地潮起潮落。走在沙滩上留下深深浅浅的一个个脚印，偶尔能遇到有同样癖好的荷兰人，他们欢快地打雪仗，看到我和同伴，友好地喊："Kom（昆，意为来吧）。"有调皮奔放的，就直接一个雪球扔过来。噢！还不能忘了去堆雪人，在沙滩上堆出来的雪人都是奶油巧克力味道的！秘诀在于积雪下是湿了的沙子。

玩得累了就躺下来，深深陷在雪地里，听着不远处的深沉海浪，呼吸也跟着慢了下来。

路灯昏黄，乌云密布，时间早已无关紧要。

可以大吼，可以打滚，可以尽情奔跑、跌倒，这样纯真的幸福够浓烈。

想必，也有很多这样不按常理出牌的快乐的人吧。世间万物如同春夏秋冬，不断毫无悬念地循环往复，没有一个季节是完美的，总能找到不爱的理由：太热、太冷、太晒、太阴……偏执的人却能找出自己的快乐逻辑来：如果冰棍吃得太多就不被珍惜，那就在冬天把它当作宝贝吧；如果夏天太拥挤，那就找到属于自己的冬日之海吧。

没什么是理所当然的，只要一点点任性、一点点珍惜，幸福就容易了。

与人为友

□ 亦舒

有些人生气时，会发誓不再与人类做朋友，情愿接近狗与猫、花与草、山与水。

不知道会不会太偏激。人与人相处，自古是一项艺术，人之中当然有坏人，有奸人，有恶人，也有种特别爱占小便宜的人，又有爱把喜乐建立在他人不快上的人。但好人还是不少，不必因噎废食。

太平盛世，自由社会，一个人把另外一个人害得家散人亡的机会相当之低，小事何必耿耿于怀？禽兽不如、狼心狗肺之类的控诉亦不宜在日常生活中频频使用。

猫狗固然可爱温驯，且又听从主人命令，但交朋友，还是人类好。

不是没有办法应付的，兵来将挡、尔虞我诈、虚与委蛇统统都是良方。真正吃不消，还可以走为上策，断绝来往。

对他人要求也不宜太高，世间没有完人，谁也不该要求谁忠、孝、义齐备。

少女心，告诉你一个秘密

□ 路小远

去服装店买衣服，碰上一对母女。母亲穿得时髦大方，妆容也精致，浑身上下都透着一股精神劲儿。倒是那个女孩，给人一种老气的感觉：牛仔裤是好些年前的款式，外套被洗得发白变了形，穿在她身上宽宽大大的，把她姣好的身材遮挡得一无是处。

那位母亲一进店就开始不停地给女孩儿选衣服。她拿了一件又一件，女孩站在那里不为所动。待母亲让她去试衣间试穿的时候，她的嘴撇得厉害，"这些衣服我怎么能穿？"她指着其中一件白衬衣，"你看，这衣服多透啊，我不要！"母亲极有耐心地哄着她说："乖，听妈妈的，保证你一下子变得美美的。"小女孩还是一脸的不高兴，"我还小啊，17岁能穿这些衣服吗？"那位母亲瞪了她一眼，然后把她推进了试衣间，"没有什么年龄比17岁更美了，这些衣服你不穿，以后再也别想穿了。"

试好衣服出来后，小女孩就像变了个人似的，很惊艳的感觉。售货员说，这才是一个17岁少女该有的样子。小女孩对着店里的镜子不停地照，一边照一边紧捂着胸口，然后把她妈妈拉到一边悄悄地说："你不觉得胸口太透了吗？都能看出来内衣的轮廓了。我不喜欢。"

相比那位17岁的少女，她母亲看起来更加"少女"一点儿。说实话，我很少看到那个年纪的女人还能那样打扮，对美的事物抱有一种完全欣赏的状态。她看起来也活力满满的，对每一件新事物都充满了好奇心和新鲜感，那些颜色斑斓的衣服即使一点儿都不适合她，她也要往身上比一下。

小女孩最后一件衣服也没买就走了，临走时，跟她妈妈说："我不喜欢这样的衣服，我喜欢我们校服那样宽松随意的。"

曾在书店遇到过一位60多岁的阿姨，她一进门就问老板："匪我思存是不是出了新书？你给我拿一本。"那时由匪我思存的同名小说改编的电视剧《千山暮雪》正在热播，大家都爱买她的书看，但这么大年纪还追言情小说的还真是少见。

阿姨看我也买了几本匪我思存的书，就跟我聊了起来："姑娘，你也喜欢看她的小说吗？"

我礼貌地笑笑回她："别人介绍我看的，不知道好不好看。"

她听了我的话，笑得眼睛都快眯住了，"给你介绍的这个人还真是蛮有眼光的。"她扶着眼镜看了一眼我挑的那几本，一本正经地说，"这几本，我都看过了，我最喜欢看的就是《裂锦》，真是太虐了，我看的时候被虐得肝疼，眼泪都流了好多呢！"

我惊讶得下巴都快掉下来了，之前以为她只是赶潮流买着玩玩，或是给家里的孩子买来看的。

阿姨见我惊讶，瞬间变得羞涩起来，"小姑娘，是不是觉得我是个老妖婆啊，一把年纪了还这么不正经，追你们年轻人爱看的东西？"

我有些惶恐地跟她解释，没有歧视她的意思。

那天下午，我和阿姨在书店里聊了很久，话题差不多都是这些年流行的言情小说和网络小说。

她还真是个挺时尚的老太太，告诉我说匪我思存的书哪一本最好看，哪一本的结局是喜剧，哪一本最赚她的眼泪。讲起最喜欢的男主角时，竟羞得捂起嘴偷偷地笑了起来，表情与一个17岁的少女讲起暗恋的少年时无异。

临分别之际，她还向我要了QQ号和微信号，说以后还可以在网上聊聊读书心得。

后来我加了她的QQ。她的空间整个儿一青春小女孩的模样，满满的粉色，她还时不时地发布一下生活状态，一点儿都感觉不出来她已经60岁了。她时常抱着一本小说去星巴克坐一坐，约几个姐妹喝喝下午茶，看一下年轻人爱看的爱情电影，家里种满了各种各样的花草。喜欢的花开得正盛时，她也会剪几朵下来戴到头上玩自拍。生活过得有滋有味。

一直觉得少女心是个很奇怪也很复杂的东西，它好像跟年龄密不可分，又好像跟年龄没有关系。拥有一颗少女心，青春就像永远不会过期似的，不管之前经历过什么黑暗和挫折，看到喜欢的事物时，还是会变得好欢喜，永远不可能被打倒的样子；笑起来的时候能甜到人心里去，哭起来的时候也会毫不顾及形象；不会因为受了一次打击就变得冷酷、圆滑、有城府，还是会因为生活里发生的一点一滴的小事就热泪盈眶；喜欢一件衣服的时候，即使不再适合自己，还是会觉得美美的，想象着如果穿在身上，一定会美到跟仙女没差；喜

买什么更快乐

□ 崔 鹏

花钱,从一些角度看是件复杂的事,而从另外的角度看又很简单。甚至可以把消费行为只分成两部分:一部分为了满足基础的生存需要,比如在办公室里的中午,饿了,你就要买一顿午饭;另一部分钱则用来购买快乐。这里包括一次令人愉快的旅游,或者一款奢侈的拎包(如果你是位女士的话)。

在一个比较富裕的社会环境中,人们会把更多的钱花在购买快乐上。对快乐需求程度的不同也是造成年轻的公司人和上一代人之间矛盾的一个原因。在新一代人看来,快乐是必需品,而维持生存的基础产品应该像阳光和空气一样与生俱来。而在那些度过艰苦岁月的人看来,快乐是奢侈品,可有可无。

怎样性价比最高地购买到快乐越来越成为人们希望解决的问题。购买更多的快乐,其中还要筛掉那些短期很快乐,但从长期来说让人痛苦不堪的消费(其中很多是违反法律的),包括毒品和色情。除此以外,怎么选择能让你在"双11"或者其他什么节上花了那么多钱后可以收获更多快乐?

对于购买快乐的问题,很多心理学家和消费行为学家都有过一定程度的研究,我把它们总结一下,希望在购买快乐这件事上能给你一些有益的建议。

你知道购买快乐最重要的特性之一是什么吗?分享。

这大概体现了人类的社会性需求。我曾经看过埃德·斯塔福德的《荒岛余生60天》,在荒岛上斯塔福德看到落日之美,却感受不到一点儿快乐,因为这种美景不能用来分享。如果世上只有你一个人,美和快乐不能用来分享,那么这些美和快乐还有意义吗?也许还会有一些,但这种快乐起码要打五折。不信你可以设身处地地想一下是不是这样。

如果你花钱购买快乐,一定要考虑到它的可分享性。从这个角度讲,很多社交工具,比如微信的朋友圈和Facebook(脸谱网)都增加了人们的快乐程度。

第二个特性,性价比更高的快乐在于自我改善。和花10万元买块奢侈的腕表相比,有人用10万元保证能健康地减肥,从获取快乐的角度讲,你绝对应该选择后者。

10万元的手表的确能给获得者带来快乐,但是这种快乐太容易消散了,我的经验是,这种快乐的周期超不过3天。而减肥成功给人们带来的快乐能持续很长时间。造成这种差距的原因是,拥有奢侈品看起来很棒,但是它太容易让人适应了。人们很快会习惯戴着奢侈腕表的手,而对减肥成功,大家则要自我欣赏半年。人们对自己向着社会认同的方向的改变(或者说是改善)会非常在意。

在改善的初期,人们会有些痛苦,这阻止了人们向自己想象中更完美的样子变化,但如果你肯花钱购买一些"看管"服务,你会更加快乐。

这正是有人会对整容上瘾的原因。整容不用辛劳地坚持,只需要躺在手术台上被麻醉,然后很快就可以了。如果一个人已经习惯这样,躺在手术台上小憩一下,还挺舒服的,而醒来,自己已经完美多了!那么手术失败的概率往往容易被这个人忽略。类似于整容依赖症的问题是应该在购买快乐的过程中更加小心的。也许我们应该在获得了相关数据,能推算出来手术失败概率是多少之后,再去做整容手术——这有点儿像债券违约的问题。

欢一本小说时,恨不得要把它介绍给全世界的人看,然后同他们一起分享心得。那种感觉,就像是十几岁的时候突然有了暗恋的对象,但是因为害羞不敢去表白,只能说给闺蜜听。闺蜜们会帮着出主意,没事的时候几个人也会抱着脑袋讨论他,收集他哪怕是小到不能再小的消息。虽然可能不会有什么结果,但以后多少年再想起这件事,还是会有甜到嗓子眼里的感觉……

这是少女心告诉你的秘密。

愿你无论经历多少世事磨难,都能保有17岁时对生活的那股热情劲儿;愿你无论到了哪一个年龄段,都能永驻少女心,都能向往一切美好浪漫的事物。

有目标的人在奔跑，没目标的人在流浪

我们总是要看完别人的人生，才会明白一些道理

□ 肖 卓

> 岁月滚滚向前，失去的永远不再回来。我们似乎很忙，忙碌着工作，忙碌着老去。日子这么滚烫，你可曾戚戚于心？

参加朋友葬礼。

三十多岁的他长期熬夜、吸烟、打牌、奔赴各大酒局。有几次他喝酒喝到胃出血，他妻子打电话给我，一起把他送去医院。每次劝他，都是说因为工作应酬需要，没有办法。

我说如果工作需要伤害身体健康，不如趁早换工作！他也总是说上有老下有小，换了工作工资没有这么高，坚持两年再换吧。

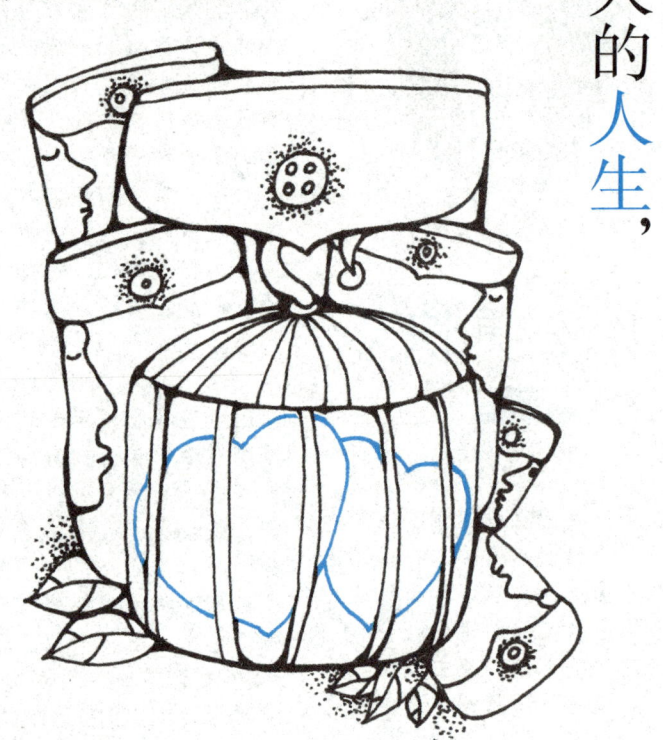

后来我就没有再劝他，也很少有机会和他碰面了，直到半年后他查出患了晚期肝癌。去医院看他的时候，他体形暴瘦，蜡黄的皮肤紧包着骨头，两眼无神，什么东西都吃不了，只能喝点流食。再过半年溘然长逝。留下年幼的女儿、年轻的妻子和白发苍苍的父母。

葬礼上一家人缟素散发，抱团恸哭。哀乐齐奏，炮仗共鸣，全场人不禁潸然泪下，下葬的时候父母更是呼天抢地。见此场面，我也忍不住掉下泪来。

一年后的清明，细雨绵绵，我去给他扫墓。

停车。上山。路上冷寂无人，山丘被雨水刷新，流岚静默，松柏葳蕤而庄严。半途遇到了墓地管理员袁师傅，他打着黑色的长把伞正在巡山。因不知道怎么走，我便恳求袁师傅带路。

袁师傅很健谈，古道热肠。我们在碎雨中，穿过蜿蜒的小路。最后，袁师傅把我领到一块墓碑前。我拿着鲜花，在他坟头默然伫立。

上香、鞠躬完毕后，返回。途中，袁师傅指了一块块的墓碑向我介绍。

"这是一位亿万富翁。生前省吃俭用，勤勤恳恳。死后三个儿子争夺家产，闹得不可开交。"

"这是一位老教师。生前教书育人，桃李满天下。每年清明节来扫墓的学生，络绎不绝。"

"这是一位千万富翁。因为包养小三生了小孩儿，葬礼上老婆家族和小三家族大打出手，闹得下葬都不安宁。"

"这是一位为了救溺水的小孩儿而不幸身亡的英雄战士。每年市民送的鲜花，都挤满了隔壁墓碑。"

"这是一位慈善家，受过他资助的学生中的很多人，每年清明节都在这里聚首。"

"这是……"

说的人云淡风轻，听的人川渟岳峙。

心情五味杂陈，像是被什么当头猛地一击。我想如果我即刻死去，可以在滚滚历史长河中留下什么东西？无非是一捧骨灰吧！

辞别袁师傅后，我想明白了很多。韶华易逝，趁着有限的时间，还是做些有意义的事情吧！

岁月滚滚向前，失去的永远不再回来。我们似乎很忙，忙碌着工作，忙碌着老去。日子这么滚烫，你可曾戚戚于心？

我不觉得一个人心智成熟的表现是越来越宽广涵盖，什么都想去尝试。相反，我觉得应该是一个逐渐剔除做减法的过程。知道自己应该做的最有意义、最重要的事情是什么，不重要的是什么。而后，做一个简单的人。

让我们回归个人的独立观察和思考，回归真诚、信任、包容、谦虚的朴素价值观。

我们总是要看完别人的人生，才会明白一些道理。

那些伟大的思想家、哲学家、政治家、科学家在历史上留下一笔浓墨重彩，而当你逝去的时候，可曾想要留下划过天空时翅膀的痕迹？

当你迷茫时，就去墓地看看吧。因为那里的人曾经走过你现在的路，或许会教会你一些道理！

这种生存方式叫：向死而生。

在观鸟的快乐中脱离自己

□ 蒋方舟

1977年,纳博科夫的儿子在日记中写道:

"在他(纳博科夫)死前的最后一次见面中,我亲吻了他仍然温暖的额头——如多年来我们之间的告别——泪水突然盈满了父亲的眼眶。我问他为何如此,他回答说,他看到一只展翅飞舞的蝴蝶;他的双眼告诉我,他不再期望活着捕到它了。"

纳博科夫是个天才的小说家,但在他眼里,文学上才思泉涌的乐趣,比起在秘鲁山腰上发现一个未被描述过的蝶类的乐趣,实在不算什么。

对我来说,也有一个这样隐秘的乐趣——观鸟。

我第一次观鸟是两年前去巴西,在里约的观鸟园里看到各种动画片里才会出现的鸟类,比如巨嘴鸟,色彩饱和度强得像是海绵玩具,嘴部几乎和身体一样长,它似乎还没有熟悉自己的大嘴,缓慢地拱着食物。

最难忘的是进入一片高大的树林,光线暗得阳光透不进来,以为是树叶太浓密茂盛,结果我不小心发出声响,头顶一片哗啦啦的声音,光线骤然变亮,原来那不是枝叶,而密密麻麻全是鸟。它们像一块被魔术师猛然抽走的黑布,那种壮阔我终生难忘。

鸟类有种迷人的神气。

我一次在伊斯坦布尔的高层酒店吃早餐,一只乌鸦如君王一样俯瞰着整个城市,仿佛在这座城市名为"君士坦丁堡"的时候就敏锐地目睹着它的沧桑变化。

最近一次观鸟,是前往崇明岛东滩候鸟保护区观鸟。

那天很冷,下了雨,却在保护区的芦苇丛上方看到盘旋飞翔的鸟,它们从阿拉斯加迁徙过来。

鸟的迁徙是漫长而残酷的旅途,长达数月的迁徙往往让它们到达目的地时体重只剩下原来的三分之一。

鸟为了承诺涉险而来,往往却要毫无准备地面临背叛:发现自己过去的栖息地已经不复存在。

看鸟在生存中的困境会让我联想到人在恶劣的环境中的困境。

去年,我参加了巴黎气候大会,去听了一个来自基里巴斯共和国代表的发言。

那是一个绝大部分人没有听过的国家,是太平洋上的一个岛国,也是世界上唯一一个跨南北和东西半球的国家,听说,这里最高的地方仅仅比海平面高两米,预计整个岛屿在三十年之后将会被全部淹没。

发言的代表说自己只能在岛上,和其他居民一起,默默等待自己的土地、房屋、文化、民族认同、尊严感一起被淹没的那一天——作为最后一代基里巴斯人。

对于候鸟和基里巴斯的人来说,气候变化不仅仅是环保支持者和气候变化怀疑论者争论不休的词汇,而是生死存亡的考验。

说回观鸟,我在东滩候鸟保护区,看湖面上一只野鸭不断把头扎进水里捕食,十分执着,又自得自乐。

我从中获得了一种纯粹的快乐,仿佛自己也变成了鸭子。

那一瞬间,所有的虚荣和焦虑瞬间消失,回归了最简单的生命本质。

看鸟时,我想到一个故事。

美国有一位作家叫作乔纳森·弗兰岑,这位作家是个著名的观鸟爱好者,他有一个同样身为作家的挚友华莱士。两人一路走来写作经历十分类似,又同样才华横溢,有惺惺相惜之谊。

而华莱士却在2008年因为困扰多年的抑郁症而自缢。

华莱士死后,乔纳森·弗兰岑写道:

"在他(华莱士)自杀前的那个夏天,我和他坐在他家的庭院里,在他一口接一口地抽着香烟时,我则无法把视线从周围飞舞的蜂鸟身上移开,并为他对此视而不见感到悲哀。那天下午,他吃下大量药剂后开始午睡,而我着手研究将要前去观赏的厄瓜多尔鸟类。我明白了,大卫无法摆脱的悲观情绪和我尚可自控的烦恼心情,其区别就在于,我可以在观赏鸟类的快乐中脱离自己,他却不能。"

布袋莲

□林清玄

七年前我租住在木栅一间小木屋，木屋虽矮且破，却因风景无比优美而觉得饶有情趣。

每日清晨我开窗向远望去，首先看见的是种植在窗边的累累木瓜树，再往前是一棵高大的榕树，榕树下有一片田园栽植了蔬菜和花圃，菜园与花圃围绕起来的是一个大约有半亩地的小湖，湖中不论春夏秋冬，总有房东喂养的鸭鹅在其中游嬉。

我每日在窗口写作，疲倦了只要抬头望一望窗外，总觉得胸中顿时一片晴朗。

我最喜欢的是小湖一角长满青翠的布袋莲，布袋莲的造型真是美，它的根部是一个圆形的球茎，绿的颜色中有许多层次，它的叶子也奇特，圆弧似的卷起，好像小孩儿仰着头望天空吹着小喇叭。

有时候，我会捞几朵布袋莲放在我的书桌上，它没有土地，失去了水，往往还能绿很长的一段时间，而且它的萎谢也不像一般植物，它是由绿转黄，然后慢慢干去，格外惹人怜爱。

后来，我住处搬来一位邻居，他养了几只羊，他的羊不知道为什么喜欢吃榕树的叶子，每天他都要折下一大把榕树叶子去养羊。

到最后，他干脆把羊绑在榕树下，爬上树上摘榕叶，才短短几个星期，榕树叶全部被摘光了，剩下光秃秃的树枝，在野风中摇摆褪色的秃枝。

我憎恨那个放羊的中年汉子。

榕树叶吃完了，他说他的羊也爱吃布袋莲。

他特别做了一根长竹竿来捞取小湖中的布袋莲，一捞就是一大把，一大片的布袋莲没有多久就全被一群羊吃得一叶不剩。

我虽曾几次因制止他而生出争执，但是由于榕树和布袋莲都是野生，汉子一句话便把我问得哑口无言："是你种的吗？"

汉子的养羊技术并不好，他的羊不久就患病了；不久，他也搬离了那里，可是我却过了一个光秃秃的秋天，每次开窗就是一次心酸。

冬天到了，我常独自在小湖边散步，看不见一朵布袋莲，也常抚摸那些被无情断丧的榕树枝，连在湖中的鸭鹅都没有往日玩得那么起劲。

这个时候，我常常在夜里寒风的窗声中，远望在清冷月色下已经死去的布袋莲，心酸得想落泪，我想，布袋莲和榕树都在这个小湖永远消失了。

熬过冬天，我开始在春天忙碌起来，很怕开窗，自己躲在小屋里整理未完成的文稿。

有一日，我有一位旧友来访，提议到湖边去散散步，我讶异地发现榕树不知在什么时候萌发了细小的新芽；那新芽不是一叶两叶，而是千株万株，凡是曾经被折断的伤口边都冒出四五朵小小的芽，使那棵几乎枯去的榕树好像披上一件缀满绿色珍珠的外套。

布袋莲就更奇妙了，那原有的一角都已经铺满，还向两边延伸着出去，虽然每一朵都只有一寸长，更因为低矮，使它们看起来更加绵密，深绿还没有长成，是一片翠得透明的绿色。

我对朋友说起那群羊的故事，我们竟为了布袋莲和榕树的重生，快乐得在湖边拥抱起来，为了庆祝生的胜利，当夜我们就着窗外的春光，痛饮得醉了。

那时节，我只知道为榕树和布袋莲的新生而高兴，因为那一段日子活得太幸福了，完全不知道它有什么意义。

后来，经过几年的沧桑创痛，我常把自己想成是一棵榕树，或是一片布袋莲，情感和岁月正牧着一群恶羊，一口一口啃吃着我们原来翠绿活泼的心灵。

有的人，在这些啃吃中枯死了，有的人折败了，枯死与折败原是必有的事，问题是，东风是不是来，是不是能自破裂的伤口边长出更多的新芽？

当然，那些过去了的伤口的旧痕是不可能完全复合的，被吃掉的布袋莲也不可能重生，不能复合不表示不能痊愈，不能重生不表示不能新生，任何情感与岁月的失败，总有可以排解的办法吧！

我翻开七年前的日记，发现那一天酒醉后，我歪歪斜斜地写了两句话：

"要为重活着的高兴，不要为死去了的忧伤。"

"差一点儿"是好事
□刘威麟

我有一个朋友,就说过一句话:"人生的过程,好像一直在'遗憾'。"

哦?什么意思?

"小时候的梦想,从来没有达成过。"他说。

嗯。没错。

"找到的伴侣,永远比幻想中的'Mr.Right(真命天子)'又'差'了一点点。"

哈哈。也对。

"好不容易找到的好工作,再过一阵子总是让你想'离职'。"

嗯!这句中肯!

这位朋友顿了一顿,幽幽地说:"所以,人生,永远都是差了一点点。"

大家听了,纷纷附和。

一位曾经是某企业创始员工,离职自开工作室,不料,原本公司隔年即上市,里面的员工都发财了,只有他痛失发财机会,他说:"如果当年不离开就好了!"

另一位已和某校花交往10年的朋友,只因为短暂出国游学,突然出现第三者横刀夺爱,他大喊:"当初不要出国留学就好了!"

人好像都是这样的。

这时候,一位高人分享了他的想法。

"人生,就一定要'差'一点点,反而可以称它'完美'。"

他对着那位痛失发财机会的员工说:"你没有发财,但你开了工作室。"

他对着那位失恋的男人说:"你没有娶到校花,但你出国游学圆了梦。"

啊?

这样合理吗?

这时候,高人又讲了一句,我就听懂了——

"最完美的人生,就是快乐多,悲伤也多,满满的都是酸甜苦辣。"高人说,"你们每次都'差一点点',那一点点的'差距'所带来的痛苦,就是'提味'的炝作料。"

原来如此。

人生总是差一点点。因为差一点点,恭喜你,它又变得更"完美"了。

时间开窍
□丁菱娟

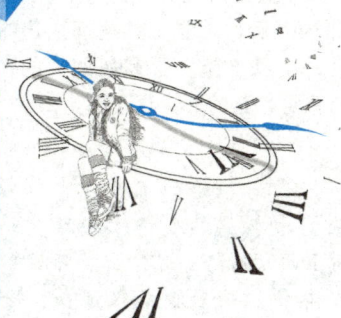

大约两年前,我买回一套喜欢很久、纯白色的景德镇出品的餐具。兴奋之余,放水冲洗,一不留神,一只盘子扣在了汤盆上,如胶似漆,怎么弄都分不开,那个气哟!老妈说:"放锅里煮煮试试!"煮了十分钟,盘子纹丝不动。用螺丝刀撬,枉费心机;用锤子敲,承受不起。打电话问商场,回答说之前没遇到过类似问题,自己想办法!无奈中只得放弃折腾,束之高阁。过年之前,收拾厨房,我偶然翻出扣着盘子的"新"汤盆。上面落了许多灰尘。叹息之后,我忽然想再试试能不能分开它们。用手拨弄两下,没开。心不死,找来擀面杖,沿瓷盘边缘,一点点慢敲。盘子发出阵阵声响,很有节律。呵呵!仿佛音乐,别有韵味。不知道敲了几圈,盘子与汤盆间开始松动,继续敲。"哗啦"一声,盘子与汤盆突然分离,无比高兴!

奇迹在两年后出现。仔细琢磨,怎么那么容易分开了呢?用食指划拉瓷盘上的土,再看盘沿与汤盆咬合之处:岁月的剥蚀与灰尘的浸润早已离间了盘与盆的亲密,以至当初的无懈可击显出了丝丝缝隙。忽然间就觉得,当初选择不折腾、不较劲、不理睬和不心疼是对的。如果当时因为舍不得而一味纠缠,非要一个结果的话,也许那个扣着盘子的"新"汤盆早被我给弄碎了,一定等不到今天。

庆幸时间叫人开窍。有时候放一放,对自己,对别人,都好。

恭喜，你终于失恋了

□詹蒙

我母亲叫直子，却给我取了一个非常时尚的名字——安娜，我与母亲像朋友，她对我的烦恼总有办法。

可那一次，我真的觉得"没办法"了，因为我失恋了。

在我13岁的时候，我第一次经历失恋的痛苦，我向牧野君表达了爱慕之意后，他冷冷地对我说："谢谢你的感情，我很高兴，但我没有那个意思，对不起。"多么冷漠的外交辞令！那一刻，我恨不得找一个地缝钻进去。从那以后的几天里，我一直恍恍惚惚。

一天在早餐桌上，妈妈"直子女士"开始在我面前打着哑语手势——对付心不在焉的我，我没反应。这一下，"直子女士"意识到了问题的严重性，低下声音说："嗨，不是失恋了吧？"

"失恋"一词忽然惊醒了我。我瞪着眼问她："你怎么知道？"妈妈先是惊奇地瞪大了眼睛，然后笑了起来，露出一口漂亮的牙齿，说道："祝贺你，我的宝贝，你终于失恋了！"

我简直不敢相信自己的耳朵！天底下竟有这样的母亲，女儿失恋，她还要道喜！"好吧，今天我们好好聊聊。"

在一家咖啡馆坐下，妈妈为我叫了一杯奶咖啡。我沮丧地低着头，提不起精神。我说："我觉得自己真是个没有魅力、笨极了的女孩。"妈妈说："那好，你把自己的缺点都说出来吧。"我说，我的牙齿稀疏、不整齐；妈妈说，我们可以帮你矫正。我

说，我很笨，竟然看不出那个男孩不喜欢我；妈妈说，那个男孩才笨，竟然把这么一块珍宝放弃。

妈妈最后对我说："安娜，初恋是最美的，然而也有苦涩。将来有很多事情你会忘记，但这件事你将永远不会忘记。这是你第一次面对挫折，是一个难得的成长机会。我祝贺你，就是出于这个原因。"

一股暖流涌遍了我的全身。我问妈妈，你也失过恋吗？她大笑说，那当然。我问她当时的感觉，她说，就像天塌了一样，她趴在被子里哭得天昏地暗。后来，外祖母到了她的房间，打开窗子，对她喊道："直子！我们给你取名直子，就是希望你无论遇到什么事都擦干眼泪向前走。"

几天过后，妈妈开车来接我，把我拉到了横滨五子饭店。她对大厅里弹着钢琴的女孩耳语了几句，那女孩笑着停了下来，对我说："请吧。"

我咬着嘴唇，红着脸，坐在了钢琴前。

我忘记了时间，完全沉浸在了那个钢琴天才与乔治·桑失恋的创痛里，当我停下来的时候母亲带头为我鼓掌，然后大厅里的人都受到母亲的感染，为我热烈鼓掌喝彩。我感受到了一股从未有过的胜利的喜悦。

再次见到牧野君的时候，我向他点了点头。当他走过我身边的时候，我的心稍稍地刺痛了一下，但我承受住了那种疼痛，感觉那种疼痛里还有一点儿甜。我知道，那是妈妈说的，青春的感觉，是的，千真万确。

纵然人生再苦，也别成为失乐人

□慕容素衣

看过方慧的一篇小说《失乐人》，小说讲述了一个女孩因为同胞姐妹的去世，强迫自己长时间沉浸在痛苦里，每当快乐探头探脑，就会因汹涌而至的愧疚饱受折磨。

这个故事对我的触动太大了，了解"失乐人"这个概念后，脑海中忽然浮现一幅《群像图》：他们眉头紧锁、郁郁寡欢，由于各种各样的原因，让自己从此和快乐绝了缘。

认识一个男人，从小生活在单亲家庭，和妈妈的感情十分好，妈妈也对他照顾得无微不至，倾尽心血来培养他。他长大后很优秀，升职加薪、娶妻生子都很顺利，还买了一套大房子，把妈妈接到城里来住，准备让她享享清福。

谁料飞来横祸，妈妈来了没多久，就因为一场车祸去世了。

从那以后，他的世界完全坍塌了。以前那么意气风发的一个人，变得萎靡颓丧，陷入无休止的内疚和追忆中。朋友们谁劝慰他，他就

至高的赞美

□ 尤今

12月在毛里求斯旅行时,正是荔枝上市的时节,到处都是红彤彤的。

好多年轻人把荔枝放在竹箩里,在地上摆摊售卖。一束束连枝带叶的荔枝,浑圆浑圆的,在毛里求斯醉人的蔚蓝色天空下,向路人展示着迷人的笑靥。

我趋前问一个年轻人:"这荔枝一公斤多少钱?"

他看了看我,一脸迷惑,应道:"你是问一粒多少钱,是吗?"

我笑了起来,一粒多少钱!有谁会买一粒荔枝呢?

我清楚地告诉他,我要买一公斤。

没想到,他却摇头说道:"我的荔枝,是论粒出售的,一粒卖1个卢比,10粒10个卢比。"

这人大约是看我背着照相机,把我当作砧板上的"大肥羊"了!这样想着时,我生气地走开了。

到菜市场去逛,再次向荔枝贩子问价,万万想不到,得到的答复是一样的:"一粒1卢比。"由于摊子较多,竞争激烈,这荔枝贩子大方地给我优惠:"你如果买10粒,我算你9卢比。"再看看其他摊位,居然全都是论粒出售的,真是匪夷所思啊!

入乡随俗,我说我要买50粒。只见他把一束荔枝高高地举起来,仰着头,以食指点着荔枝,一丝不苟、认认真真地数起来:"1、2、3、4、5……"早晨的风很温柔,淡淡的阳光从风中洒落下来,哗哗地流泻在他脸上。而他不受干扰,依然心无旁骛,一五一十地算着、数着……我看着看着,心弦突然被温柔地牵动了。

毛里求斯的摊贩在售卖荔枝时,不用秤、不用磅,不以公斤论、不以磅数称。他们用手算、用心计,卖一粒,算一粒。每一粒都是农夫辛苦耕耘的血汗结晶,每一粒都是大地奉献给人类的无私礼物,每一粒都是大自然幻化出来的神奇果实。而这些以虔诚的表情一粒一粒专注地点算荔枝的摊贩,其实是在以一种庄严而美丽的方式,给予农夫、大地和大自然至高无上的赞美。

像祥林嫂附体一样喃喃自语:"都怪我,要不是我把妈妈接到城里来,她就不会发生车祸了。"

妻子见他消瘦,精心给他煲了汤。他一喝,皱眉嫌弃地抱怨:"火候不够,还是我妈妈熬的好喝。"

妈妈走了,带走了他所有的欢乐。

距离事发过去已经一年多,他还是沉浸在巨大的悲痛里。妈妈的猝然去世在他心里投射下一块巨大的阴影,腾不出地方来吸收阳光。他活在一个没有阳光的世界里,一个人反反复复地咀嚼着自己的悲痛,无视身边人的感受。

作为朋友,我们曾经劝他走出来,他警惕地看我们一眼,沉痛地说:"古人父母去世,要守孝三年,我这还没满三年呢。"看他伤心欲绝的样子,我们真不忍心点破他,真要持续三年的话,最后怕是要妻离子散了。

我不喜欢"和命运抗争"的说法,我们要学的是和命运心平气和地共处,接受它赐予的残酷,也享受它给予的美好。

电影《这个杀手不太冷》中,小女孩问杀手里昂:"人生总是这么痛苦吗?还是只有小时候是这样?"杀手回答说:"一直如此。"如果有人这么问我,我会这样回答:"小姑娘,纵然人生是苦的,也别忘了往里面加一点儿甜。"

有目标的人在奔跑，没目标的人在流浪

远离那些苦大仇深的人

□ 毕淑敏

一位心理学教授，考查报考她的研究生的学生时，画掉得分最高的学生，取了分数略低的第二名。

她说："我在进行一项心理追踪研究，或者说是吸取教训。"

她是德高望重的学者，在专业领域颇有建树。别人一定要她讲讲录取标准。

她缓缓地说："我已经招了多年的研究生，我希望我所热爱的学科，在我的学生手里发扬光大。老一辈毕竟要逝去，他们是渐渐黯淡下去的苍蓝；新的一辈一定要兴旺，他们是渐渐苏醒过来的嫩青。选择什么样的接班人呢？以前，我总是挑选那些得分最高，看起来兢兢业业、学习刻苦、埋头苦干，像鸡啄米一样片刻不闲的学生。

"我想，唯有热爱，他们才会如此努力，取得优异的成绩。他们应该是最好的。在私下里，我称他们为'苦大仇深型'的学生。

"许多年过去了，我有从容的时间，以目为尺，注视他们的脚步，考查他们的经历，以检验当年自己的决定是否正确。

"我发现自己错了。在未来的发展中，生龙活虎、富有潜质并且宠辱不惊，真正成为学科才俊的，是这样一种人：表面上，他们像狮子一样悠闲，甚至有点儿漫不经心和懒散，小的成绩并不能鼓励他们，反而让他们蔑视、淡漠。

"对于导师的指导和批评，他们往往是矜持而有所保留地接受，看起来不是很走心，多少有些落落寡合，经常得不到众口一词的称赞。失败的时候，他们几乎不气馁灰心，也不需要鼓励；辉煌的时候，显不出异样的高兴，仿佛对成就有着天然的免疫力。他们的面部表情总是充满孩子般的好奇，洋溢着一种快乐，我称之为'欢喜型'。

"苦大仇深型的学习者，主要是为了改善自己的生存状态，一旦达到目的，他们对科学本身的挚爱渐渐蒸发，迅速代之以新的优化生存状态的努力。

"作为一种生活方式的选择，自然无可厚非；作为学业继承者，他们却不是最好的人选。

"欢喜型的学习者，也许一开始，他们走得并不快。但是，心中的爱好，犹如不断喷发的天然气，始终燃烧着熊熊的火焰，风暴也无法将它吹熄。在火光的引导下，欢喜型的人边玩边走，兴趣盎然地不断攀登，不会因路边暂时的风景而停下脚步，直到高远的天际。"

最后，心理学教授说："面对世上所有的事时，人都可以被划分成'苦大仇深型'和'欢喜型'。比如读书，若是为了一个急功近利的目的而读，时过境迁，就会与书形同陌路。如果真是爱好、喜欢，就会永远将书安放枕边，梦中与书相会。"

有一位营养学家说："世界上有半数人之寿终是饿死的。"他的意思是说，这些死者生前虽然也曾辗转床褥，其致病之由却是缺乏营养。

有一句话"异曲同工"，一位心理学家认为："世界上有半数人是愁死的。"现实和理想冲突，郁郁寡欢，忧能伤人，难以永年。

岂止忧能伤人？偶然得意，即骄狂恣肆，乐极生悲；或偶然拂意，即血脉偾张，迁怒滋事，都足以剥蚀健康，自坏长城。

□ 王鼎钧

现在，懂得调配食物的人多起来了，懂得如何处理钱财的人更多，但是，懂得如何调理自己感情的人却很少，能够教导子弟如何调理感情的人更少！

在战场上，老兵告诉新兵不必害怕：

——听见枪声，不必害怕。因为子弹的速度比声音快，当你听见枪声时，子弹已经越过你的身旁去远了。

——枪声未起，不必害怕。因为敌人还没有射击，子弹还没有出膛。

每个人在个性逐渐形成的青年时期，就该开始寻找一种教育，一种训练，使自己情绪稳定、心地宁静，然后获得心理的成熟和健全。此事绸缪得宜，终身受用不尽。

装腔作势，虚情假意，这是一种心理病态，人一旦心慌时，便会变得粗鲁。

记了20年的恨

□[爱尔兰]艾丽丝·默多克
李克红 编译

不到20岁时,有一次,我给米斯郡的一本小说杂志投稿,那里有两个编辑,一个是海曼·布鲁特,另一个是凯利·吉尔伯特。我不知道把稿子寄给谁才好,就抄了两份,给两个编辑各寄了一份。

大约一个月后,海曼·布鲁特打电话给我,冷冷地说了一句话:"以后不要给我寄稿子了。"连再见也没说,就挂了电话。我觉得非常委屈和愤怒,告诉父亲:"如果这个人以后再打电话找我,就说我已经搬家了。"大约两个月后,我收到了刊登着我的小说的杂志,编辑是凯利·吉尔伯特。我更加自信,也更有力量继续对海曼·布鲁特保持着憎恶——没你,我照样能发表文章!

20年后,我成了一位受人尊敬的作家,但我依旧没能忘记海曼·布鲁特对我的无礼。虽然更多时候我会很难过,但我也经常为自己今天的成就而觉得欣慰——我现在的成就是对他当初的无礼最好的报复。一次,我坐轮船前往科克城参加会议,旁边一个六十来岁的男人打量了我几眼说:"你是艾丽丝·默多克吗?我见过你的照片。我叫海曼·布鲁特,你曾经给我寄过稿子,我曾经对你那么粗鲁,请你接受我的道歉。"

我从未忘记这个名字,但这突如其来的一切反倒让我有些束手无措,我假装惊诧、不以为意地问:"哦?我完全不记得了。"

"你真是一个宽厚的人。或许你已经忘记了,我在20多年前曾经冒犯过你。"海曼·布鲁特说,"你还记得你曾经给我邮寄过作品吗?我非常欣赏那篇小说,花了一个礼拜去编审它,其间,我3次拒绝陪我的孩子去公园,还有1次编审你的小说而忘记了接她放学,结果她在路上淋雨发烧了,她还因此而质疑我到底爱不爱她……但我觉得这一切都是值得的,因为我非常喜欢那篇小说,可是等我上交时,上司告诉我,凯利编辑已经递交了这篇小说,我编审的这篇只能作废。当时我真的特别生气,所以……万分抱歉,我那次打你电话的态度是多么不好,不过第二天我又打过电话给你,但他们说你已经搬家了,真是遗憾,我直到今天才有机会向你说声'对不起'……"

海曼·布鲁特一直说着他觉得愧疚的事情,但他不知道,他越说我越愧疚。有时,别人给你一个冷面孔,也许不是他有意冒犯你,也许是他正承受着你有意无意所带给他的伤害。

佣的礼物

□辉姑娘

家中请过一名菲律宾女佣。

这名女佣年纪很大,做事认真,只是偶尔贪些小便宜。我们吃剩的菜,或是放久了的水果,甚至旧杂志和旧报纸,她都会打包带回家,每次一大提包。久而久之,母亲有些不悦。她是精打细算的人,便对我抱怨:"下次她走时,我要检查她的手提包,不能再让她带走那么多东西。"

我说:"何必那么苛刻?那些东西肯定是我们不想要的。"

母亲坚持要查清楚:"我们送给她的,她可以拿走;但是我怎么知道她有没有往袋子里塞别的东西?没看过,终归是不放心。"

我劝她:"如果查过一次,她必然尴尬,以后还怎么见面做事?她来家里这么久,也没丢过贵重财物,说明她大事不糊涂,手脚也干净。她瘦瘦小小一个人,能拿走什么?从柴米油盐到书报笔墨,即使送给她,又值几个钱?就当帮助她改善生活了。"

母亲想想,终于不作声。

过了几年,那女佣辞工了,临走时,送我们一块大大的、五彩缤纷的菲律宾特色手工地毯,厚实绵软,漂亮极了。她红着脸说:"这地毯,是我自己花几个月的时间做的,当作告别礼物。"我们十分惊喜,连声道谢。

她又说:"这几年在你们家真的很好。虽然我不会讲,但我都懂。你们像对待家里人一样对待我,信任我,我很感动。"

她临走时拉着母亲的手,泪水盈盈,手里还拿着那个旧手提包。她说:"谢谢您,从没问过我。"

我偷看母亲,她眼里已有了泪花。

吃货改变历史

□马伯庸

一个爱好美食的吃货，无意之中，对中国疆域产生了深远影响。这个故事，得从秦始皇说起。

秦始皇统一六国之后，并没有停止扩张的步伐，紧接着就开始了对南方百越的战事。始皇三十三年（前214年），秦军大将任嚣控制了岭南大部地区，并设立了桂林、南海和象郡三个郡，涵盖范围在如今的两广以及越南北部中部。这是中原文明第一次将这片地域纳入版图。为了奖励任嚣的功绩，秦始皇封他为南海郡尉，成为岭南地区的实际统治者。

秦始皇去世以后，二世昏庸无能，天下陷入战乱。任嚣一见中原乱了，就动了割据的心思，打算在广东搞独立王国。可惜就在秦朝灭亡的同一年，任嚣因病去世。接替任嚣位置的，是他的心腹大将赵佗。赵佗是当年秦军扫荡百越的指挥官之一，经验十分丰富。他继位之后，派兵攻克了桂林、象郡二郡，然后断绝了前往中原的道路，自称南越武王，成立南越国。

南越国的疆域相当广大，北至南岭，南到越中，东至闽西，西至广西百色，是个"东西万余里"的大国，首都设在番禺——这名字一直流传到现在。南越国独立之后很长时间，生活很是逍遥。因为中原楚汉相争，谁也顾不上他。不过等汉朝建立之后，便开始把注意力放在南边。汉继承的是秦的遗产，自然也视南越国为自己的臣属。

从汉高祖开始，中原不断向南越国派遣使节和军队，且打且抚。可是当时的南越气候恶劣，瘴气遍地，地形又特别复杂。南越军队只要封闭几条北上的通道，汉军根本没办法南下。在几十年时间里，汉代始终没找到一条能彻底拿下南越的通道，只好任由南越保持独立状态。

南越国和汉朝的这种微妙关系，一直保持到了汉武帝时期。建元六年（前135年），一位叫唐蒙的汉朝使者来到了南越国。南越人对大国使者既盛情款待，又心存提防。唐蒙也不着急，到处游山玩水，吃喝玩乐。南越人见这位使者好吃，一拍大腿，那就好办了，准备了山珍海味伺候着。

有一天，唐蒙无意中吃到了一种酱，口感非常好，就好奇地问接待的人这是什么食物。南越人回答，这叫作枸酱，是一种用蒌叶和枸树果实熬成的酸酱。唐蒙觉得太好吃了，想知道这是哪儿买的，一问才知道，原来这不是南越特产，而是蜀中的，所以当地人都叫它蜀枸酱。

唐蒙有点儿纳闷，蜀中远在西南，和番禺中间隔着千山万水，这是怎么运过来的？要知道，蜀枸酱在南越很流行，这么大的消耗量，必然得有一条稳定的进货通道。

作为一个吃货，唐蒙敏锐地想到，难道说，南越和益州之间，还存在着一条大汉朝廷不知道的贸易路线？他赶紧再详加询问，南越人也没多想，告诉他说，我们番禺西北有一条牂柯江，江面有数里之宽，适宜行大船，直接可以通到番禺城下。蜀中的商品，都是顺着这条江运来的。

南越人只当唐蒙是在打听食物来源，随口就说了。可万万没想到，唐蒙脑筋转得太快，立刻从食物联想到了其他方面——大船能运食物，就能运兵，而且能一直运到番禺城下。汉朝正在为如何进兵头痛，如果有这么一条顺畅的水路，那相当于凭空多了一条高速公路啊。

唐蒙回到长安以后，立刻找来蜀中的商人询问。蜀中商人告诉他，这种枸酱卖到夜郎国特别多。而夜郎国的旁边，恰好就是牂柯江。唐蒙赶紧上书武帝，建议说咱们可以设法控制夜郎国的这条水路，顺流而下，可以出奇兵攻击南越首都。武帝对这个计划十分赞同。

这个牂柯江，就是现在的北盘江上游，属于珠江流域。从这里坐船，可以从六盘水市直抵广州。而且南越的注意力都在北边，对西北方向全无防备，汉军从这里杀出来，一定可以杀他个措手不及。

果然，没过几年，南越爆发吕嘉内乱，随即在元鼎六年（前111年）被汉军灭亡。当时巴蜀方向足足动员了八个校尉，他们沿唐蒙设计的路线，顺牂柯江一路行军。南越灭亡之后，这支军队回程途中搂草打兔子，顺手灭掉了包括且兰、头兰、夜郎国在内的几个西南小国，设立了牂柯、犍为两郡，吓得诸多部族内附，又设立了越嶲、沈犁、汶山郡、武都等郡。

从南边的番禺到西南的牂柯，万里疆域归于汉朝。这一切，竟然都是源于一罐小小的蜀枸酱和一个吃货的好奇心啊。

煮一碗面的软实力

□孙晴悦

2006年来北京上大学，如今，我居然已经在这儿生活了十年。

去年下半年，北京PM2.5一度爆表，我戴着口罩，用帽子风衣把自己裹得严严实实的，呆呆地想我究竟还能在这个城市里待多久。当我在早高峰挤地铁，排好长队，看着三四趟地铁开过，而我依然上不去的时候，我开始怀疑我为什么要待在北京。

当每天上班下班，疲于奔命，回到家整个人已经瘫倒在床上，再挣扎着爬起来，拿出手机叫外卖的时候；当独自窝在租来的房子里，对着电脑看剧，吃着一堆由各种香精调和的外卖的时候，我真想明天就回苏州。

一度，我每个月都不厌其烦地坐高铁回家，享受片刻的江南时光。在来回的京沪高铁上，我一直在想，难道真的是大城市的问题吗？真的是北京的问题吗？

是北京让我过着极其将就、糟糕透顶的生活吗？是这座城市拥挤得令人绝望，让我不得不局促地居住在狭小的房子里，忍受着憋屈的居住条件吗？如果这些勉强还算是北京的错，那么，难道是北京让我每天叫外卖，然后抱着电脑过一晚上吗？

那天，偶然看见一个闺密发的朋友圈，突然惊醒。这哪里是什么大城市的问题？这分明是我自己的问题。身在杭州的闺密在朋友圈发了一张大闸蟹的照片，附着一段文字："幸福，是外面下着雨夹雪，锅里陈年花雕煮着大闸蟹，咕噜咕噜冒着热气。喝一口温热的黄酒，再开窗探出微醺的脑袋，深吸一口干净的空气。"画面感如此之强，深深触及了我的内心。

虽然这是典型的江南画面，但是看到这段文字，我才明白，生活得好与不好，和你生活的城市并无太大的关系。即使生活在江南，你也可能每天叫着外卖，你也可能闻不到桂花飘香，只会在雨夹雪的夜晚，抱怨南方的湿冷。

这一切，与你会不会照顾自己的生活有关。

你能不能在加班到深夜的时候，回到家，依然给自己煮上一碗热气腾腾的面，打个鸡蛋，放一把青菜，而不是匆匆打开一盒泡面？你能不能周末在家烹煮打扫，把小小的房间收拾得满屋芬芳，腾出一个角落，舒舒服服地窝着看书，而不是等到没衣服穿了，才把脏衣服一股脑地塞进洗衣机，然后晾满了整间屋子？

这才是在大城市里打拼的软实力。不要等到生活过得一团糟的时候，开始埋怨大城市，而忽略你不会照顾自己的缺点。

否则，等到你梦醒时分，想要为乱七八糟的生活找一个罪魁祸首的时候，你自然第一个就想到了大城市的那些客观的不好。所以，每一个你顾影自怜地抱怨北上广不好的夜晚，最应该检讨的是那个无能的自己，是那个连自己都照顾不好的自己。

羡慕与同情

□林清玄

和一位朋友到一家店叫了饮料，朋友喝了一口忍不住吃惊地赞叹道："这是什么东西，这么好喝？""这是木瓜牛奶呀！"我比他更吃惊。"这是我第一次喝到木瓜牛奶。"朋友说。

朋友是世家子弟，家教非常严格，从小自由非常有限，甚至不能在外面用餐。他们家三餐都有用人打理，出门有司机，叠被铺床都不用自己动手。

到三十岁才有一点儿自由，也只是可以喝一杯路边的牛奶。对台湾贫困乡村长大的我来说，朋友像是来自外太空，我们过去的生活几乎没有相似的部分。

在乡下，我们生活用的每一分钱都是流汗流血奋斗的结果。小孩儿没到上学的年龄就要下田帮忙做农事，大到推动一辆三轮板车，小至缝一枚掉了的扣子，都是六七岁时就要做的。

小街边的食物便是我们快乐的源泉，像木瓜牛奶这么高级的东西自不必说。纵使是一根红糖冰棒，或一盘浇了香蕉泥的刨冰，也能使我们快乐无边。

在那个年代的农村，孩子几乎没有任何物质欲望，因为知道即使有欲望也得不到满足，所以索性放弃了。无欲则刚，到后来我们即使赤着脚、穿破衣去上学，也充满自信和快乐。这其实没有什么秘诀，只是深信物质之外，还有能使我们快乐的事物。

对世界保持微微喜悦的心情，知道在匮乏的生活里也能有丰满的快乐，便宜的食物也有好的味道，小环境里也有远大的梦想——这些卑中之尊、贱中之美、小中之大，乃至丑中之美、坏中之好，都需要微细喜悦的心情才能体会。

英国火车站的奇葩晚点理由

□乔凯凯

2016年6月,我随同事到英国出差,顺便去看望在伦敦圣玛丽大学读书的表弟。为此,表弟特意请了假带我出去闲逛。我们买了维珍火车公司的车票,火车票是7点半的,但直到8点,火车还没来。

"又晚点了。"表弟无奈地摊开双手说,"如果哪次不晚点,我们倒要感觉意外了。"这时,候车室大厅的屏幕上重复播放着一行字幕。"对不起,我们晚点了,因为驾驶员的眉毛坏了。是的,他的眉毛'扭伤'了。"我一边好奇地念,一边笑个不停,"这是什么鬼理由呀?"看到我乐不可支的样子,表弟也情不自禁地跟着笑了。

表弟告诉我,在英国,因为各种原因,火车晚点是很常见的事情。以前,列车公司都会给乘客解释晚点的原因。比如,列车厕所水箱加水、乘客行为、车轨滑黏附力弱、信号问题等等。但是,这些专业的"学术词语"让顾客难以接受,大家都表示看不懂,甚至觉得火车公司是在敷衍。于是,乘客们的情绪更加恶化,火车公司接到的投诉也越来越多。

后来,火车公司便想到了一个新方法:用冷笑话的方式来解释晚点原因。火车晚点已经既成事实,再怎么解释都于事无补,不如来几句调侃,以缓解乘客们的焦躁情绪。"一个巨型小丑挡在了路上""海鸥袭击了驾驶员的头部""车轨太热了""克鲁郡的羊跑到车轨上了"……这些奇葩理由出现后,乘客们的不满情绪确实得到了缓解。"可是,仅仅这样,乘客们就原谅火车公司的屡屡晚点了?"我有点儿怀疑地问。表弟笑了笑说:"当然不是,最关键的在后面。在英国,火车晚点是可以申请'补偿'的,无论晚点的理由是什么,只要火车延误超过30分钟,他们都会进行赔偿。延误30分钟至59分钟,可获得50%赔偿;一个小时以上,全价赔偿。"

精神和物质层面都能兼顾,乘客怎会不满意呢?

我们该生谁的气

□张君燕

著名主持人何炅在一次节目中,跟大家分享了自己早年的一次主持经历。早年主持音乐节目的时候,有一期邀请了当时的当红歌手陈冠希。节目开始后,何炅很认真地向陈冠希提出一些问题,陈冠希每次回答的时候,都会低头捂着嘴笑。刚开始何炅并没有太在意,可后来重复多次之后,何炅就很不高兴,他觉得对方很没有礼貌。但为了节目的正常录制,何炅告诉自己:"也许人家就是走这种路线的,所以我要尊重他。"于是,整个节目下来,陈冠希就一直不断捂嘴笑,何炅就一直在隐忍。

强撑着主持完节目,何炅终于忍不住对陈冠希说:"陈先生,你是很火,但其实对我来讲,你只是我今天的一个来宾,我尊重你。但我觉得你也要尊重我的工作,不管怎样,你还是应该认真地听我讲话,一直在那边笑是不是不太妥当?"

说完之后,何炅感觉自己一直忍着的一口气终于吐了出来。这时,陈冠希说:"我实在忍不住笑,因为今天全程你都在管我叫陈奕迅。"听到这句话,何炅的脸一下子变得通红,之前生气的感觉顿时没有了,只是感到了阵阵羞愧。原来,自己全程都叫错了对方的名字,而对方却一直大度地没有计较,原来,该生气的应该是对方啊!

"其实,在我们的生活中,也常常会出现类似的情况。我们认为对方无理的时候,有时恰恰是自己的过错造成了这样的状况。所以,与其去责怪对方,不如先从自身找一下原因。"最后,何炅感触颇深地说。

拥有怎样的心态，就拥有怎样的人生

看大千世界万事万物，有失败就会有成功，有完美就会有缺陷，应让一切顺其自然，以坦然的心态面对生活，面对人生。心外世界的大小并不重要，重要的是内心世界的宽窄。

人生的底色本是从从容容、平平淡淡、寻寻常常，潇洒走一回，便多了一份坚实、一份醒悟、一份自信。潇洒地直面现实，潇洒地洞悉人生，潇洒地接纳八面来风，潇洒地承受恩恩怨怨。一个胸襟宽阔的人，纵然住在一个小天地里，亦能转境，把小天地变成大世界；而一个心量狭小的人，即使住在摩天大楼里，也会是鼠目寸光。

逝去的就留作纪念吧，得到的要更加珍惜，有梦想就应加倍努力。

有目标的人在奔跑，没目标的人在流浪

与眼镜的搏斗史

□ 火锅

现在近视如此普遍，大家也不太当一回事儿，不过近视对于我来说，曾经是一个大麻烦。

很小的时候我就看不清黑板了。小学三年级我被抽调出来考试，坐在教室后排，题目就写在黑板上，我鼓起勇气要求坐到第一排。等到我妈发现问题并带我去检查的时候，近视已经到了500度，视力只有0.1。

当时县城里的孩子还不知道近视为何物，我就戴上了瓶底一样的眼镜，眼镜框的样式也没的挑，是黑色的四方形。我的眼睛本来挺好看，又大又黑，人人都夸，但现在被挡在厚厚的镜片后面，看不到了。

对于近视这件事，我自己是懵懂的，不能接受的是我妈，她的反应比我激烈多了。她开始反思原因，首先是我爱看电视。她像祥林嫂那样一遍遍地给别人描述我看《霍元甲》时如何入迷：坐在小板凳上，一会儿往前挪一点儿，一会儿再往前挪一点儿。从此以后她再不肯让我看电视了。

然后是小人书。我有一个视若珍宝的绿漆木头箱子，里面全是我妈买给我的小人书，有成套的四大名著，有《隋唐演义》《聊斋志异》，还有一些流行的励志故事。我妈认为我的近视和整天趴着看小人书有关，特别后悔，愤愤地说过好几次要把它们烧了。从那以后，我就看不到我的绿箱子了。

我妈一度因为我近视这件事变得很神经质。因为周围没有小朋友近视，一个都没有，连我们认识的大人都没有这么可怕的度数。我妈觉得我会失明，电影里的盲女都有一双特别好看的眼睛。有一天早晨起床，她高兴地说："我昨晚梦见了一种草药，能够治你的近视，那种药材长得又白又长。"然后，她就真的去药店找这种梦中的草药了。还真有这种药，问清楚反正没什么坏处，她就提了一大袋子回来，虔诚地给我熬药喝。

因为医生说近视要多看绿色，她给我买了一盆绿色的盆景放在书桌上。医生说红色对眼睛不好，所以我不能穿红衣服、不能包带红颜色的书皮。

她还学习了一套据说能够治疗近视的按摩操，每天给我做两遍。因为大部分穴位都在头上，为了方便，她一剪子剪掉了我的长发。她的手劲儿特别大，我被揉搓得直掉眼泪，她就一边做一边训我。她把做操看得非常神圣，一天都不肯耽误，连出差都要带着我。

五年级时，我的近视到了700度，我妈决定让我休学一年。那一年是很特别的记忆。一个集体中的小孩儿忽然被择了出来，被迫独自面对时间。很多抽象的概念是在那个时候第一次感受到的，比如"孤独""恐惧"等。

坐在妈妈或者爸爸的自行车后座上去医院查视力，是最令我恐惧的事。视力表是世界上最可怕的东西，那些东倒西歪的"E"是我的噩梦，看不清就是对不起妈妈。自行车快速地行驶着，天上的云都压到我的肩膀上来了，塞满了肺，让人窒息。

我妈还带我到北京看医生，去了协和医院，排了很久的队，我又累又怕，下午要下班的时候才轮到我。我坐在视力表前的凳子上崩溃地哭了起来，因为连最大的那个字母也看不到了，近视度数升到了900。我去挑眼镜框，高兴地发现北京医院里的眼镜框竟然是五颜六色的。我有了一副红色镜框的眼镜。

从北京回来，我觉得妈妈从心里放弃了拯救我的视力的努力。我重新上了学，看书时间长了她也不再训斥我，有时候偷偷跑去朋友家看电视剧，她也像不知道一样。可是随着长大，越来越爱美，我也继承和发扬了我妈的神经质，把近视继续搞成一件严肃的事。

我不怎么敢和异性说话，即使说话也不看对方的眼睛。《围城》里提过一句：男人不和戴眼镜的女人调情。我想我一定不可能找到爱人，会孤独终老。有一天我在大学宿舍上铺看书，忽然一眼瞥到了放在下面桌子上的高度数眼镜。我被它一圈圈的瓶底螺纹吓了一跳，那真是最丑陋、最可怕的东西，我生命里的一切痛苦都可以归咎于它。

作为一个特别强调秩序感的人，有一个具体的痛苦根源会使生活井井有条。然而好景不长，这个根源很快被挖掉了。大四的时候，世界上忽然出现了一种小时候想也想不到的"近视手术"，虽说当时技术还不成熟，但我还是坚持去做了，手术很成功，我马上摘掉了眼镜。

隔了几年往回看，很奇怪近视这么一件平常的事，竟然给我带来了那么大的痛苦；也很奇怪那么大的痛

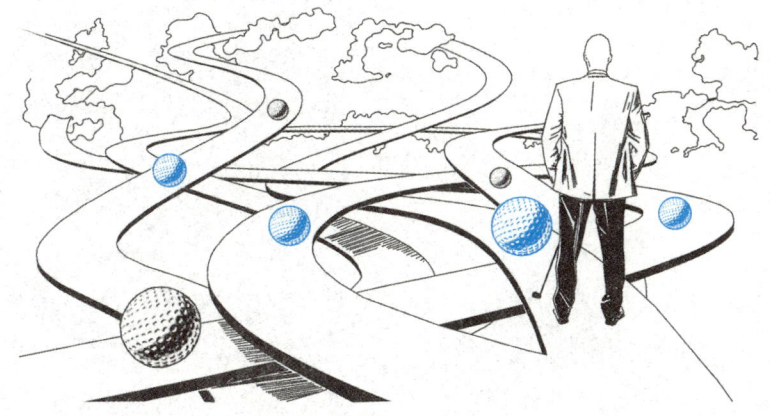

再少一些些

□郑海娇

离农历新年一个月不到，我已经开始清除、割舍与抽离。

这与日本的山下美子"断舍离"的概念很相似。一言以蔽之，山下提议在收拾和整理家时，断绝不需要的，舍弃家中多余的，离开对物质的欲念。这一来，在管理身边物的过程中，更省时，更懂得拿捏资源。

虽然我没依循山本的观念尝试，却在清理杂物时，再次肯定自己所需的，其实不多。家中腾出新的空间，环境再次清洁、明亮和空旷起来，心灵也自然有了更宽广的游刃天地。在减少、分类与收纳的道理中，"减少"往往最不容易做到。只因收拾东西时，我们经常会预设一些问题：可能将来会用上，可能再也买不到了，可能……好多的可能，皆因不愿放手。

消费，是一面镜子，映照你我在它面前展示过，用购物粉饰压力，用吃喝掩饰寂寞，各种花费的姿态。现今是一个不虞匮乏的年代，商品几乎是随处可得。手机购物的应用程序24小时伴随左右，让我们无限上网尽情购物。物质的新鲜感一溜烟散去后，家中又多了逐渐被遗忘的囤积。

一间房子好比是一个巨大的瓮，平日把吃剩的饭菜都倒进去。在打开盖子时，必定有一股熏天的馊酸气味。就连方圆500里的苍蝇、蚊子、蟑螂，都会相约来寻味。相比之下，刚被修剪的草散发的新绿，雨后微风吹来的凉爽，又有谁不爱？无论在房子的哪一个犄角旮旯处，都与惬意畅快的气味撞个满怀，精神又怎能不抖擞？

在有四季变化的国家栖身的那些日子，都得随着季节变化而更替衣物。夏日晒棉被，总爱将那片恣肆炎阳一同折起，放入密封的箱子。到了霜降节气，棉被中沁人心脾的温煦馨香，早已荡然无存了。这让我领悟到，任何再强烈的感动，始终抵不过时间的流动。若以在世上暂居的心态度日，自当会少一股购物的冲动，而多了重要的问号：是消费还是消耗？离去时，能带走这些吗？

我个人倒是很爱动手清理纷繁驳杂的一切。因为在收拾的过程，总会意外发现一直以为已经遗失的东西。失而复得，总让人喜出望外后，更珍惜。其次，将不需要的送给有需要的人，是开心又安慰的事。送书，好比是将深爱的珍藏，留给自己财富的继承人。

2017年如此提醒自己：在眼睛与物质、决定与付钱之间，加个时间轴，再把自己与物品的距离拉远一点儿，避免没必要的浪费。这与积极进取主义无关，而是在去除无用、割舍杂乱的层面上，不做无谓的收，他日就少些东西清除。将生活要求简单化，懂得抽离，就等于给自己一个舒适的空间，坐下躺下休憩，爬梳心情。

没了无谓的加，就少了多余的减。也就少一点儿狷躁，多一份自如。生活中那份感官的怡情，与至淡的境界，总是从一颗妥洽知足的心发出。

苦，说不见就不见了。

而在近视手术后，最尴尬的情景出现了：痛苦的"根源"没有了，然而生活并没有忽地好起来。其他的痛苦迅速地代替了近视的痛苦，我又在开始寻找新的"根源"了。

什么是病呢？病未必局限于人吃五谷杂粮一定要生的那些病。病是把指甲盖一般大的痛苦变成弥漫整个宇宙的痛苦的能力，是失去了一点儿痛苦，还可以再滋生无数痛苦来补充的能力。

病还是一种心理，得到某物的时候是天经地义、理所当然，失去的时候却觉得匪夷所思、天道无常。有这种能力和心理的人，如果不愿意改变，那人生就永远处在一种以虐为乐的病中。

年少的微光握在手掌

□程宇翰

一

我还记得自己刚学绘画时的样子。那一年，我7岁，正是最贪玩的年纪，却要老老实实地坐在画室内，一边漫不经心地在纸上胡乱涂画着，一边竖起耳朵听窗外的蝉鸣。

绘画之于我，并非什么天赋或爱好，仅仅是我上课时在教科书上的消遣。我之所以会被送去画室接受专业的培训，不过是因为班主任拿着被我画花的教科书对母亲揶揄道："你儿子真有绘画天赋。"在那座人云亦云的市井小城，很多家长都希望子女长大后能走出去，不满足于学校里的那点学习时间，抢着为子女的未来添砖加瓦。

对我学绘画这件事，母亲不可谓不上心，关注度甚至超过了她对她那些视若珍宝的化妆品。在画室的选择上，母亲对比了十几家，最终敲定了这家所谓的大师级画室。符合老师要求的纸张非常贵，母亲一向节约，烫一次头发要权衡许久，但委托在省城的朋友为我带画纸时却慷慨得眼睛都不眨一下。

我还记得那些被母亲从床上拽起来去画室的日子。午后的阳光让人恹恹欲睡，我坐在自行车后座上靠着母亲的后背，极其渴望能拥有一场睡到自然醒的睡眠。

画室的老师是一位留着长发的中年男子，以严厉著称，喜欢捏一把长尺在手里，专门用来打我们的手心。时至今日，很多老师的名字和样子都已在我的记忆中淡化，但画室的那位老师脸上的每一个毛孔，我都清楚地记得，如同一片挥之不去的乌云，笼罩着我年少时的天空。

因为学绘画，我失去了本该无忧无虑、自由自在的童年。

最后一次去画室，是在一个黄昏。老师对母亲失望地摇着头说："您的儿子并不适合学绘画，天赋略有，但悟性不够。"母亲没有言语，脸上满是惋惜的神色。我知道她惋惜的是那些让人心向往之、绽放奇光异彩的未来，就这样向我关上了大门。

二

如果说学绘画是赶鸭子上架，那么初一那年接受写作培训则是我自愿为之。起因是我的一篇作文拿了高分，当时成绩平平、无所事事的我突然眼前一亮，觉得自己可以在写作的道路上耕耘下去。

对我学绘画半途而废耿耿于怀的母亲，余怒未消。我把那篇高分作文拿给她看，承诺今时不同往日，这一次自己是有备而来，志在必得。母亲便相信了。

又是一次生动的重复。购置全新的纸张、字典、学习机，四处托关系打听可靠的老师，去银行取钱，一路都是漫天飞扬的浮尘。最终，我拜到了本市一位作家的门下。

如果你以为写作培训就是翻翻闲书、吟诗赋词，那你就太天真了。而那时的我就是如此天真，天真到第一堂课被老师要求在一个月内背下一本字典时，我还以为是自己的耳朵出现了问题。

汉语语法深奥、词汇浩瀚，其复杂程度不亚于任何一门理工类学科。一段时间以后，美丽的字词在我们麻木的目光中变成冰冷的符号。翻开书页，那些四四方方的汉字犹如狂蜂一样在眼前乱飞，搅得人心神不宁。

文学的乐趣被如此消耗，我很快就发觉这不是我想要的生活。我不敢向母亲提出打退堂鼓，甚至不敢想象她得知真相后失望的样子。好在小作家班因为汶川地震突然停办，我再以即将升入初三需要暂停写作为由，总算让母亲默许了我又一次的半途而废。

选择一个方向出发，然后在中途放弃，类似的情况在我的成长中屡屡发生。后来在母亲的安排下，我还学过游泳、笛子，几乎把少年宫所有的教室走了个遍，但它们无一例外都过早地退出了我的生活，未能成为我人生的一个方向。

三

一直到大二那年，我还觉得自己并没有真正适应大学生活。每天在室友此起彼伏的鼾声中起床，穿上那双已经裂口的鞋，到食堂吃一笼永远是豆沙馅的包子，然后去教室学习不尽如人意的专业。每一天都是毫无意义的重复，这不是我想要的青春。

痛苦的逡巡中，我发觉图书馆可以让我平静下来，于是那里多了一个从清晨坚守到黄昏的青年，他徜徉在现代文学的浪漫和古典文学的厚重中，用文学填补自己的空虚。

某一刻，当阅读达到一定的数量，或是很难找到能令自己满意的文字时，我觉得自己似乎也能写点东西了，于是开始提笔进行艰难的尝试。这场写作没有设定目的，但让人沉醉。

我始终记得，那一年，那位两鬓斑白的老作家对着一脸稚嫩的我们讲，不要为了写作而写作，要因为的确需要倾诉才写作。

我就这样漫无目的地倾诉到了大三，发表的文章逐渐多了起来，开了专栏，有了固定的收入，可以随心所欲地吃自己想吃的东西、去自己想去的地方。更重要的是，我找到了一种能安顿自己的形态。有生之年能与这样一种形态欣然相逢，其惊喜程度如同赤脚行走在沙滩上，忽然脚底一疼，抬脚却发现，一枚斑斓的贝壳嵌在沙子中。

上大四时，学校宣传部听闻我的文字功底较为深厚，就让我利用课余时间去帮忙。没有想到，这种蜻蜓点水的尝试，竟然帮我打开了另一方天地。在那间油墨飘香的办公室，我不仅写了很多文章，还参与校报版面与插图的设计，把一期期专题以漂亮的形式呈现在纸张上。我没想到自己的身体里竟潜藏着艺术细胞，在每一个乐此不疲的忙碌时刻，曾经在纸上画过的线条、苦苦凝视过的石膏，通通在我的脑海中苏醒，赋予我诗意的节奏。

大学末尾，一直勉强学着的法律专业已在我的生命中被淡化，我把人生放心地交付给传媒行业。成长让我经历了一个失去自己又找到自己的过程，多么让人身心愉悦。

四

假期回家的时候，陪母亲逛街，路过一间画室，恰逢学生们踏着放学铃声鱼贯而出，各自奔向某一个等在街边的温暖的怀抱。以前面对这样的场景时，母亲都会眼神复杂地打量那群叽叽喳喳的孩子，想着自己的孩子也曾是其中一员，然而现在的她，只是头也不回地走过。

母亲已接受现实，甚至遗忘了那段望子成龙的时光。但是往事历历在目，桩桩件件都刻在我的脑海里。那些年，为了给我争取更多的人生可能，她企图让我成为画家、作家或运动员，我奔忙在路上，然而一次又一次放弃后，很遗憾，我没有成为她期待的样子。

我曾一度感到沮丧，甚至为糟糕透顶的人生而感到羞耻。但是，现在的我多想穿越到十年前，告诉那对一脸沮丧的母子，那些四处探寻的时光、被束之高阁的画板和笛子，通通都没有被浪费。它们虽然没有开出硕大艳丽的花朵，但它们一直沉睡在我的身体里，潜移默化地影响着我的人生走向，为我带来诗性的思维及性格，让我在"众人皆醉我独醒"的时刻，还能吟诵出"落霞与孤鹜齐飞，秋水共长天一色"。

年少的期待，在日后被一一兑现，只是它们换了形态，且姗姗来迟。

□ 晓月

盲鱼

我家养着一群不同颜色的锦鲤，数月前鱼缸中竟然爆发了一场"战争"。

当时，我从水族馆买来四尾不同颜色的锦鲤放进鱼缸。很快我就发现，这几尾新来的锦鲤开始欺负老锦鲤，特别是那尾个头较大的红锦鲤，不仅老是追赶噬咬老锦鲤，而且不让老锦鲤吃食，弄得整个鱼缸如战场般"火药味"甚浓。

这场"战争"历经数日才渐渐平息，新老锦鲤才开始和平共处。一尾瘦小些的老红锦鲤被啄瞎了眼睛，成了盲鱼，不过，它却奇迹般地活下来了，倒是那尾最凶悍的新红锦鲤几天后因为抢食过多，消化不良而死。

一下子死伤两尾鱼，损失不小。当时，我觉得盲鱼很难再活下去，准备将它处理掉，但它却敏捷地东躲西藏，坚决不肯落入我的网袋。我只好收手，看它还能活几天。

几个月过去了，盲鱼竟然还活着，而且越活越自在，越活越有精神。我经过一段时间的仔细观察，发现它找食的方法很特殊。当我将鱼食投入鱼缸，健康鱼目标明确，蜂拥而上，张嘴吞食。盲鱼看不见食物在哪儿，只好张大嘴巴，像拉网一般满鱼缸搜索，它总能找到漂浮在角落的同伴们吃剩的食物。我只要看到它单独找食，就会将颗粒状的食物投到它张开的嘴里，给它开个小灶。吃饱了，盲鱼就跟健康时一样，与其他同伴一同游来游去，还能上浮下沉，而且不会与同伴相撞。看上去，盲鱼仍然可爱，能吃饭能运动，加上主人始终保持鱼缸的清洁，这大概就是它能活下来的原因。

其实，不论动物、植物，还是人，都有可能遭遇意外而不幸残疾，但遭遇不幸并不意味着生活就到了末日，只要乐观顽强，依然有继续幸福生活的能力。

32个未接电话

□张振斌

儿子在2000多公里外的南方上学,我每个周六都要打个电话问问他一周的情况。周六的中午,儿子打来电话,但因我正和妻子在山上挖野菜,风大,信号弱,听不清,便约好回家后再联系。

吃过晚饭,七点多,连续给儿子打了两遍电话,能通但没有接。以前也有这种情况,儿子戴着耳机听英语或者习惯了上课调到静音,平时也免不了忘记调回铃声,一次两次听不见也常有。他过一会儿看见了就会打过来,因此我也没在意。

电视中没有喜欢的节目,我便拿了两个靠背垫垫在沙发一头,斜靠着再读路遥的《平凡的世界》,等儿子的电话。

春节后,儿子宿舍中的舍友,一个去了德国,另一个是生物学院的,搬回了本学院的宿舍。宿舍中只有儿子一人,我和妻子对儿子的安全不免有些担心。

妻子喜欢的电视节目已经开演。书,我也读了四章,儿子的电话还没有打过来。再打儿子的电话,不知为啥,说儿子的移动号不在服务区。又打儿子的联通号,电话无法接听,不在服务区、无法接通?于是,我就给儿子发了条短信:怎么不接电话,看到后迅速回电话。

电视剧演完一集了,歪靠在沙发上一个多小时,再加上白天在山上转了一上午,感觉确实也有些累。我对妻子说:"我去锁大门,先睡了。"

"你先睡吧,再看一集我就过去。"

上床,脱下毛裤,盖好腿,刚要脱上衣,想起儿子还没打电话来,便拿起电话又给儿子打电话,不说不在服务区了,有了"嘟——嘟——嘟——"的声音,一听挺高兴。打了两遍,仍然没能接通,不免有些沮丧。想起前几天,妻子曾通过QQ和儿子通过话,想通过QQ联系一下儿子,因为不太懂,捣鼓了老大一会儿也不行。一看手机上的时钟,还不到九点半,天还不晚。自己宽慰自己:儿子可能晚上补课……

没接到儿子的电话,睡意全无,又拿过书读起来。

电视剧演完了,妻子来到卧室,看到我没睡,有些惊讶。我沮丧地对妻子说:"一晚上了,孩子没有接电话。"

妻子说:"你们不是中午联系过吗?"

"说是回家后再给他打的,打了十几次就是不接。八点的时候联通号还无法接通,移动号不在服务区。"

"联通号早就不用了,移动号不可能不在服务区。你看,QQ上挂着手机呢。"妻子翻看着她QQ上的好友,确实儿子的手机挂在上面。

"你试试联系下他,打一遍不通,打一遍不通,搞得人心慌意乱。"

"你就是事多,他能有什么事,可能调至静音听不见。"妻子一边怼着我,一边开始打电话。我连书也顾不上看了,趄着身子,眼直直地瞅着妻子打电话,一遍不接,又打了一遍还不接,用QQ联系,仍然联系不上。妻子没有活现的神气了,担心和牵挂瞬间爬上了额头。像是在为刚才的发怒解脱,又像是在自我安慰,也像在劝我说:"可能手机调到静音了,我给他在QQ留了言:'见信息马上回电话,甭管几点'。"

妻子的担心,并没有分担我的担心。我们俩谁也不说话了,关灯后,在黑夜中默默地苦想着能联系上儿子的方法。

淅淅沥沥的春雨,已经下了三四个小时,雨滴敲打在阳光板上,发出"啪嗒、啪嗒"的声音,空气也变得沉重而阴冷了。

想了一圈,没有儿子同学的电话,更没法找到管宿舍的阿姨。认识的老师到外地筹建新的校区,有个远房表姐在儿子所在的城市,但离学校二三十公里,况且快十一点了,也不好意思打扰人家。

在黑夜中攥着手机,靠在床头

候鸟守护人

□明前茶

晚上8点半，白洋淀附近的一家小旅馆里，刘姐与她的小伙伴们整装待发，预备去做拆除鸟网的工作。换上高筒胶靴，刘姐在每个人手指开裂的地方，缠上新的胶布。

外面的气温已经降到零下5摄氏度，在这种天气伏守在芦苇丛中，手指很快就冻木了，但刘姐不肯戴上手套，因为他们干的是与捕鸟人斗智斗勇、争分夺秒的活儿，戴上手套，拆除捕鸟网的速度会慢一半，就不能赶在鸟撞上捕鸟网之前，把它们都剪掉。

只要进入白洋淀的浅滩苇塘，走上10分钟，脚趾就麻木了。风吹拂芦苇的梢头，可以听见螃蟹攀爬时苇梢折断的声响，睡梦中的野鸭发出的模糊不清的咕咕声，就在这片杂乱的声音中，刘姐和小伙伴们，准确捕捉到一缕整齐的嗡嗡呜呜的声音，像一个"老烟枪"在打盹时喉管里发出的声音。来了！诱捕器已经打开！再等约十分钟，捕鸟人就撤到窝棚里睡大觉去了。刘姐低喝一声：赶快动剪子！

他们第一时间摸到了支网的竹竿子，开始动手拆网，并把绵延几十米的捕鸟网一点儿一点儿剪碎。拆了这一处，还有另一处，贪婪的捕鸟人真是无处不下手。拆到后半夜两点钟，刘姐发现刚拆下的网上，已经粘上了十几只鸟，一只小松雀鹰，还在奄奄一息地挣扎。刘姐赶紧把它们从网上解救下来，请一位伙伴捧着鸟儿，自己动手帮松雀鹰剪去翎毛上粘连的黑网。

鸟的伤不严重，刘姐打算把它们交由旅馆老板养两天，等"清网行动"结束后，找一片安全的芦苇荡，将它们放飞。为了解救鸟儿，刘姐他们也会去当地的野味餐馆，买下鸟儿放生。一次，餐馆老板仰面朝天，望着行将入锅的美味呼啦啦飞走，不解地问刘姐："你们这伙人倒是心善，可你们忙活这些事有什么意义呢？"

刘姐一眼瞧见老板约10岁的儿子正伏在收银台上写作业，便高声应答："怎么没有意义？晓得那首诗不？'两个黄鹂鸣翠柳，一行白鹭上青天'，以后咱们的子孙要是问起，黄鹂长什么样儿？白鹭又是什么东西？咱也不能只给他们看博物馆里的图片和标本吧！"

刘姐说完就走了，那个收银台上的孩子，目光一直在追随她。

上，冥思着手机能亮起来，铃声能响起来。等不到，就拨打儿子的手机，"嘟——嘟——嘟——"声混杂着窗外"啪嗒、啪嗒"的声响，敲打着心脏，像一只猫爪子抓在上面，恐慌和焦虑慢慢在胸中升腾和蔓延。

前半夜怎么也睡不着。妻子时而翻来覆去，时而拿起手机翻看，虽然都知道有电话、信息手机会亮灯或响起铃声，但我们谁也没有感觉这是无谓多余的举动。伴随着亮光的熄灭，妻子的阵阵叹息声，显得那样无奈。

后半夜，瞌睡终于压住了无奈的等待。迷迷糊糊中听见了自己断断续续的鼾声。妻子轻轻地翻身，常常让我从瞌睡中跌入精神迷乱的状态，恍惚中幻想着：儿子的同学去四川参加雅思考试，还能坐飞机去了成都？儿子喜欢走路时戴耳机听英语，还能不小心发生了车祸？最糟糕的就是用电或者洗澡滑倒，发生重大意外，自己无法控制……不管怎样，明天早上再接不到电话，就要麻烦远房表姐或直接坐飞机跑一趟。

阳光板上的"啪嗒"声渐渐稀疏，窗外的雨可能停了。妻子翻动手机发出的蓝光，引得起夜的大黄狗图鲁在院子中对着窗子狂吠不止，更让人焦躁不安。大黄狗图鲁在妻子的呵斥声中安静了，我们没有开灯，没有言语，但凭借对方粗重的喘息声，就知道两人的思想都凝结在千里之外的儿子身上。这缔结于我俩的生命，我们总是看得比自己更重要，一晚上的担心，没有父爱、母爱的伟大和骄傲，更多的是伤感雨夜的漫长和等待的煎熬。

似睡非睡，似醒非醒，一直在初春的凄风冷雨中翻来覆去、渴望期盼。

5点17分，我的手机响了起来，抓过电话一看，真是儿子的电话，接通后传来儿子的懊悔声："爸爸，对不起。昨晚和一个同学吃饭，感冒了。吃了药后，不到七点就睡了，困得我睡前看到我哥发的信息也没给他回。手机调至静音，一直睡到现在。打开手机一看有你和我妈打来的32个未接电话。"

长夜的迷惘，终因儿子的电话，看到了春天窗外的光亮，一身的紧张卸下来，感觉真的很累。

我对儿子说："你没事就好，我们太累了，想睡一会儿。"

挂断电话，我安然入睡。

青春里，那化妆过的祝福

□ 耶雅亿

一

我的父母就像是两个永远长不大的孩子。我在他们的吵架声中长大，从小就懂得察言观色，猜得出母亲下一声是要喊"离婚"还是"自杀"，看得出父亲今天是要用喝酒还是赌博来发泄心中的苦闷……

我们一家生活在上海卢湾区，那是不见阳光的棚户区，我们一家三口挤在十几平方米的空间里。在狭窄的阁楼上，我的耳边每天都充满小贩的叫卖声和父母吵架的声音。每当父母吵架，我的心里就好像落满了灰尘。我上高一时，便感觉人生沉重不堪。我讨厌母亲用她的消极情绪来控制我，更讨厌父亲不求上进的懒散样子……

我一度想离家出走，这时，一件小事改变了我的人生轨迹。

我在阴暗狭窄的卫生间里发现了一群蚂蚁。蚂蚁沿着光滑的瓷砖往上爬，我顺手拿起花洒冲向它们。于是，这几十只蚂蚁就葬身水中了。没多久，另一个兵团的蚂蚁重新开始向上突围……

我打开阁楼的窗户，看着不远处金碧辉煌的大楼。我忽然觉得自己的命运如同这群蚂蚁一样，要出人头地是何等艰难，而父母所能给我的就是一次次迎头泼来的冷水。

但是，我能否像小蚂蚁一样逆流而上呢？

二

就在这个时候，做厨师的父亲在工作时出了事故。

一锅热水浇到了他的手臂上，医生说他可能会落下残疾，而且不能重操旧业了。母亲把家里的存折和银行卡都甩给我，绝望地躺在床上，絮絮叨叨地诉说着这么多年来自己所受的委屈。

接过存折的那一刻，我觉得自己突然长大了。我计算起家里的存款和父亲所需医药费的巨大差距；我思考着找哪些熟人寻求帮助，再去亲戚家里借钱……

在舅舅的陪同下，我找到餐厅的经理，经理的态度非常傲慢："责任不在我们，你爸是酒后失手。"

我说："你必须把欠他的工钱和你该赔偿的部分医疗费给我。"

经理问我："你多大了？"

我说："我16岁了，我可以代表我父亲。"

经理让会计结账给我。临别时，他说："我儿子整天沉浸在网游中。等你有空时，我请你吃顿饭，叫上我儿子。"

三

那晚，我赖在父亲的病房里不走。反正父亲也没力气骂我、打我，我就把在心中压抑多年的话讲了出来。

听着我讲洗手间里的蚂蚁的故事，泪水从父亲眼中渗出，这是他第一次在我面前哭泣。我像哄小孩儿一样对他说："出院后咱们活出个人样来！别怕，别哭！老爸，你要振作起来，我们娘俩都还要靠你呢！"

第二天，我去茶馆里把母亲找了回来。母亲又要去找酒喝，我摔了酒瓶，对她咆哮："你是想要等到你老的时候，我和你的外孙都瞧不起你吗？"

母亲怔住了，她瘫软下来，讲了许多话。我安慰她说："妈，你才40岁，还有大把的日子，你的福气还在后头呢。"看到我软硬兼施，母亲终于服输了。我鼓励她不要放弃，就像那群坚持的蚂蚁一样。

四

我和父母"约法三章"：再也不许喝酒、不许吵架、不许在外面混日子。

很多次，父亲和我讨价还价，问我可不可以抿一口酒。我说："你能喝一口就能喝一瓶，你要想失去我这个女儿，那你就喝！"

很多次"拉锯战"之后，父亲终于戒了酒。戒酒之后，父亲的身体越来越好。在我的鼓励下，他终于迈出找工作的那一步。屡屡碰壁之后，父亲终于找到了一份工作。工作太累的时候，他下了班就想搓麻将，用尽办法让我把工资卡还给他。我就和他玩"猫抓老鼠"的游戏，变着法子节流。

母亲的牌友们来找她，我就毫不客气地警告她们："如果下次你们再来叫我妈，我就去派出所举报你们赌博！"

然后，母亲渐渐能在家里待住了，也开始做家务了。我们家有了香

末日心态

□罗振宇

人之将死,其言也善。

据说,慈禧最后一道遗诏说以后大清国女主不许干政。你看,她是知道的呀,但是只要她不到临死那一刻,她就不把这句话吐出来。

还有一些人在临死的时候,会有好的人性展现。比如说著名的路易十六,就是那个被"咔嚓"一刀砍掉脑袋的法国国王。临死前的最后几秒钟,他回头看了看刽子手,问了一个问题:我们法国人那支拉彼鲁兹探险队回来没有?有没有消息?当时那支探险队在太平洋上已经失踪很多年了。现在日本北边的宗谷海峡也叫拉彼鲁兹海峡,就是以其命名的。

所以你看,一个国王在他临死的时候,他不是说反对革命还是支持革命,不是给王朝留点话。他关心的仍是法国的一支伟大的探险队的去处和消息。这是真正的人性的展露。

最让我觉得震撼的是纳粹的空军司令戈林,大胖子,比我还胖。这个人怎么说呢?他这一生几乎就找不出一点儿好。戈林酷爱搜集艺术品,他是欧洲艺术界的一个大劫难。这个人还非常残暴,屠杀犹太人他也有份。

他在生命的最后一刻,也就是1946年10月,此时盟军法庭已经判了他死刑,他一直跟盟军法庭博弈

一件事:他说能不能枪毙我,不要把我绞死。

因为在欧洲人的观念当中,砍头、绞死和枪毙,这是完全不同的死法。绞死给谁预备的?江洋大盗,底层的老百姓。砍头是最高贵的死法,你看查理一世、路易十六都是"咔嚓"一刀。至于枪毙呢?那是军人应该享受的死法。

所以戈林说,我怎么能跟江洋大盗搞到一起去呢?好歹搞个枪毙嘛。博弈半天,法庭最后没同意。戈林很沮丧,回到监牢里,拿出自己藏着的一颗氰化钾胶囊吃了后就死了。

但是有意思的是,他临死的时候写了一封信。这封信既不是给孩子的,说我在哪里藏着金子。也不是给纳粹的继承遗志者的一封公开信,而是写给监狱长的。

信中他详细交代了这颗氰化钾胶囊的来历。他说,我一共带了三颗,第一颗放到衣服口袋里,故意让你们发现。第二颗呢,我搁在帽檐里面,所以检查的时候你们没发现。第三颗我是搁在手提箱里那个雪花膏的瓶子里,你们到现在也没发现。

信的最后他写了一句话,他说:监狱长,我这种藏法,你们的检查人员是不可能查得出来的,请你不要怪罪他。

所以你看,在历史上留给我们一个如此不堪的肮脏背景的人物,在生命的最后一刻,他暴露出来的是慈悲心肠。知道了这个故事你会怎么看戈林?

人带着末日心态去活和心中没有末日去活,会活出两种完全不同的境界。

喷喷的晚餐,还有了温馨、干净的环境。

我告诉母亲,这才是她最美丽的样子,我真为她开心。

五

父亲更勤奋地工作,利用业余时间做起了兼职。母亲绣起了十字绣,从小就有刺绣功底的她,将这门扔掉了很多年的手艺再次捡起来。从小幅开始,她越绣越大,还挑战起了《富春山居图》。

她的劳动很快就有了回报,有刺绣店铺的老板主动与她合作。母亲的刺绣得到了市场的认可,很快就订单不断。母亲还去茶馆里招了两个牌友,跟她一起绣十字绣……就这样,我们家渐渐有了自己的刺绣小作坊。母亲在教人刺绣的过程中找到了自信,过得越来越开心。

我们家的存款渐渐多了起来,很快我们就付了新房子的首付和装修款,搬出棚户区,住进了像样的新家。

父亲对我说:"女儿,我的同事们一直夸你,说你把自己的父母管理得这么好,将来肯定是个公司高管。"

母亲也常对别人说:"我没有白养这个女儿,她可比我有出息多了。"

六

一天,我看到电视上正在播放对歌手蔡琴的采访。蔡琴说:"父亲一直在外工作,母亲懦弱胆小。身为长女的我从小就承担起了照顾家庭的责任,母亲就像是孩子,需要我照顾……回想自己的青春,我从来都不知道叛逆的青春期为何物……"

我的心里万分认同蔡琴的感受。原来,命运真的会让许多孩子从十几岁开始就被迫成熟和果敢起来……怪不得,蔡琴的歌声会那么美、那么意味深长。

回首那段特殊的青春,我不由得感慨,原来苦难也是一种化妆过的祝福。

有目标的人在奔跑，没目标的人在流浪

更有钱却更不快乐

□李少威

一个朋友，手上有150万元人民币现金，住着一套小房子，价值200万元左右。以我的标准看，他算是一个很富裕的人。但他想换一套新的、大一点儿的房子，这套房子价值680万元。于是，他就从一个拥有150万元现金的人，变成一个负债约500万元（加上20年房贷利息）的人。

接下来，他每个月须还贷2万多元。这让他很烦恼，做着一份令人羡慕的金领工作，收入一直在提升，却变成一个更穷的人。

是什么导致了他的烦恼？

如果让一个道德家来回答，答案就是"欲壑难填"。但我们都知道这样的回答离谱且无意义。父母渐老，很快要从老家过来居住；他的年纪渐长，也到了迎接下一代到来的时机。他需要那套更大的房子，和以前的农民需要筹钱盖一座新瓦房并没有本质区别。

他的烦恼具有普遍性，在全面城镇化的时代里，每一个社会金字塔顶端以下的人都会被卷入，可能程度上有差别，但心理上的煎熬是一致的。社会对个人财富的剥夺机制，往往又是社会的动力机制，不断地剥夺，驱使人们不断努力。

生活像是一座沙地上的建筑，无论你如何努力去装饰它，都消除不了它随时垮塌的可能性。人就像滚轮里的小白鼠，不断地往前跑，但一步也没有前进。

那么，我不玩了行不行？我退出社会。

别天真了，退隐那是古人的专利，我们已经被现代社会牢牢地捆住。单拿教育来说，在封建时代，有知识的人可以隐居乡间、自给自足，然后自己教孩子读书。那时，书本知识在有限的人生里几乎是一成不变的，而且只要学得够好，孩子就可以去参加考试，走向属于他的世界。而在今天，如果孩子不加入主流的社会化过程，只需要几年，知识的更新就会让他变成一个无知的怪胎；不参与规定的学校教育流程，则相当于与一切人生机会脱离了联系。

每一个人都被绑架着前进，这个词很可能不包含"提高"的意义。

我这个朋友的上司，收入是他的数倍，却比他更缺乏安全感。他看到，钱本身在慢慢地变成纸，他担心某一天，以千万计的财富会变得不足以养家。于是，这名千万富翁变成一台攒钱机器，他会为了省一块钱而步行到下一个地铁站，人生中除了攒钱没有别的乐趣，事实上攒钱对他而言也不是乐趣，更像一种出于安全需要的本能行为。

上司、朋友和我，三个人在财富拥有量上有巨大的级差，但朋友说，"我们都是中产"。确实，如果要总结中产的共同点，最明显的那一面是，每一个中产都在脆弱的冰面上行走。

你可以说，现在这样我已经满足了，但问题是，维持现有水平的成本越来越高，意味着"满足"本身不可实现。

你怎样生活，事实上与你的意愿无关。这显然不是我们憧憬的美好生活的样子。

我们从希望出发，一步步进入与希望完全背离的状态；从对安全感的追寻出发，一步步奔向岌岌可危。

我们所面对的其实是现代社会的普遍性问题，它似乎无法避免，但可以通过一些方法加以改善。归根结底，社会动力机制不能依赖社会剥夺机制，否则，人们永远无法抵达梦想。

生死成败的关键

□刘墉

闲来看到一则旧闻，让人唏嘘。

1975年6月30日16点，某航空公司班机，在由花莲飞抵台北机场降落时，因为发生误差，落地后又偏离跑道，而毁成三截，造成二十六人死亡，大部分人重伤的惨剧。事后据生还者表示，当时因为飞机已经降落地面，许多人认为平安抵达而立即解开了安全带，所以造成这样严重的伤亡。

我们做事往往在接近尾声时，认为已经成功而放松了精神，岂知这一刻却常是生死成败的关键啊！

在心里种上太阳，明媚的花儿将开在脸上。

胖女孩的人生哲学

□ 流 沙

在一次同学聚会上，有位漂亮女孩喋喋不休地诉说东家的不是。

女孩说，那东家是个死板的法国老太太，经常指责她这里做得不对，那里做得不对；我跟她聊天，她又说我的法语发音不对。

漂亮女孩说的那位法国老太太，她的女儿在上海的一家公司工作，为了照顾她，把她从法国接到了上海，然后雇了能讲法语的女大学生当护工。可是许多女大学生都在这位苛刻的法国老太太面前败下阵来，有的不辞而别，有的不能忍受老太太的指责，索性与她争执起来。

正在漂亮女孩义愤填膺的时候，有个胖女孩凑上来，轻声问她："如果你辞职，能否把这份工作让给我？"

后来，胖女孩成为那位法国老太太的护工。漂亮女孩说："她肯定要受这待人苛刻老太太的气。"

但谁也没有想到，胖女孩成为老太太的护工后，短短几个月，她和老太太相处得非常好，更让人不可思议的是，这位老太太还用她在法国的关系，让胖女孩到法国去深造。

许多人都觉得非常奇怪，为什么那么多的女孩子都不能接受老太太的脾气，唯有她，能与老太太和睦相处？

胖女孩说："老太太的确很苛刻，我去照顾她的第一个月，她经常批评我这里不对，那里不对。譬如你的走路姿势不对，坐姿不对，眼神不对……有一次，我帮她取一块萨其马，我是用手直接取给她的，老太太突然大怒，她斥责我没有教养，说应该把萨其马放在碟子上给她。那时，我眼泪差点儿下来了，真的想马上辞职。但是事后，我觉得，用手直接取食物给她，的确不太妥当。"

胖女孩是个不服气的人，有时候她觉得老太太的批评很尖刻。但有时候，她审视自己时，却脸红了。

老太太批评她走路姿势不对，她回家对着镜子看，果然发现她走路的时候有轻微的跳动；当老太太说她坐姿不对，她下意识地观察自己的坐姿，发现自己坐下时，双腿没有合拢，真的不雅观；当老太太说她眼神不对，她偷偷对着镜子观察时，她看人的时候，有一点点的偏眼……

原来，老太太说的，许多是对的。只不过，因为自尊心，她在心里排斥着批评。

后来，胖女孩还知道了老太太的一些身世，她出生在里昂的一个贵族家庭，从小接受的教育，就是处事要有条理，生活相当精致。

胖女孩对老太太的批评有了全新的态度，老太太说的既然有道理，我为什么不能改变呢？

此后，每当老太太提出批评时，胖女孩不再反抗，而是先想一想，自己到底对不对。如果不对，她就努力去改正。她还阅读了大量的资料，了解法国人的一些生活习俗和禁忌。

在老太太生日那天，胖女孩花了几个小时为老太太做了一道地道的法国传统菜——烤牛排，当胖女孩捧着香喷喷的烤牛排出来，祝她生日快乐时，老太太突然流泪了。

老太太说："我的外甥女也曾这样为我做过烤牛排，你和我的外甥女一样漂亮，一样可爱。"

那一刻，胖女孩感动极了，因为她照顾了老太太那么长时间，老太太这是第一次夸她。

从此，老太太很少批评她，她经常坐在客厅里，听老太太讲一些故事，有时候，她会插上几句。听到开心处，一老一小，会发出轻轻的笑声。

有一次，老太太的女儿带着欣赏的眼神，看着胖女孩，由衷地说："你真优雅，很迷人。"

胖女孩真的变了，她变得安静了，气质变得典雅了，还有她的法语口语发音，她说话的神态，她的眼神……

胖女孩说，人就像一株含羞草，一遇上外界的小小侵犯，就会把自己重重保护起来。

其实，如果换一种角度、换一种思维去理解，这刻薄的但又精致的老太太不啻是自己的一位生活指导师，在批评面前，你选择什么？你承认自己的缺点吗？你愿意改变吗？

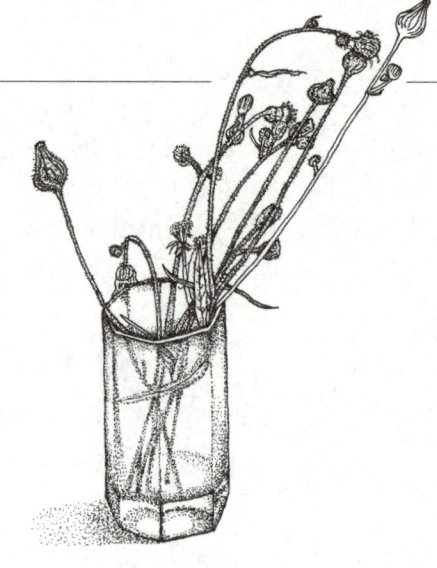

甜太简单，回甘才有味

□ 蒋 勋

我小时候完全不吃苦瓜，不知道为什么到这个年纪，越来越爱吃苦瓜，而且是那种客家腌苦瓜，还带着臭味，然后掺些小鱼豆豉。

我忽然发觉，我现在不爱吃甜的，我觉得甜对我来说，太简单了。

还有一种味觉叫"回甘"。我们会说这个茶好好喝，有"回甘"。回甘的意思是，一开始有点儿涩、有点儿苦，可是慢慢地从口腔生出一种淡淡的甜味。

人生是经过这些涩味以后，才有所谓的甜，而那个"甜"不等于糖的甜，它不是单纯的甜味，而是人生经验很多的复杂的变化。

有一次去绍兴，朋友请我去吃饭。他说："你没有听过那个'三霉三臭'，你不配来绍兴。"这个很狠哦，等于说人家要来做客，还要通过那个三霉三臭的考验。那个发霉的酸菜干，真的很臭，闻到以后会想吐的。

我们在绍兴被他们灌得酩酊大醉，吃了三霉三臭之后，晚上我一个人在街上走。我走过鲁迅纪念馆、蔡元培纪念馆、秋瑾纪念馆，走过秋瑾被砍头的那个广场。我不晓得这个小镇记载着多少近代历史的记忆，好像人被压抑、发霉的记忆，最后在味觉上展现出来。

通过霉和臭之后，还要存在、还要活着、还要有生存下去的力量。我们现在再去读《阿Q正传》这样的书，感觉那种生命好像真的有发霉的感觉。可是在那样的环境下，我们还要存在、还要活着，还要自己想办法，去通过那个臭、那个腐烂，重新生长出来。

也许因为我们在这么幸福、安逸的环境中长大，对甜味的感觉很多，所以对苦味和臭味不太能感受到。在台湾因为环境很好，有很多苦味和臭味被降低了。

有一个法国朋友跟我说，其实古老的文化最精的品尝是臭味，臭的品尝。我们会发现苦也好、臭也好，都是生命里的卑微、生命里的哀伤，都是生命里痛的记忆。

空心看世界

□ 林清玄

当我看到水田边一片纯白的花，形似百合，却开得比百合花更繁盛，姿态非常优美，我当场就被那雄浑的美震慑了。

"这是什么花？"我问田边的农夫说。

"这是空心菜花呀！"老农夫说。

原来空心菜可以开出这么美丽明亮的花，真是做梦也想不到。我问农夫："可是我也种过空心菜，怎么没有开过花呢？"

他说："一般人种空心菜，都是还没有开花就摘来吃，怎么会看到开花呢？我这些是为了做种，才留到开花呀！"

我仔细看水田中的空心菜花，花形很像百合，美丽也不输给百合，并且有一种非常好闻的香气，由于花是空心的，茎也是空心的，在风中格外柔软摇曳，再加上叶子是那么绿，如果拿来作为瓶花，也不会输给其他的名花吧！可惜，空心菜是菜，总是等不到开花就被摘折，一般人总难以知道它开花是那么美。纵使有一些做种的空心菜能熬到开花，人们也难以改变观点来看待它。

我们只有完全破除对空心菜的概念，才能真正看见空心菜花的美，这正是以空心来看世界。

但是，人要空心来面对世界，真的比空心菜还难呀！

陈道明没那么完美，朋友圈没那么幸福

□王鹏程

朋友圈里经常转发一些写陈道明的文章，称他"不沾烟、酒、牌，不喜欢应酬，从不光顾酒吧、歌舞厅之类的娱乐场所，很少参加饭局，即使参加，一般不超过半小时。工作之外，剩下的便只是读书、练字、弹琴、下棋，为女儿做衣服，为妻子裁皮包了"。

我始终怀疑这描写的不是真实的陈道明，而是某个记者，或者写手，根据采访或者道听途说后编撰的文字。

几年前，在海南三亚机场，我偶然碰到陈道明。他矮矮瘦瘦，一身黑衣。给几个认出他的粉丝签完名后，匆忙走出机场，钻进一辆商务车。

透过车窗，我亲见：陈道明点上烟，大口大口地吸。和其他坐了几小时飞机憋得难受，出了机场赶紧过瘾的烟民，毫无二致。

我们喜欢陈道明的表演，于是乎，倾向把他想象为完美男人。

我们经常通过别人的外在，来判断他们的内在，以为看到了全部。而阳光之下，或多或少，人们都在表演；阴影之中，不为人所见的，才是真实。

人们通常会低估别人的苦难，高估别人的幸福。这个错误认知导致更强的孤立感和对生活的低满意度。研究表明，花过多时间浏览社交媒体，包括微博和微信，会提高孤独感，降低满意度。

视自己的生活比别人的悲惨，这个倾向可能是原因之一。

这不仅适用于陌生人，对邻居、同事，有时甚至是熟悉的朋友和家人也是这样。

在《以正念应对焦虑》一书中，心理学家苏珊·奥斯陆和丽萨贝斯·茹默尔描述了这个发现：我们经常通过别人的外在，来判断他们的内在。但往往惊讶地发现，某个同事有自杀想法，一个邻居有酗酒问题，或者街角那对幸福的夫妻有家庭暴力。当你和人们一起坐电梯，或者在商场排队时愉快交流，他们看上去平静、可控。外在的表现不总是反映内在的挣扎。

其实，谁的生活都不易。外表光鲜靓丽的姑娘，或许正受脚气的困扰；溜光水滑的小伙儿，也许正被胃病折磨。

每个人都有头痛之处，都被自己的苦难考验，都被生活的需求淹没。

你可以在街上随便抓一个人，走进任何一间办公室，或者任何一个家庭，无论遇到谁，这都是事实。

天津科技馆有一组作品，我特别喜欢。

在光的照射下，观众在前面看到的，是温馨美好的场景。而屏幕后，只是一堆破铜烂铁。

阳光之下，或多或少，人们都在表演，往往美好而幸福；阴影之中，不为人所见的，才是真实，往往丑陋而不堪。

所以，再看到朋友圈的图片，不必太羡慕，他们一定没有晒的那样幸福。

你尝各种大餐，我吃酱油炒饭；你行天高路远，我窝方寸之间；你晒大幸福，我享小确幸。

谁也不比谁强多少，各安天命，冷暖自知。

因果相应

□徐德祥

一觉醒来再难入眠，顺手拿起《三国演义》，读至七十七章《玉泉山关公显圣》，心生感悟。

话说关公被吕蒙所害，一魄不散来至玉泉山，大呼："还我头来！"普净长老对关公说："今将军为吕蒙害，呼还我头来，然颜良，文丑，五关六将众人之头，又是谁夺的呢？"关公恍然大悟，稽首皈依而去，后显圣护民被尊为关武圣帝。

因果相应，比如爱情中，你横刀夺爱，肯定会有一人心痛，只有你亲自尝到了那痛的滋味，才理解那人曾经和你一样的痛楚。生意场上同样如此，别人困难时你不肯伸手，当你处困境谁还会助力？想想生活中莫不如此，施德德会恩报于你，你施怨怨会生于心。自己做好自己，对得起良心，对得起身边的亲人朋友，能堂堂正正做人，大大方方做事，一生无愧。

君子坦荡荡，活在别人的口碑里，不畏他人闲言妄议，努力向上，终会有回报。

做真实的自己

□ [日] 加藤谛三　陈璇璇 译

一位企业管理者曾跟我说："以前觉得工作特别辛苦，之后是越来越辛苦，但奇怪的是，却觉得比以前幸福得多。"我问他为什么，他的回答是："现在自己终于能诚实地面对自己了。"和我预想的答案一模一样。他抿了一口加水的酒，深有感触地对我说："工作层面上考虑，是越来越辛苦了，但是就个人而言却是越来越幸福了。"

选择做真实的自己，从某种程度上说，也就是接受自己的命运。

例如，当被告知得了不治之症时，有人会失去理智大喊大叫，有人会选择平静度过剩下的时间，有人尽情燃烧生命的每一个瞬间，有人则继续碌碌无为了却残生，而只有勇于做真实的自己、接受自己命运的人，才能充分享受生命的每一刻。

与人相处的时候，有人总是故作深沉，摆出一副高深莫测的样子，而有些人则坦坦荡荡，大大方方袒露人前。故作深沉的人通常害怕与人接触，坦坦荡荡的人则毫无畏惧。坦坦荡荡的态度其实就是顺其自然，是一种坦然接受自己命运的态度。

那么，如果坦然面对自我的人清楚地意识到"真实的自己没有价值"，那么对他们来说，最重要的是要明白——这种自我贬低和自己本身可能是没有关系的。

例如，幼年丧母的孩子很容易会自我贬低，但是幼年丧母这个事实和自我本身是完全没有关系的。又例如，幼年时期不被父亲喜欢而导致自我贬低，但同样父亲不喜欢自己和自我本身也可能是没有关系的。诸如此类，有很多事情会导致人们自我贬低，但是这些事情可能和自己本身并没有直接的因果关系。人们之所以自我贬低，觉得自己没用，很有可能是因为在成长的过程中被强制灌输了"我没用"的观念而造成的，但这并不意味着你真的就是一个无用的人。还有一种可能，是周围人对待你的态度问题潜移默化所造成的。

习惯自我贬低的人，不妨坦然审视自己，试着了解"我没用"背后真实的原因。

池塘里的数十万只青蛙

□ 邓笛

一天，一个农民来到城里的一家餐馆，对餐馆老板说，他有几十万只青蛙，问餐馆是否能够收购。那时，食用青蛙是合法的，而且很受食客的欢迎。然而，一个农民一下子能够提供几十万只青蛙，还是让餐馆老板感到有些吃惊。农民解释说："在我家附近有一个池塘，池塘里全是青蛙，到了晚上它们就鼓噪不停！"

于是，餐馆老板与农民签订了一个协议，农民半年内向餐馆分批提供青蛙，每周500只。一周后，农民再次走进餐馆，神色沮丧，手里捧着两只又瘦又小的青蛙。餐馆老板不解地问道："怎么只有两只？"农民答道："是我搞错了。从你那儿出来，我就去池塘捕捉青蛙，结果发现，整个池塘里只有这两只青蛙。可是，它们确实发出了非常大的噪声！"

所以，如果你听到有人议论你，记住，他们的观点并不代表大多数，他们不过是一两只鼓噪的青蛙而已。还有，许多问题，一旦搞清楚，都不是什么大问题，放在心里反复盘算，则越想越可怕。

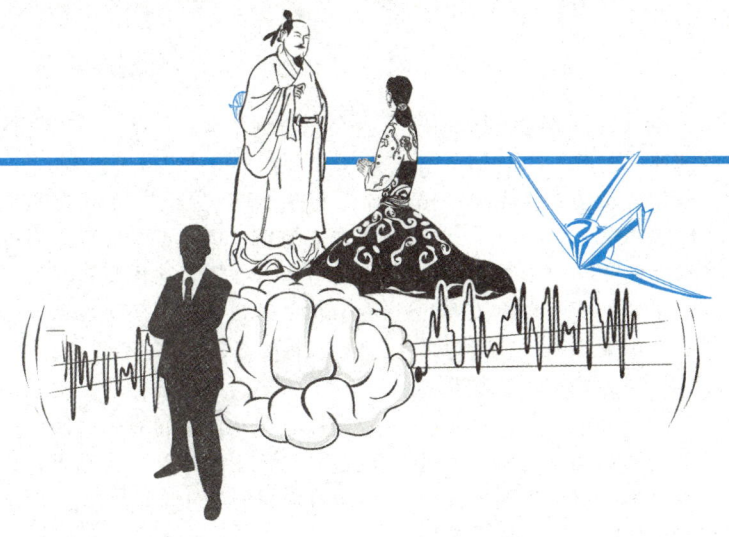

暗示

□ 崔耕和

《卫人嫁女》是一则寓言，出自《韩非子》。寓言说的是卫国有人嫁女儿，临嫁前其父暗示她说："一定要偷偷地积攒一些财物，做人家的媳妇而被休弃，是常有的事情。那些一辈子不离不弃的，仅仅是侥幸。"女儿听从了父亲的话，到了婆家，就利用一切机会拼命积攒私房钱。她的婆婆最后实在无法忍受，就把她休掉了。

卫女本来可以过不被休弃的幸福生活，是其父的暗示和暗示产生的效果使她时时害怕被休弃，并导致了最终的结果。

常常想，"心想事成"是对的，心想事成就是一种暗示的作用。现代量子力学表明，世上万事万物都是由能量组成的，而能量就是一种振动频率。振动频率相同的东西，会互相吸引而引起共鸣。脑电波是有频率的，形象一点儿说，大脑就是一块活着的磁铁，会不停地散发吸力，把跟你思维振动频率相同的东西吸引过来。于是，我们的生活也渐渐变成了心中经常想象的样子。这道理也等同于心理学中常说的吸引力法则：人的注意力集中在哪个方面，就能吸引哪个方面成为自己生活的一部分。

一天，朋友的孩子问我："你知道为什么鸡可以天天下蛋，而别的鸟不行吗？"我老老实实地说："不知道。"朋友的孩子说："鸡下蛋的目的不是给人吃的，是为了孵育下一代。一般情况下，鸡在产卵期会每天下一两个蛋，等下够十个左右，它就停止下蛋，开始抱窝。可鸡每下一个蛋，就被人拿走了，这就给鸡一个没下够一窝蛋的暗示，所以鸡就稀里糊涂地一直下蛋。而其他的鸟则没有这样的暗示，所以不会一直下。"我问："难道鸡发现不了被骗吗？"朋友的孩子坚决地说："鸡抱窝的本性使然，再聪明的鸡也会连续下蛋。"想想也是，人都摆脱不了暗示，何况鸡呢？

是人，就离不开暗示。跟积极的人在一起，犹如跟着蜜蜂找花朵，你就是积极的，他们的言行会使你的内在潜能得到最大发挥，使你进取，催你奋进；跟消极的人在一起，他们就会在不知不觉中偷走你的梦想。

抛开

□ 倪匡

抛得开的人有幸福，抛不开的人没有。有云：放得下，就可以立地成佛。可是世上有多少人放得下的？放不下，是为了什么？为了自己，还是为了别人？

抛开或放下，其实，全在自己。外来的压力，在一个有决心的人来说，是不会起到什么作用的。在20世纪80年代，难道真还有什么力量可以在实际上制裁追求爱情的男女？可以说没有了，就算有，也不过是所谓"舆论"的"道德观"而已，但那是可以全然不加理会，也拿人无可奈何的。

然而，为什么还有放不下，抛不开的情形呢？那全然是在自己，自己不想放下，不想抛开，旁人有什么办法？想帮忙也帮不上，就像想阻拦也阻拦不了一样。所以，不必责怪任何人，责怪自己好了，自己想怎样做就可以怎么做的，偏偏不去做，那怪谁呢？真正的阻碍，是在自己的心底！

有人说，每一个人，都用自己的思想，筑成一个囚笼，把自己囚禁起来，却又拼命想挣脱这个囚笼，这是永远不会有结果的事。

怎么决定？除了你自己之外，没有任何人可以帮你阻你！

朋友圈 我就是爱看

□ 曲玮玮

国庆期间,我好多朋友旅行都不发朋友圈了,因为太多微信爆文说,"真正有品位的人不需要在朋友圈展示自己""凡事都发朋友圈炫耀是最低级的行为""发没营养的朋友圈简直太一般了"。

所以现在的朋友圈流行清汤寡水,有人干脆空空白白,俨然大方地告诉大家"我跟这个世界不熟"。有人几乎把日常状态删光,放几张滤镜冷淡的照片,营造一种"我藏在你捉摸不到的背后"的气质。

感觉大家对于"朋友圈"的态度过于敏感。

大概是微信对人的绑定程度已经越来越深,不管是工作还是生活,大家的人际关系全都捆绑在那里。

所以大家对朋友圈越来越敏感,似乎每条朋友圈都有展示的功能,稍微不慎,就会改变你在别人心中的印象。

但真的没必要太提心吊胆。

其实,朋友圈的英文叫"Moments(时刻)",就是负责捕捉收集和记录生命中的那些"时刻"。时刻是稍纵即逝的,不加犹豫的,像蝴蝶一样马上就能翩翩而飞的。

真心觉得朋友圈是个很伟大的产品,不但养活了我们这些自媒体人,加速信息传播。更重要的,我跟很多老朋友的感情,都是靠朋友圈维系的。

我跟很多老朋友不常见面,平时大家都很忙,也不会贸然私聊干扰对方。但是每天都能随手刷到他们的动态,得知他们生活的变化,顺便在评论区你一言我一语地闲聊,天涯若比邻,慢慢地不再担心老朋友在生命中突然消失,你对他的一切无从得知。

有时候遇到一些人,发朋友圈的频率极少。但也喜欢从他零星半点转发的文章里,窥探到本人的面貌。有的人的朋友圈只发金融界文章,但深夜突然看到他发了一次自己的恶搞小咖秀,突然觉得他可爱了很多。

还有人热衷分享。经常本着翻杂志的心态翻一些人的朋友圈,看他最近推荐了什么书,去旧货市场买了什么有趣的小玩意儿,听了哪些好玩的音乐,每次都觉得有不少收获。

有人晒自己住的酒店,吃过的精致餐厅,我也没觉得有什么问题,反倒把她当成了我的私人大众点评,经常跟着她朋友圈的脚步去吃吃喝喝。

我并不觉得这些展示是炫耀。

一个坦荡纯粹的人,会把展示生活看成一种真诚的分享,同样也不会把别人的展示看成炫耀。如果有人用恶意揣测你,那他要么狭隘,要么根本不是你的朋友。

我很喜欢点开朋友圈看到各种类型的动态,看到缤纷的多元的人,进入热气腾腾的人间。

我更害怕的,是点开一个光秃秃毫无生气的朋友圈,没有一点儿入口去了解这个人,那真的好遗憾。

在朋友圈纵情撒野就好啊,肯定有很多瞬间,你只想发一些没营养的蠢话。那就是用来记录你人生的"Moments",不需要包装得小心严谨,也不需要删除那些偶尔的牢骚和琐碎。

想想我们被明星"圈粉"的时刻吧。是薛之谦对着镜头犯傻说胡话,是大张伟碎嘴不拘小节,是明星们把生活里的小窘迫和小情绪都原貌展示给你,是你看到了生活不加粉饰的多面性。

而每个有魅力的人,有魅力的朋友圈,不是因为你看到了清一色精致的单调,而是看到了有笑有泪,情绪迸发的人生。

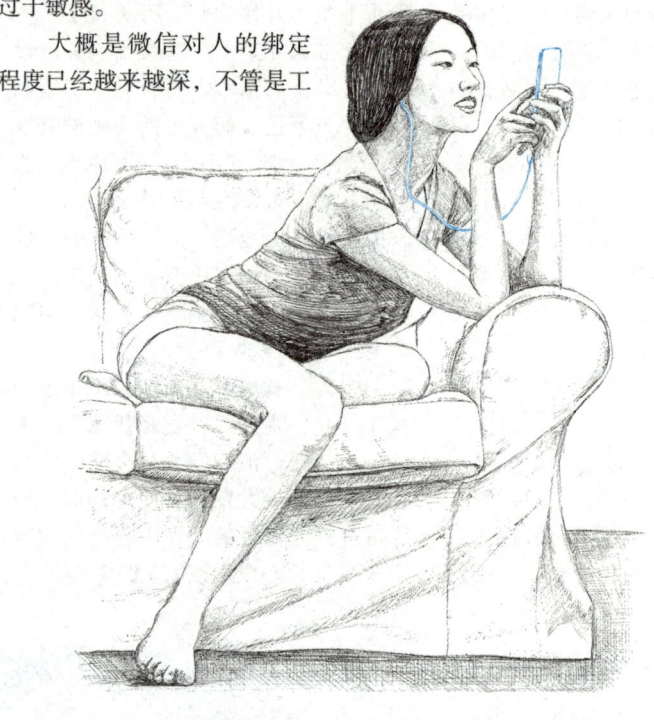

人之心 择其轻重

□ [印度]安东尼·德·梅勒 孙张静 译

一位西方旅行者看到一位土著居民脖子上的项链,双眼放光,饶有兴趣地问:"请问您的项链是用什么做的?"

"短吻鳄齿。"土著回答。

"噢!难怪这么奇特。我猜想这种项链在你们眼里,跟我们眼中的珍珠价值相当。"旅行者说。

"并非如此!谁都能轻易劈开河蚌。"

"……"

其实,物之贵贱,均在于人心赋予其价值。

同样,世事之轻重,也在于人之心择其轻重。

捕蛙人

□周汉泱

乡下一人深夜山洞捕石蛙。溪坑上下寻遍，所见石蛙寥寥，且俱狡诡异常，难以捕捉，眼看天似已有晓色而仍两手空空。因思前几夜捕获颇丰，何怪今夜不见石蛙踪影。心里默念这次但凡抓一只也行，从此收手，明夜再不复来。

默念刚罢，果见前面溪边大石旁伏一石蛙，壮硕丰伟。乡人窃喜，蹑伏其上，而石蛙已跳远。细看究竟，石蛙三跳两跳已过溪到山脚。乡人跟到山脚，石蛙已跳上石壁，乡人急，手猛扣，石蛙滑脱，沿石壁往上跳走。乡人踩石壁草跟随往上，石蛙再跳。人上蛙跳，人停蛙停，如此反复，两者不近不远，石蛙若有所待。乡人几欲放弃而心有不甘。

终于，乡人抬头猛见石蛙钻入石壁洞中。大喜，随之爬到洞口。洞口窄狭，一手难以伸入。细察见洞口横一小石，掏之手当可入。乡人不及细想，一手抓扶石壁草根，一手伸指取石块。

随之事坏，上有巨石滚落，正中乡人头，乡人跌下石壁，坠入溪坑。等天明路人发现，可怜乡人已死。原来，洞口小石正好支撑上面巨石，小石松动，巨石也随之滚下，而洞口离溪已有四五人之高矣。

逐小利而一心向前，不知身后已临深渊。及至身毁人亡，为他人笑，不亦悲夫。

心态三种

□孙道荣

饭桌上，有人讲了一个段子，说现在开车的有三种心态：比我开得快的，作死！比我开得慢的，会开吗？和我一样快的，较劲是吧？

都是有车人，大家会心一笑。

有人接茬说，其实不独开车，职场也一样，也是这么三种心态：比我升职快的，装；比我进步慢的，笨；和我一样原地踏步的，傻。

又有人照葫芦画瓢——

官场也是这三种心态：比我官大的，拍马屁拍的；比我官小的，不会来事；和我一样职位的，大家一起混呗。

生意场也是这三种心态：比我生意做得大的，哼，他的钱有几个是干净的？比我生意做得小的，他那个笨蛋会做什么生意，总是丢西瓜捡芝麻；和我一样半死不活的，看谁耗得过谁。

那么情场呢？也还是这三种心态：比我情场得意的，看把你嘚瑟的，风流债迟早要还的；比我情场失意的，木头人，一点儿情趣也没有；和我一样寡淡无味的，瞧你那死样。

为什么都是这三种心态？原因很简单，心不正。心不平，看别人就都是歪的。

心态放平，说来很难，但其实也可以很简单：想想别人眼中的自己。不想在别人眼中是歪的吗？那就先把别人看正。

最佳报复

□亦 舒

物质上有所支持自然最好，拍一拍胸口，承担下来，解人危难，至伟大不过。

如不，讲几句安慰的话，甚至是一个半了解眼神，也是好的，这叫作精神支持，力量非常大，当事人得到适当鼓励，忍耐一下，也就撑过去了。

最怕一有什么风吹草动，转头一看，熟人个个面露厌憎害怕之色，已纷纷走避，不要说是支持，连"你好吗"都不屑问。

一位女友每次与家人在馆子吃饭均做付账者，她困惑地说："谁请客不要紧，可是他们每次一吃完立刻散席，让我一个人坐着等伙计找钱，好不尴尬，为什么不等我一起走呢。"

这是生活写照，同台吃饭，各自修行，有事没事，均作鸟兽散。

生活经验越是丰富，对所有支持越是感激，一句好话，一张字条，片言只字，都会珍惜。

至于失意时遭遇的冷言冷语冷面孔，更是反面教材，都说最励志便是这种横风细雨，叫当事人拿出勇气来奋斗。因为生活得更好是最佳报复。

心在哪儿，人在哪儿，钱在哪儿

□ 李筱懿

这是我参加过的最烂的旅行团。

2009年元旦，印度还是非常小众的路线，出于安全考虑，我生拉硬拽了好友，报了团从广州出发，到机场就傻眼了：现场一共8个人，4位去印度拜佛和买药的上海阿姨，两个结伴的江西摄影爱好者，还有我们俩。

因为人少，没有领队，一个墨镜男来收35美元小费。

我们以为这个团只有这么点人的时候，走过来两个闪瞎人眼的男人。

一个50多岁，戴着镶钻金劳，无名指戴一颗很大的方形钻戒，箱子是RIMOWA银色经典款，H扣腰带……我试图从他身上找出一件非名牌爆款，但失败了，大叔浑身上下充满去印度扬我国威的气场。

另一个是年轻男人，清俊斯文，看上去像大叔的秘书，全套比土豪低一个水准的名牌控。

他俩站在旅行团里，像一对金主。

人到齐出发，因为陌生，彼此都很矜持，大叔和秘书上飞机就不见了，他们现场升了头等舱。

到达新德里，情况比想象还糟，导游不靠谱，迟到20多分钟，中文很烂，嬉皮笑脸地介绍自己的中文名字叫"莲花"，有两个女朋友。

四位阿姨被黑熊一样的"莲花"吓住，接下来6天要跟这样不正经的人在一起，安全感顿失。她们磨磨蹭蹭大声抱怨，商量要不要联系旅行社退钱回国。

将近6个小时的飞行，其他人筋疲力尽只想到酒店休息，阿姨们还不依不饶地讨论。大家都很烦躁，这时，土豪发话了："我们聚在一起就是缘分，小杜是我秘书，名牌大学毕业，英语讲得好，你们不要怕，没有领队小杜就当个领队，去跟导游谈条件，不让大家吃亏，出来玩讲的是心情，钱花了心情还不好，你们亏大了。"

他的陕西话振聋发聩，全面压倒阿姨的上海话，所有人乖乖地跟着有领袖气质的土豪去酒店。

只有小杜，心情很复杂的样子。

一出机场大门，寒风凛冽，土豪一个激灵，问小杜："这不是热带吗，怎么这么冷？"

小杜苦着脸："跟你汇报过印度北边和国内冬天差不多冷，你不信，就带了春秋天的衣服。"

土豪挥挥手："明天买！今晚暖气开足。"

莲花导游用不利索的中文表达：我们的空调是单冷。

土豪沉默了，他的金钱被现实打败，落寞的样子很反常。

我默默递过去两张暖宝宝："24小时发热，先凑合一下。"

他扑闪着大眼睛："你咋办？救人先顾己。"

我眼一翻："我有热水袋。"

土豪龇牙一笑："姑娘人好，明天我买东西谢你。"

我咧咧嘴："我要贵的。"

他哈哈哈："谢人当然要买贵的，我最讨厌不讲钱只谈感情的人。"

我文艺的心一惊。

接下来几天，土豪果然信守承诺，小杜当了临时领队，对"莲花"补缺补差威逼利诱，维持了这次旅行的基本水准。四位阿姨在小杜的帮助下买到了药，还有两位专业摄影师帮忙拍照，心满意足。

人在异国他乡，脱离了固有环境，心情放松心无芥蒂，想着没几天就散落天涯或许再不相见，也愿意说点真话表点真情，所以整个团其乐融融，每天都很欢实。

小杜顾不上的时候，土豪就跟着我，穿着好不容易在冬天的热带地区买到的名牌棉袄，他给我和小伙伴买吃喝，我们给他讲解景点，彼此都觉得很划算，返程前一天，全团到新德里购物。

土豪突然指着范思哲店里的美杜莎头像问我："这个女人是谁？"我虽然才华横溢，但难度在于怎样对一个土豪讲清楚希腊神话。

我考虑了一下，问他："你看武侠小说吗？"

他兴高采烈地捣头。

我说，这个女人叫美杜莎，是希腊版李莫愁，她爱上一个男人，结果被别人拆散，她伤心欲绝，像白发魔女一夜白头一样，她的头发变成了蛇，她成了蛇发女妖，她发誓要报复，就去勾引其他男人，所有和她目光对视过的男人都会变成石头……

土豪打断我：太吓人了。你们小姑娘，就容易为爱情想不开。

我看他一本正经感慨的样子很搞笑，故意逗他：给你讲个故事，有个跟你一样的土豪，同时爱上两个女人，一个是老婆一个是初恋。土豪快死了，把房产、现金、事业留给老婆，交代她照顾好孩子；然后把初恋叫到面前，颤巍巍拿出一本书，里面夹着一片发黄的树叶，土豪拉着初恋的手泪流满面，说，这是我第一次见到你时掉在你头发上的树叶，我珍藏至今，这是我最珍贵的东西，送给你。

你说，土豪究竟更爱老婆还是更爱初恋？

我面前的土豪一拍大腿："脑子坏了！当然更爱老婆，只有小姑娘才会被这种事感动吧？我老婆说了，心在哪儿，人在哪儿，钱在哪儿。光说心里爱你，人和钱都不在，算个屁。"

我不屑地撇撇嘴："说得好听，心在哪儿，人在哪儿，钱在哪儿，你到印度怎么不带你老婆？"

土豪点支烟："我俩结婚的时候都刚20岁，公司是两个人一起办的，她特别能干，但是家里总得一个主外，一个主内，后来她在家照顾儿子女儿，牺牲很大，好在现在儿女大了，逐渐能分担工作。我和她这几年就是满世界跑，将没去过没吃过没买过的东西尝试一下，我们去遍了欧洲、美国、加拿大、澳大利亚，这次到印度她没来，因为实在吃不惯印度的咖喱，我才报了团带小杜来，你看，我买的东西基本上都是给她的。"

我想起，土豪一路买的包，确实都是女士的。

他把烟掐灭，慢慢地说："你说的书和树叶，能吃吗？能喝吗？不能。吃喝是基础，基础都没有，有什么爱情？让我看，所谓男人的成功，就是20年后你还做着同一家企业，20年后你身边还站着同一个女人，你的事业和感情都是长久的良性的发展。但这些，男人年轻的时候不太懂，老觉得别人混得好，别人的老婆好，光知道说好听的，你们女人就吃苦了，感情不光是说得好听，更是做得好看。"

我被土豪的深刻惊艳到。

他在购物袋里掏半天，摸出一个小小的香奈儿纸盒："用了你那么多暖宝宝还有叫不上名字的东西，我买了个卡片包表表心意，你跟我女儿差不多大，不要有心理负担。你看，够贵吧，有诚意吧，记住，钱也是一种诚意，不舍得为你花钱的男人和女人，都不会给予你太多实质性的帮助，更不要提树叶了。"

我从来不假客气假矜持，接过小盒子，冲土豪挥挥："谢了。"

土豪豪气地摆摆手："小姑娘，支持香奈儿活到今天的，不是你这样传承了她精神的女人，而是我这样为女人买了她的包的男人。"

哈哈哈。

我笑死了。

这原本是我参加过的硬件最烂的团，因为不同的人，而成为一次特殊的经历。

心在哪儿，人在哪儿，钱在哪儿，未必是向你要心、要人、要钱，而是要两个字——"舍得"。

舍得的人，才会对别人好；舍不得的人，对自己都是苛刻的，何况对他人？

人生贵在担当

□ 安妮宝贝

年少时，人不能够懂得如何去爱，不知幸福是何物，更无从担当。爱的本质，也许是一种考验。考验彼此的明暗人性，考验人的意志与自控。欢愉幻觉，不过是表象的水花。深邃河流底下涌动的黑暗潮水，才需要身心潜伏，与之对抗突破。人年少时是不得要领的，对人性与时间未曾深入理解，于是就没有宽悯，原谅，珍惜。需要更长远的路途，迂回转折，来回求索，才能获得对自己与他人的释然。

有些人和事的出现，是为了在我们的世界里打开一扇门，照亮一条通道。让你知道，曾经在一个幽闭的房间里没有烛火而固执地寻觅，是多么辛劳。有一些洁白的真相和黑暗的阴影，一起出现，互相映衬。门被打开，通道被呈现。生命因此获得新的提示，得以前行。为之付出的代价，是必须要背负在身上的行囊。它警示你不能停留，但可以在路途中栖息，获取这幸福的光芒。

如同在旅馆的梨树下小坐，清茶浅酌，花好月圆。爱着一个人，并且被之所爱。长路且行且远，心里有着单纯而有力的意愿。

所有的这一切都要担当，并且感恩和宽悯。

年轻受苦是福气

□ 冯仑

人在年轻的时候还是应该主动去奋斗，适当地受点折磨，经历的痛苦越多，就会变得越成熟。

年轻的时候受苦是福气，年老的时候受苦是悲剧。

年轻人身体好，不怎么生病，也不怕累，恢复又快，感冒发烧，扛一下就过去了。如果等到六十岁了，还没个吃饭睡觉的地儿，贫病交加，那才是真痛苦。年轻时看病排队，这算什么苦啊？一边排队一边观察社会，没准儿还能写部小说；等到七十岁了排队拿药，哆哆嗦嗦地被人吆喝来吆喝去，心里就会觉得特别凄惨。

拿挣钱来说，不要看到社会上有些通过非正常手段牟利快的现象，就跟着模仿。选择不合理的赚钱捷径，还是选择踏踏实实地做，这两种人生轨迹的区别，就像小姐和良家妇女的福利曲线一样。

小姐十六岁出道，十八岁达到收入峰值；往后遇到扫黄了，收入就平着走；后来贫病交加，也没法儿建立家庭，只能凄凄惨惨地过完后半辈子。而良家妇女，二十二岁本科毕业工作，月薪两千块钱。二十四五岁研究生毕业，月薪可能到四五千块钱。再找老公、还房贷、养孩子，这段时间有可能入不敷出。但扛到四十多岁，小孩儿上大学了，老公也熬出头了，自己一个月也能稳定地赚不少钱，退休后还有各种福利。幸福指数在五十多岁达到峰值。

要是让你选择的话，你是愿意年轻时吃苦、老的时候享福，还是像小姐一样，年轻时轻轻松松过上奢侈生活，晚年却过得乱七八糟？

不少人羡慕明星，觉得明星过得很光彩，其实明星可能不如我们普通人过得好。

如果一个明星十多岁出道，二十多岁开始火，能火十几年就不错了。这十几年，假定他能挣几千万。算他后面还要生活四十年，换作一般人这几千万还可能够花，但明星的生活习惯不一样，要他们一下子放弃名牌包包、豪车华服，去过普通人粗茶淡饭的日子，那多半是不可能的。

很多过气的香港明星甚至要沦落到讨饭、靠朋友接济的地步。他们早就把年轻时赚的钱挥霍光了，又不能接受现实，像普通人一样去工作、生活。有些人不甘如此，于是复出，大部分是没办法再火起来的，就又从娱乐圈消失了。

实际上，很多明星是先极乐、后极苦，这是最难受的。而我们老百姓，一点儿一点儿熬，先受点苦，再慢慢享受，过得平淡点儿也没什么不好。

所以，人在年轻的时候还是应该主动去奋斗，适当地受点折磨，经历的痛苦越多，就会变得越成熟。有的人无罪被抓坐牢，知道了什么叫是非；有的人离异无子女，知道了什么是爱恨；有的人被误诊为癌症，明白了生死的含义；有的人被疑患有SARS（非典型肺炎），知道什么是人心不古、世态炎凉。

年轻人二十岁觉得困惑、三十岁有点儿迷茫都可以理解，人必须要有特别的经历才能明白道理，再碰到大喜大悲的事时，才不紧张，才可以从容淡定地化解它。现实生活中经历再多的挫折也不要放弃，要把困难当营养。

真正的重要

□ 马德

总有一些人，在我们的生命中重要过。

譬如某个主持人，觉得那档节目，如果没了他，一定没法办下去。然而他真走了，你依然能看得心花怒放。比如某个歌手，你觉得一辈子只听她的歌就够了，但当她不唱了，你很快就喜欢上了别人的歌。再如亲朋，觉得生活中如果没有了这个人，天就会塌，结果，天在头上，生活如常。

你会发现，很多人在我们的生命中都经历着三个阶段：重要，重要过，不重要。也许你并不愿承认，但事实上这件事最经不住内心拷问。在时间的淘洗下，多少信誓旦旦都渐次苍白？

人世的沧桑就在这里：我们总是在誓言那边很纯粹，却在人性这边很崩溃。

既然情深，奈何念浅！

在光阴的长河里，不要指责别人靠不住，谁比谁也强不到哪儿去。看起来，于自己不过是一次忘记，但对用情至深的过往，何尝不是一场背叛。撇得太急、放得太快、转身太易，该忘的风来云散；不该忘的，风还没来，云早也没了影。

这样说，不是想让谁厮守着过往，深陷其中不必自拔。只是想表达，在人格的某一个节点上，我们有时候并非不及格。

一个人在我们的生命里，重要了十年，可是他变得不重要仅用了几天。我想，真正的重要应该是指，对方在你的岁月里只待了十年，而忘记他，却耗尽了余生，以及全部。

拥有怎样的心态，就拥有怎样的人生

受何等委屈，将成何等人

□ 刘永加

一位立志在40岁非成为亿万富翁不可的先生，在35岁的时候，发现这样的愿望根本达不到，于是放弃工作，开始创业，希望能一夜致富。

五年间他开过旅行社、咖啡店，还有花店，可惜每次创业都失败，也陷家庭于绝境。他的太太无力说服他重回职场，在无计可施的绝望下，跑去寻求高僧的协助。高僧了解状况后跟太太说："如果你先生愿意，就请他来一趟吧！"

这位先生虽然来了，但从眼神看得出来，这一趟只是为了敷衍他太太而来。高僧不发一语，带他到僧庙的庭院中，高僧从屋檐下拿起一根扫把，跟这位先生说："如果你能把庭院的落叶扫干净，我会把如何赚到亿万财富的方法告诉你。"

这位先生心想扫完这庭院有什么难，就接过扫把开始扫地。过了一个钟头，好不容易从庭院一端扫到另一端，他拿起畚箕，转身回头准备畚起刚刚扫成一堆堆的落叶时，却看到刚扫过的地上又掉了满地的树叶。

懊恼的他只好加快扫地的速度，希望能赶上树叶掉落的速度。但经过一天的尝试，地上的落叶跟刚来的时候一样多。这位先生怒气冲冲地扔掉扫把，跑去找高僧，想问高僧为何这样开他的玩笑。

高僧指着地上的树叶说："欲望像地上扫不尽的落叶，层层盖住了你的耐心。耐心是财富的声音。你心上有一亿的欲望，身上却只有一天的耐心。就像这秋天的落叶，一定要等到冬天叶子都掉光后才能扫得干净，可是你却希望在一天就扫完地。"说完，就请夫妻俩回去。

临走时，高僧对这位先生说，为了回报他今天扫地的辛苦，在他们回家的路上会经过一个谷仓，里面会有100包用麻布袋装的稻米。

如果先生愿意把这些稻米帮他搬到谷仓外，在稻米堆后面会有一扇门，里头有一个宝物箱，里面是善男信女们所捐赠的金子，数量不是很多，就当作是今天他帮高僧扫地与搬稻米的酬劳。

这对夫妻走了一段路后，看到了一间谷仓，里面整整齐齐地堆了约二层楼高的稻米，完全如同高僧的描述。

看在金子的分上，这位先生开始一包包地把这些稻米搬到仓外。数小时后，当快搬完时，他看到后面真的有一扇门，兴奋地推开门，里面确实有一个藏宝箱，箱上并无上锁，他轻易地打开宝物箱。

他眼睛一亮，宝箱内有一小包麻布袋，拿起麻布袋并解开绳子，伸进手去抓出一把东西，可是抓在手上的不是黄金，而是一把黑色小种子，他想也许它们是用来保护黄金的东西，所以将袋子内的东西全倒在地上。但令他失望的是，地上没有金块，只有一堆黑色籽粒及一张纸条，他捡起纸条，上面写着：这里没有黄金。

这位受骗的先生失望地把手中的麻布袋重重摔在墙上，愤怒地转身打开那扇门准备离开，却见高僧站在门外，双手握着一把种子，轻声说："你刚才所搬的百袋稻米，都是由这一小袋的种子费时四个月长出来的。你的耐心还不如一粒稻米的种子，怎么听得到财富的声音？"

伟大都是熬出来的，为什么用熬，因为普通人承受不了的委屈你得承受，你受得了何种委屈，决定你成为何种人。

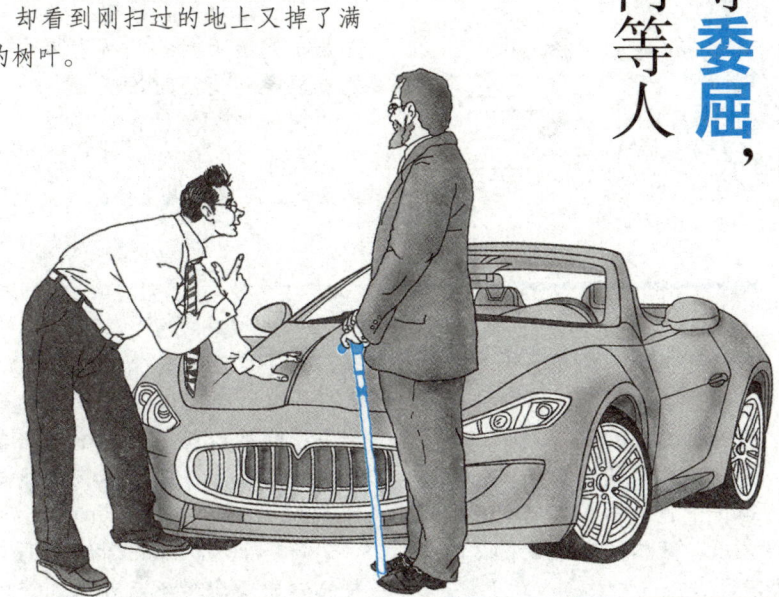

两类心

□ 冯海鹏

一件古董，流传中分为两半，甲乙各得一半。于是，甲乙都想让藏品合璧。

甲找到乙说，愿出高价收回乙手中的一半。乙摇摇头，坚决地说，我也正有此意。

僵持了很久，两人相互利用各种办法，都没有使对方松口，最后都被折磨得寝食难安。

一日，甲突然觉得，改变不了现状，可改变思想啊。于是，豁然醒悟，捧着半个藏品要送给乙，他的道理是，让心爱的藏品合体不失为一件美事，是收藏的一种高境界吧！

敲开门，说明来意，乙一时目瞪口呆，然后追悔莫及。乙的想法是，我得不到你也别想得到！于是在某个夜里，将半个藏品摔个稀巴烂，扔进了垃圾箱，再也找不回。

半个藏品分出了两类人，分出了两类心。

有目标的人在奔跑，没目标的人在流浪

再见了，兄弟

□ 尹腾

"睡在我上铺的兄弟，无声无息的你……"公交车上偶然听见的一首《睡在我上铺的兄弟》，似乎把毕业那年的散伙饭重新拉回到眼前。

大学毕业答辩当晚男生的一次聚会，或许，那就是我的散伙饭吧。没有宴席琐碎的仪式，没有老师在场的拘谨，男生间情感的交流，祝福的话不多，平平淡淡，或许更多的是用碰杯来代替言语，干了。要说的话都在酒里，要表的情都在酒里。过去就算有再多的不快，两个人，一杯酒，一饮而尽，杯酒释前嫌；未来有再多祝福的话，干了，愿你越来越好。

一盘盘菜端上来，一杯杯酒灌下肚，有人用手机循环播放着离别歌曲，依稀便是那首《睡在我上铺的兄弟》。二十多个男生，拼成两桌，三五成群地吃着喝着。那些平日里不怎么爱说话的哥儿们，此时也像换了一个人似的，侃侃而谈那些旧日的风光糗事。睡在我上铺的那位兄弟忽然起身掏出手机，然后不多久，我们看到班里的一个女生来了，似乎在一刹那明白过来，这哥儿们要向喜欢的女生表白了。隐藏了四年的情感，终于在今晚酒精的刺激下喷薄而出，再也挡不住情感的洪流，也无须再掩埋。他们远远地站着，彼此拉着手，我看到哥儿们哭了，女生也哭了，两个人紧紧拥抱在一起，然后女生转身跑开了，消失在那晚忽明忽暗的月色里。忽然有些难过，如果时光能够倒流，他们又将发生怎样的故事？而现在，哥儿们把心底的话掏空，把所有的美好留给了两个人的记忆。未来会怎样，没有人知道。走过去，我递给哥儿们一瓶酒，"干了，"我说，"今晚不醉不归。"

酒瓶子一个个空了，可心却越发满满的。有不胜酒力的哥儿们早已烂醉如泥，东倒西歪地坐着趴着躺着，有的搂着肩靠在墙角，低声细语着一些珍重的话。

怎么散场的，没有人知道。或许是不愿再记起：一群大男生，搀扶着从学生街经过，吹着口哨，唱着跑调的歌，然后在心底道一声珍重：再见了，我的大学！再见了，兄弟们，一路多保重！

等级客

□ 倪匡

不论是飞机、轮船、火车或是任何有头等、二等、三等之分的场合，都不要做二等客。

最好，自然是做头等客，做不了头等，干脆做三等客倒也有心安理得之乐，做二等客是最糟糕的一种处境。

二等客或许会以为比三等客高出一等，其实大谬不然，三等客反而瞧不起二等客：你有本事，早就是头等客了，在我面前牛气什么……而在头等客面前，二等客自然就矮了一截，头等客反而会对三等客气些。因为本来就已经是三等，三等客没有什么可失去的。不像二等客，到不了头等，又怕到三等去，战战兢兢的，唯唯诺诺。头等客，二等客，三等客，当然是一种比喻，想来大家都明白的。

而一个人，无论等级多高，只要他心中还念念不忘升级，这个人的等级，始终还是低了一级或是许多。只有当他自然而然地觉得，不必再在等级上企求什么时，他自然就到了最高的等级。

不企求等级自然等级最高。这是许多说来简单，做起来却很难的事情之一。

花没有想到，吹它的风，促成了更美的结果。

心的救赎

□陈行慧

我最要好的初中同学，走了。她走于一个英年早逝最普通的理由——癌症。当我得知她的消息，心中不觉一紧。我还记得我们在初中时的一些欢乐时光。那是年少、纯真、不知愁的年纪。她说话如银铃一般清脆，英文又好，老师选她去参加英语演讲比赛。

两年前回台湾和她见面，却见她满头灰发。我们在一间餐厅共餐，她娓娓道出罹癌的心路历程。吃完午饭后，我们在附近后山散步，她告诉我，她每天都来这儿走，在走路中，她的心情得以平静下来。

心理学上有一种理论，叫作"缓刑妄觉"，死刑犯即使在行刑前，常还抱着一线希望，也许他的死刑会在最后一刻被豁免。这是人类保护自己的一种方式。我的朋友虽被宣判了晚期癌症，但她想求生，心中必也怀抱一丝希望。只是在医生的语句间听不到一点儿安慰，在医生的眼睛中看不到一丝神采，这个希望太小了，小到她不足以靠它支撑下去，她转而去寻找宗教的拯救。因为这一回，她不是掉到河里，可以靠自己的力量浮出水面，她是掉到太平洋里了。

她告诉我，在那段慌乱的日子，最终是宗教拯救了她的身体和心灵。她最终仍不敌病魔，走了，但是我想，最后的一段路，她是靠着那一段应许才能撑过去的。曾经看过一部黑白电影，片中秀丽迷人的英格丽·褒曼带着俊美的葛雷哥莱·毕克去见自己的老师，他冲泡醇美的咖啡招待，香气氤氲。老师举起杯子，愉悦而满足地说："这是最好喝的咖啡。"

我看到这里，心中不禁唏嘘，这是一部黑白影片，也就是意味着，这些人现在都已不在人间。他们走了，再也喝不到美味的咖啡，而我们再也看不到英格丽·褒曼和葛雷哥莱·毕克。一杯咖啡，一个人，是世上最珍贵的东西，如今，我的朋友失去了一杯咖啡，而我，失去了一个人。

每个妈妈都是傻傻的

□张晓风

一位老邻居叫住我，要跟我说新邻居的事：

"你知道吗？我家楼下换了人啦！新搬来的这家也真好笑哩，"她说着，真的咯咯笑了起来，"这家妈妈自己跟我说的，她说她儿子去年联考没考好，今年重考，说不定就会考上台大哩！如果考上了，这间房子刚好近台大，所以虽然贵，她也买啦！买了好让儿子上台大方便嘛！"

"唉！"她忽然脸色一沉，"你知道吗？日本有一个词，叫——"

"什么？"我一点儿也听不懂她叽里咕噜的一句日文是什么意思。

"这句话要是翻译出来，就是'傻傻的妈妈'，世上就是偏偏有这批傻傻的妈妈——"

我忽然想起另一个朋友，他念哲学，他哥哥念物理，他的母亲有天一个人在家里发起愁来。

"她愁什么呢？"我还以为是愁两个儿子都念了冷门的科系。

"愁——哈！你猜——原来她愁如果有一天，我和大哥一同拿下了诺贝尔奖，记者要来采访她，那时她该说些什么才得体呢。"

据说后来她不愁了，因为那篇谈话她已经想好该怎么说了，有备无患，她开始安心等待那一天来到。

傻傻的妈妈，痴心的妈妈——但，这是上帝的旨意啊！如果所有的母亲都能清楚评估自己孩子的资质，我们还要母亲做什么用？她不过等于一个智商鉴定中心的职员罢了。

每一个孩子都是在"误以为是天才"的痴心奉献中才成长的呀！

有目标的人在奔跑，没目标的人在流浪

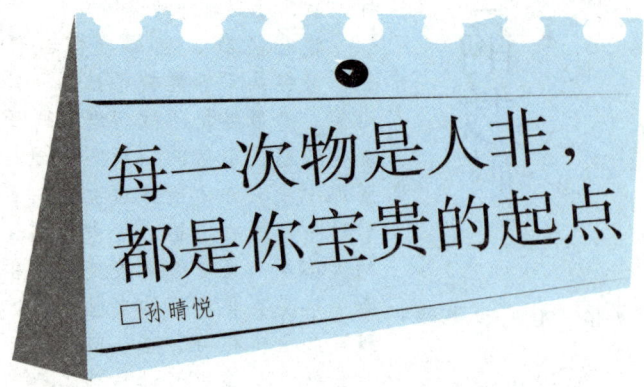

每一次物是人非，都是你宝贵的起点

□孙晴悦

看到一个姑娘在朋友圈上po（发）了一张三年前和现在穿同一件衣服的出镜照对比。写着"不比不知道，一比吓一跳，不知是岁月无情还是太忙的缘故，三年前后，衣是人非，好让人揪心"。

我记得去年的这个时候我朋友圈也po了一张近期出镜的照片，写着"可是，三年，物是人非，哪有永远不老的容颜"。

现在想想，那个时候的自己过于矫情，世间常态，又何必放在心上。

当然总有会伤感的姑娘，在大学毕业的散伙饭上流下了眼泪，怀念的是青春，感伤的是逝去。

后来，去拉美驻外，知道要去驻外的那天，我简直高兴得飞上了天。记得那时候拍了一张照片，一个姑娘推着三辆行李车，拿着六个箱子，对着镜头傻笑。

三年以后，从拉美回来，收拾行李订机票，只用了三天。并且在这三天里，吃了无数顿饭，和大家一一告别，说了再见又说再见。然后就头也不回地奔向新生活了。好多人问我，你想过再回巴西吗？没有，真的一点儿都没有。

不是因为那段时光不好，恰恰是因为那段时光太好了，以至于我一定要沉静下来，努力囤积实力，让未来过得更好。

所以，那些物是人非的时刻，无须顾影自怜。很多姑娘在后台问我，无法从过去的恋情中走出来，一听陈奕迅的《好久不见》就要痛哭，这些姑娘说，一年两年三年过去了，依然是这样，她们问我，要如何安放那些过去，才能够和过去握手言和，相安无事，才能有勇气去过新的生活。何必这么伤感，亲爱的姑娘，每一次物是人非，都是你宝贵的起点。换个角度想想，如果这么多年来，物是人是，永远都是和同一拨人一起工作，那么生活会少了多少乐趣。

H小姐是我的闺蜜，从校园里到工作后，她经历了一段我们一度非常羡慕的完美校园恋情。后来，他们在一起六七年以后，经历了各种剧情，再后来，他们分手了。

很长一段时间，我都没有问她，她怎么样了。我不敢问她。

那么长的时间，那些校园到工作的场景，他们一起在一个城市读大学，后来一起去了另一个城市工作，她要如何安放那些回忆，她要如何在那些物是人非里，触景伤情。

可是后来，这些都没有发生。H小姐比往常更努力工作，每次和她发微信，她都在加班。再后来她兴高采烈地说着她自己买了一套房子。

过了很久以后，我再次和她提起她的ex（前任），我说，你还记得那篇校内网上的文章吗？她轻描淡写地说了下面的话。

"每一次物是人非，都是你宝贵的起点。每一次物是人非，我都没有害怕。因为你只有兴高采烈地去迎接未来，未来才有可能比过去更好。"

现在的她，退去了校园的青涩，她长大了，独立了，有了热爱的工作，有了自己的生活，有了很爱她的男朋友，而再回头看，她真的把当初那些剧情变成了她新的起点。她变得更好了。

亲爱的，如果过去很美，那么请好好珍藏，并且一定要把未来过得更好，才对得起那些美好的过去。

如果过去并不美，那就更要好好努力，把现在还有未来过得至少比过去好。

朋友圈里的陌生人

□ 清 浅

有一天，忽然发现微信里的陌生人数量，快要赶上熟人了，当然熟人其实也不熟，那又属于另外一个话题，这里还是说陌生人。

大部分陌生人都是卖东西的，比如去趟水果店，店老板感觉我长得怪像个久客的模样，就会主动加我微信，虽然碍于情面加了，但我又很快把他屏蔽了，所以卖东西的在我这儿，基本做不成什么生意。

不过有次加了个叫围裙妈妈的人——是某天透露想给孩子订个生日蛋糕，热心的同事跟我力荐了她。同事是她的超级脑残粉，经常在办公室跟我念叨她家蛋糕如何如何好吃，蛋糕都是纯手工无添加，包括颜色部分都是自己拿果汁调出来的，非常放心。反正同事轻点玉手把她推荐给我，我便和她一言不发，毫无互动，只因想着哪天也许会买个蛋糕，所以没有屏蔽她。

围裙妈妈的蛋糕就这样冒了出来。是一个下午茶时分，忽然看她发了个白雪公主造型的蛋糕——通知订货的人做好了。无聊中随便翻翻她的相册，就被馋到了。芝士、水果蛋糕、谷物酸奶，关键造型都还那么漂亮，件件都像艺术品。忽然有点儿明白了同事大力推荐她的原因。光是每个蛋糕奇幻的造型，森林、草地、梦幻、城堡，不要说小孩儿，稍有童心的成人，怕都要中毒。《太阳的后裔》大热的时候，她居然原样做了个宋仲基出来。

同事给婆婆过生日，跟她确认蛋糕造型的时候却忽然被拒，原来同事要求在蛋糕上斜斜放一朵颜色艳丽的康乃馨，而她的回复是，这种颜色她用果汁暂时还调不出来，一定要做就只能用到色素，而她是不会用色素做蛋糕的，所以要么改造型，要么就放弃。

这是不是营销策略先不说，总之同事被她的执拗给镇住了，最后只好折中，换成浅绿色，据说是用菠菜汁调出来的。

围裙妈妈和同事住一个小区，为了早点拿到蛋糕，大概也想见识一下她到底长什么样，同事提议自取，不料又被拒绝了，答复也不卑不亢：一定会在约定的时间送货上门。

负责送货的是她老公，同事描述，那是个精瘦、不起眼的小个子男人，和她身上携带的神秘感相比，毫无特色。

同事猜测，她会不会是个残障人士呢？微信里从来没见她发过照片，自己不送货，也拒绝别人去她家里。

前段日子市里举行了一个半马比赛，她忽然晒出了自己的参赛名次，虽然跟获奖无缘，但是打破了同事对她的猜测。励志版本从一个极端走向另一个。

还有个陌生好友，也是买东西加上的。一个朋友某天晒出一批不错的羽绒服，买则加这个微信。加上后却发现，她其实不是微商，那批羽绒服也卖完了。倒是她的朋友圈很好看，她和她的女儿，鸡零狗碎的生活，却生动鲜活。比如，她会在每天上班前，在小区门口和女儿互拍一张当天的照片。有时看她精致优雅的装扮，和自己一身邋遢的休闲服对比，会自惭形秽。有时也会猜测她的职业，记者？职场白领？反正，我像是无意间路过了一扇没拉窗帘的窗口，默默偷窥，满足了一些对陌生人生活的好奇。

但是，她忽然不更新微信了，久到我都把她忘记了。之后我又忽然在另一个朋友的朋友圈里发现了她的抗癌日记。消失竟然是因为病了。等我重新发现她的时候，她早已从疾病里"站"了起来，从一开始的愤懑、自闭、绝望到现在努力坚强求生，经历了多少生命的惊涛骇浪——她女儿才7岁，不能没有妈妈啊！

悄悄关注了她的新浪微博，作为一个陌生人给她留言、鼓励，未必有用，但也希望些微的关怀，能带去些微的力量，给她增加哪怕一点点的勇气。

微信里这些陌生人，因为距离遥远，因为生活没有交集，反倒格外粗粝而真实，虽然只是淡淡掀起的窗帘一角，也如同电影一般，交织起一幕幕场景宏大的生活。而且好像已经在某个点，悄悄影响了我们对待生活的态度。

美好会遇见美好

□ 白音格力

我是那么坚信，美好会遇见美好。

比如一朵花遇见春天，比如深夜街上的你遇见一场小雪，比如一封在心笺上写了多年的信遇见一个让你倾心的地址。

比如小桥遇见流水，江南遇见烟雨，我遇见你。

是的，美好会遇见美好，我是那么坚信。哪怕这美好很单薄，挡不了多少世俗的风，御不了多少世事的寒。但美好如诗，可以让一个人的灵魂有香气。

方蒙章《访友》诗云："轻舟一路绕烟霞，更爱山前满涧花。不为寻君也留住，哪知花里即君家。"

我们不知诗人要去哪里看望友人，但驾小舟，涉水而来，一路旖旎，烟霞、满涧花，眼睛里、心底下，都是美。我一直相信，去看一个人的路上，如果看不到路上的美，即使有再坚贞的心意，那也算不上美好。"花里即君家"，有如此美意，走在哪里，赴的都是一场让人惊羡的约。

袁枚曾写过小时候的一件事，读来特别温馨。袁枚幼时家里没书，向别人借来《昭明文选》读。读到《长门赋》一文，好像读过似的，读《离骚》时也是同感。袁枚惊怪，难怪有谚语说"读书是前世事"，并引用"书到今生读已迟"来说明一个人与书的前世之缘。

我第一次看到这则记事，一直在那几行字里发呆。特别是这一句"读书是前世事"，原来，所钟爱之事、之人，真的是有"前世"的。难怪世间那么多美好的遇见，总让人有似曾相识之感。

我曾想，将来也许我能如愿以偿地拥有一家小小的书店，装饰古朴，养些花草，书架上的书，我会每一种买两本，它们相依相偎，摆在一起。也许有一天，会有两个人，同时拿起其中一本，那将是多么美好的相遇。

美好会遇见美好，没有邀约，只有惊喜，只有感恩。就如台湾诗人周梦蝶所言："你是源泉，我是泉上的涟漪。我们在冷冷之初，冷冷之终相遇，像风与风眼之乍醒。"

该有多么细腻的内心，才能写出如此痴绝的诗句。在情感世界里，一个人是美好的，不算最完美；美好的人是能让你也美好，于生活中带给你安静、喜悦的美，于岁月里带给你从容、无惧的好。

像清风带来一片花影，像烟雨带来一个江南，像光阴带来一位诗人，或一个从你眼前经过，却在你心莲上打坐的僧人。

如此，你是光阴开出的一朵花，必定会遇见春天般的人，你写一封长长的痴痴的信，必定会遇见一个让你倾心的地址。

天空

□ 倪 匡

每个人，都有他自己的天空，不分贵贱学识教养出身大小男女，人人皆有。问题是在于，每个人都有自己的天空，并不等于每个人都可以飞上自己的天去。

有的，终一生，只好抬头看看自己的天空。有的，幸运地偶然飞上去一下，又掉了下来，摔死或摔不死，不论再多么想飞上去，只飞不上了。有的就算把影子向后变成了直角，一直向上望，自己的天空，连看也看不见，别说飞上去了。自然，也有的，飞上去了，一直在自己的天空之中翱翔。

人人都想飞上自己的天空，飞不上去的，不要怨别人，只好怨自己，你有尽力去飞吗？尽了你所能尽的一切力量吗？你努力了多少？是不是把阻碍你飞上去的负担全部抛下了？还是地面上有太多值得你留恋的东西，以致虽然渴望飞上天空去，却连试也不敢试。

不想飞上天空的人，和能够飞上天空的人，都十分幸运，因为他们都快乐。想飞而飞不上去的人，可以讨厌自己，把自己列为世界上最讨厌的人。

而天空就在头顶，每个人都有，很公平。

一把伞一辈子

文/徐静波 [日]

如果《雨中曲》的主人公拿的是一把尼龙伞,他还能像电影中那样起舞吗?假使日本童谣《下雨了》中,撑着伞接娃娃回家的妈妈举的是尼龙伞,娃娃还会唱出"淅沥淅沥沥吧嗒吧嗒啦啦啦"吗?

我来到位于东京东日本桥的一家伞铺——小宫商店。这家老字号店铺建于1930年,87年来一直致力于手工制伞。

83岁的小椰正一先生靠膝盖掌握节奏,正飒飒地挥动着刀具,只要刀刃产生些微倾斜,出现一点点偏差,就会导致伞面打不开,或者褶皱内凹的问题。以平面制作立体才是难度所在。小宫宏之社长说:"伞面的具体张力无法用数值表示,靠的是工匠的感觉。"为了把伞面和伞骨固定在一起,要进行内部缝合。每一根伞骨都需要缝合两处,这就是小宫商店的伞抗风能力强的原因。

回家以后我看了看我的雨伞,只有伞骨尖端一处进行了与伞面的固定,其他地方一根线都没有,难怪大风一吹我的伞就翻了过去。

Fox Umbrellas是世界闻名的英国皇室雨伞品牌,创立于1868年,从维多利亚女王时代开始,就一直进行着手工雨伞的制作。Fox Umbrellas的特点是撑开的时候很美,闭合时也美丽依旧。Fox雨伞的售价并不便宜,其售价包含售后服务费用。毫无疑问,这样的一把伞可以用一辈子。井上先生说:"Fox雨伞的最佳状态并不是刚刚购入的时候,而是随着使用时间的增加,伞会增添属于个人的气息,也就是英国人常说的'终生使用价值'。"

一位30岁的受访女性多年前就开始使用Fox的长柄雨伞,她说:"20岁的时候,我买的还是廉价雨伞,弄丢了好多次。可当我买了一把Fox伞后,总会多加留心,再也没弄丢过,从那时起,我才发现买高价伞的好处。"如果多花些钱买把好伞,能让你时刻留意不丢失,其实是赚到了,不妨考虑一下吧。

厚利多销

□ 盛乐

日本商人藤田在经商之初,曾接受一位犹太人的教诲。

这位犹太人告诉他,一种商品在社会上流行的情形可分为两类:一类是先流行于高收入的阶层,然后渐次普及于大众;另一类是突如其来地流行于大众,但很快就会销声匿迹。自高收入阶层流行的商品,其寿命就长得多,据统计,至少可维持两年。这类商品又以高级的舶来品为主。事实上,部分舶来品,其品质和本国的产品一样,但价格是本国产品的数倍。可是,有钱的人往往喜欢买舶来品,似乎买越贵的东西,才越显得自己的身份和地位比别人高。

因此,商人们便抓住顾客的此种心理,竞相把舶来品上的标签售定高,顾客反而乐于抢购,商人便厚利多销了。

藤田抓住富人的这一心理,输入服饰品时,以国内上流阶层最有钱的人为对象,输入一流的昂贵服饰品,让高收入阶层的人选购。不久,次一层收入的人为了向一流的人看齐,也争相抢购。如此一来,顾客数目便增至原先预想的两倍。依此类推,陆续增至4倍、8倍、16倍……终至扩大到社会大众。

因此,他所贩卖的商品,都是以高收入阶层的人为对象,极为畅销,绝对不会有货物无法脱手的顾虑。他做了20年的生意,从来没有采取过削价大拍卖的方法来推销商品,可仍然在商业上获得了巨大的成功。

对于厚利适销,有人形象地将其比作"挤油",即从最肥的地方下手,从市场的"肥客"身上获得好处,这不失为一种明智之举。盯紧这批"肥客",不仅可以拥有固定的市场,而且利润颇丰,一本万利。

很多人特别相信高价货物,认为价钱越高,货物越好。要是商品价钱很低,即使商品外观再美,推销者把商品吹得再好,问津者也寥寥无几。这是世界各国大多数顾客的心理,犹太商人也抓住了这种心理。他们认为,高价出售商品,绝对赚钱。

犹太人对商品有把握,所以不减价。他们认为,只有对自己的商品没有信心才减价,这是一种搬起石头砸自己脚的愚笨做法。在这一点上,犹太人对"薄利多销"的做法嗤之以鼻:"为什么要为了获取'薄利'而多销?难道商人追求的不是高额的利润?这种做法简直是自欺欺人!"

有目标的人在奔跑，没目标的人在流浪

车厢内的冷漠

□刘润生

我出门都会带一两本书，坐地铁的时候可以拿出来看。这样无论多远，感觉都是一眨眼就到目的地了。五六年前，我在广州的地铁上看书，旁边的人经常会自然大方地把头转向我这边，看看我在看什么书，甚至有人看到精彩的段落，还会靠过来跟我一起看。

后来我到了东京，每次搭地铁依然是拿出一本书看起来。不一样的是，东京的地铁里甚至没有人"意识"到你在看书。大家都像着了魔一样，没有人说话。如果有电话来了，哪怕不得不接，也会听到乘客匆匆忙忙掏出手机说一声："不好意思，我现在在地铁上。"然后就挂了，彼此心知肚明。

我早就了解到，日本人无论是在电梯里还是在地铁里，都遵守一种隐性的规则，他们一般不会看其他人，更不会直视他人的眼睛，也不会因为一个人做出某个行为而特意去注视他，以免让对方尴尬。每个乘客都像拥有一个与他人互不干涉的世界。

天生爱安静的我第一次找到了梦想中适合看书的列车，内心的喜悦不时溢于言表。这里似乎没有谁意识到我的存在，我顿时有一种如入无人之境的感觉。

然而，日子一天一天过去，我开始感受到这种安静背后隐藏的冷漠。

安静是好现象，但要看具体情境。如果有急事，连小声通个电话都被无形的民意所否决，就显得有点儿不人道。如果车厢内有危险的嫌疑人，却被视而不见，这种安静就如死水般缺乏生气了。

2015年6月30日，新干线列车上发生了一起自焚事件。一位71岁的男性在新干线列车的一节车厢内自焚身亡，当场导致一名52岁的女性身亡，26名乘客受伤。事发后，日本媒体除了感慨新干线的"安全神话"破灭，就是敦促乘客加强应对突发事件的安全意识，毫无新意。而网上日本朋友转发的一篇文章，却让我颇有共鸣。

作者通过这个事件反思了日本社会的冷漠。文章描述说，肇事者进入新干线后，并不是马上就自焚，而是从一个车厢走到下一个车厢，直至走到最后一节车厢。一直没有人给他哪怕一个眼神，最后，他绝望地坐了下来，往身上浇汽油，悲剧发生了。作者感慨道，在肇事者犹豫的过程中，哪怕有一位乘客或列车员觉察到他的异常，对他问一声："你怎么了？"他都可能因为意识到被人"关心"而打消通过自焚报复社会的念头。

如果你觉得这位作者夸大了一句问候的力量，这里还有一个真实的故事。很多人都知道富士山有一个自杀森林，不少有轻生念头的人都会去那里寻求了结。有一段时间，这里自杀的人数下降了近90%（通过尸体数量判断），原因是这段时间有一位志愿巡警在这里巡逻。调查的人问巡警，是用了什么方法让轻生者不再寻求自杀，巡警说："很简单，我看到有人在这里徘徊犹豫时，就对他喊一声：'喂！'"

一声"喂"都可以阻止一个人自杀，可以看出这个"喂"有多么温暖人心，能让要自杀的人意识到：原来还有人关注我。

"只关注自己周围一米内"，这是很多日本社会学者指责日本人冷漠时常用的语句。

不过，日本人的冷漠，也正是日本社会引以为豪的"井然有序"的代价。日本是一个高度城市化的社会，城市化在某种意义上就是陌生人化，旧时熟人般的问候和关心，到了规则意识浓厚的陌生人社会里，可能就有了侵犯隐私之嫌，可能就是破坏秩序。

外国人到了日本都有这样一种感觉：除了地震，发生什么似乎都是可以预测的，连日本人的行为都是可以预测的。因为每个日本人就像社会这台机器上的一颗螺丝钉，都有各自的职责和界限，他们如果不确定是在自己的责任范围内，就不会去过问。正如古时日本的一条法令："遇有争端，无关者不得干预。"

了解了这些，或许你就能够安心享受日本车厢内的安静，也不会惊讶于日本人的冷漠。

生命中最美好的事都是免费的

□ 拾遗

01

林少华是我喜欢的翻译家,《挪威的森林》译得很精彩。

最近读他的随笔集《异乡人》,其中有个细节令我莞尔——

"某日早上,我悲哀地发现,大弟用叫'百草枯'的除草剂,把院落一角红砖上的青苔喷得焦黄一片,墙角的牵牛花被药味儿熏得蔫头耷脑。问之,他说:'青苔有什么用,牵牛花有什么用,吃不能吃,看不好看!'悲哀之余,为了让他领悟青苔和牵牛花的美,为让他体味'苔痕上阶绿,草色入帘青'的诗境,我特意找书打开有关图片,像讲课那样兴奋地讲了不止一个小时。不料过了一些时日,他来园子铲草时,还是把篱笆上开得正艳的牵牛花利利索索连根铲除。"

林少华一声长叹:"我还能说什么呢……"

02

喜欢清朝文学家李渔的那个故事。李渔想修一座凉亭,许多人赞助,出钱最多的是土豪李富贵。凉亭落成那天,土豪对李渔说:"谁先想好名字,就用谁的。"李渔怕土豪出语恶俗,拦了一下说:"且停停。"土豪说:"还停停什么,我想好了,就叫富贵亭!"李渔说:"我不是先说了吗,叫且停亭。"接着,李渔吟出了那副著名对联:名乎利乎道路奔波肠碌碌,来者往者溪山清静且停停。

我们不就如此吗?为名为利而忙得"肠碌碌"。

苏轼说:"惟江上之清风,与山间之明月,耳得之而为声,目遇之而成色,取之无尽,用之不竭,是造物者之无尽藏也,而吾与子之所共适。"

一慢,我们的生活就会立刻美起来。

03

想活得美,就要懂得制造仪式感。仪式感对于生活的意义在于:它能唤醒我们对内心的尊重,因而去尊重生活。

一对夫妻,结婚二十年了,依然恩爱如初。因为每逢重要节日,丈夫都很会制造仪式感。今年,妻子过生日那天,丈夫变出个玩具老鼠,送给属鼠的妻子。妻子愣在那里,一脸惊讶。丈夫说:你掀开左耳朵看看。妻子:哇,一百块钱。丈夫说:你再掀开右耳朵看看。妻子:哇,一百块钱。这份礼,钱不多,但仪式感却让妻子热泪盈眶。

生活,总是充满压力和苦痛,但加入一点儿仪式感,就会五彩斑斓。

04

尼尔,被称为全世界最幸福的人。他写了一本教大家获取幸福的书——《生命中最美好的事都是免费的》。这本书,连续140周位居国际畅销书榜第一名。

"一大坨耳屎从耳朵里掉出来。""遗失好久的东西,在最不经意时却找到了它。""圣诞节购物,恰好在超市门口发现一个停车位。"

当你读到这些美好片段时,可曾会心一笑?呵呵,反正我是笑了,因为这样的美好我也曾有过:穿起旧衣,摸摸口袋,发现50元钱,好开心;去超市,发现喜欢的零食在搞促销,感觉妙极;刚到楼下,电梯就来了,好像专程迎接我,心生欢喜。

要活得美,就要用心去发现生活中的小确幸。真正的幸福,不一定是去做惊天动地的大事,而是懂得发现生命中的小美好,把每天的日子过成诗。

木心有首诗叫《知与爱》,便是他人原则的代表。

"我愿他人活在我身上,我愿自己活在他人身上,这是'知'。我曾经活在他人身上,他人曾经活在我身上,这是'爱'。"

何为美?美就是找回人与人之间的感觉。

不要在我孤独的时候说爱我

□ 摆渡人

1

不久前看了条有趣的新闻，说的是在瑞士，如果你只养一条金鱼，那是违法的，因为你会使金鱼陷入孤独的境地。

同样，如果你在瑞士养了一只猫，那么你必须让它能到户外活动或是通过窗户看到同伴，以便"同胞相会"。如果做不到，那你必须在家中养至少两只猫；如果你养的是鹦鹉，则必须让它们经常能与同伴"交流"，否则也被视为虐待动物。

看完瑞士这条又萌又暖心的法律，我想问一句，如果瑞士人知道在遥远的中国，有一群叫"单身狗"的物种，他们会说点什么呢？

人类恐怕是地球上最孤独的物种，没有之一。

蚂蚁们相互碰一碰触角，就能立刻得到消息。蜜蜂们一起跳一支八字舞，就能做到志同道合。

而我们，有着世界上最高端的通信工具，却难得几个知己。

一条鱼孤独了，再放一条鱼进去，它们就可以欢欣鼓舞。一只猫孤独了，再养一只猫，它们就可以相爱相杀。

而孤独是一个人的狂欢，狂欢也不过是一群人的孤独。

有人说，每个人都是茫茫人海中漂浮的孤岛。或许我们，生来都是不系之舟。

偶然相逢，心生欢喜。一朝别离，各奔东西。

2

有一年春天，失恋的我租了一间小屋，把自己放逐在南方一座陌生的城市。

那是我第一次感到孤独。

我上网，逛街，去图书馆，努力把生活安排得很满，可还是活得像一个幽灵。

那种感觉就是，你走在路上，路上有很多人，可是他们都和你无关。

花在喜悦地开着，鸟在喜悦地叫着，一只猫走走停停，可是这些全都和你无关。

你完全可以像一个死去的人那样打量这座城市。

这时候，你的手会迫切期望能牵起曾经那只熟悉而温暖的手，来证明自己依然活着。

原来，当你习惯了另一个人的陪伴，如同习惯你的每一颗牙齿，那么他的忽然缺失，终会留给你一个大大的牙洞无从填补。即便很多年过去，你的舌头还是会忍不住舔一舔那个空落落的位置。

孤独，不是心里没有一个人，而是心里的那个人不在身边。

所以，我们不是生来孤独，而是每一个孤独的人，都曾经认真爱过。

孤独铺天盖地，让人无处逃避。

3

据说，人最害怕的不是老虎，而是孤独。

所以在监狱里，惩罚违纪者最常用的招数不是体罚，不是责骂，而是关进暗无天日的小黑屋。

被关进小黑屋里的人，往往不需半天，就能深刻体会到犯错的教训。

相比而言，倒是小黑屋外面的犯人们一起劳动，一起锻炼，显得其乐无穷。

饥饿寒冷，都比不上孤独更难熬。

孤独的人，如同一颗偏离了轨道的卫星，在苍茫的宇宙中毫无方向地漂泊，发射着无人能懂的信号。

"独乐乐，与人乐乐，孰乐乎？"

"不若与人。"

"与少乐乐，与众乐乐，孰乐？"

"不若与众。"

这是齐王和孟子之间的一段经典对白。

它充分诠释了一个道理：快乐可以叠加，孤独却只能蔓延。

在伦敦，一个叫詹姆斯·波文的流浪汉，收养了一只叫"鲍伯"的流浪猫，他们组成了一支炫酷的街头乐队。

有时候，一个孤独加一个孤独，等于两个不孤独。

但这绝不是摆脱孤独的永恒法则。

因为，孤独不是alone（单独），而是lonely（感到孤独）。

讨价还价，是日常生活里的一门艺术。然而，买卖双方，必须"旗鼓相当、斤两相等"，才能生出趣味来。

卖者开出了一个价格，买者必须根据实际情况迅速地做出适当的反应。有时，夸张地以惊天动地的声调喊道："哇，贵得离谱！"有时，冷冷地以事不关己的语调应道："这货，哪值这价！"有时，义正词严地训斥："隔壁那家，一样的货，便宜了四分之一呢！"

说完以后，化身为猎犬，紧紧地盯着对方，看他的眼睛，听他的回答。

耐心的卖主，会不动声色地与你周旋到底，消磨你的时间，考验你的耐性；怕输的对手呢，会让他的价格好似滑雪一样直线下降，逼得你全无退路，非得立刻成交不可；暴躁的店东，会以旱雷般的声音驳斥你，让你找不到可下的台阶；狡猾的卖者呢，则把美丽的诺言做成可口的鱼饵，让你心甘情愿地上钩。

货品，好比是绳子，而买卖双方便是参加"拔河比赛"者，拉拉扯扯，未到最后一分钟，都不可能知道鹿死谁手。

倘若成交，宾主尽欢。

万一谈不拢，双方都可使出最后的撒手锏：卖者可以装出一脸倔强的神色而把东西放回原位，口里说："一分钱都不能再减啦！"心中却在想："只要你再加一点点，我立刻卖出！"买方呢，义无反顾地踏出店门外，嘴里说："实在太贵了，买不起！"心中却说："只要你再减一点点，我绝对回头。"

在这种"各怀鬼胎"的情况下，卖者偷眼瞅你，而你也斜眼瞥他，谁的定力够，心态好，谁便可以高唱"凯旋之歌"！

拔河比赛

□谭幼今

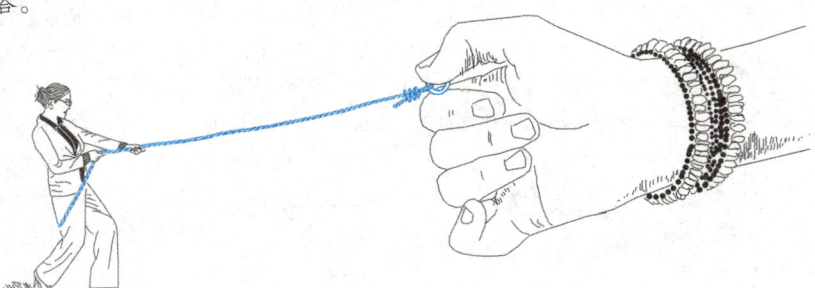

一个人喝奶茶，并不会孤独；第二杯半价，才会孤独；

一个人旅行，并不会孤独；找不到人拍照，才会孤独；

一个人加班，并不会孤独；没有一盏灯为你而亮，才会孤独；

一个人待着，并不会孤独；想念一个人，才会孤独。

所以，不要在我孤独的时候说爱我。当我不幸陷入孤独的深渊，像一个溺水的人那样无所适从的时候，请你不要像一根稻草那样漂过来。对不起，我需要的是一艘大船。

在错误的时间爱上错误的人，最终的结果只能是两个人沉溺于各自的孤独。

孤单的人未必孤独，而孤独的人，无论和多少人在一起，孤独也会如影随形。

我的朋友曾经是一个典型的纨绔子弟，他泡吧，逛夜店，约妹子，可是后来他改邪归正了。

他说，你知道吗？一个在海上迷路的人，如果随意地捧起海水来解渴，他只会越喝越渴。

4

不要为了忘掉一个人，就仓促开启一段新的恋情。

初尝孤独的人，总是想要摆脱孤独。只有习惯了孤独的人，才能成为在孤独中品出独特风味的行家。

所以你会看到，有些人像行星，需要不停地寻找光亮，绕光而行。而有些人像恒星，他们能自己发光。

独自守着孤独，这样的人一点儿也不可耻。

孤独也是一种生活方式，只要你喜欢，那就没有错。

这世上只有一种成功，叫"用自己喜欢的方式过一生"。

《生活大爆炸》里，谢耳朵在婚礼上向一对新人致辞，他说："人穷尽一生追寻另一个人类，我一直无法理解，或许我自己太有意思，不需要他人陪伴，所以，我祝你们在对方身上得到的快乐，与我给自己的一样多。"

在英国，一位女士六年相亲无果，她干脆在教堂举办了一场婚礼，和自己结婚了。

如果你终有一天能够享受孤独，那么孤独也就成了一种乐趣。毕竟，一个人和自己之间分歧最少。

5

一个我说，晚饭去吃烧烤吧。

另一个我说，那太棒了，我也正好想吃烧烤呢。

然后，我就可以堂而皇之地坐在某个烧烤摊的小马扎上，一人守着一张桌子，左手撸串，右手扎啤，这种生活看起来也不错。

不要说我太孤独，其实孤独是我的伙伴。

世界上有两种动物，一种是群居动物，比如兔子。一种是独居动物，比如老虎。而人类，却擅长建立一种介于群居与独居之间的若即若离的社会关系。

可能我们更像刺猬，想要彼此拥抱，又怕相互伤害。

所以，你看，我最终还是学会了一个人背起行囊，把迎面而来的大风，都幻化成你的模样。

有目标的人在奔跑，没目标的人在流浪

96岁，也可以这么酷

□ 花一城

登机落座，身边是一位瘦小的老太太，在iPad（平板电脑）上聚精会神地玩扑克游戏。起飞时，她靠着舷窗睡着了，挡住了我的日出。

乘务员送饮料了，我正在犹豫于垃圾饮料的糖分，她醒来，靠近我的耳边轻轻说，番茄汁，一点点冰。我替她转告，自己也依样要了一份。她抿着，细声道："这个不是太甜，还好。这个零食饼干太多糖了。"

我自然点头称是，并赞她有营养意识。她说，凡事用心点有好处，这是我96岁的经验。

我大大吃了一惊，我看人常有偏差，饶是这样也让人惊奇。这老太太看上去六十来岁，不能用精神矍铄来形容，但是淡定从容整齐利落。独自旅行，还要转机，去北卡和68岁的儿子过圣诞节，那里还有四个叫她曾祖母的大大小小的孩子。

偶遇这样的传奇，我的脑子全面开动，聊天的本事腾云直上，飞速地想要在剩下的四十分钟构造一个完整的人生。她说，她做了一辈子老师，三十年前退休，一直在工作——教人打桥牌。在成人教育中心，在家里，在社区活动处，都有开班。还经常出去参加娱乐性比赛，与各地牌友聚会。

"你自己住？身边有子女吗？"——多么中国的问题。

"那当然了。附近有一个儿子，哈哈，不过他也72岁了。我独自住自己的房子，自己开车。去年买了辆新车，林肯MKC。我要确保我的车有最完善的安全设施。我有一台PC（电脑），一台苹果机，iPhone（苹果手机），iPad，打牌很方便。"

"我也去养老院免费教牌。你知道为什么很多老年人脑力迅速退化？因为他们什么都不用自己做了。有人给他们把饭送到眼前，收拾房间，娱乐节目随时调好，甚至给他们洗澡。需要锻炼什么脑力体力肌肉？什么也不需要了。不锻炼就会退化。更可怕的是，因此，他们失去了对自己的生活的掌控；对自己失去掌控的人是躁郁的，于是他们会抱怨，为汤太热，为电视声音太大，为电梯太慢……问题是，电梯来了，你又能去哪里呢？"

我以无比敬佩的态度听着这些真知灼见。

"不如你来跟我学桥牌，你会喜欢的，十几分钟一局，很锻炼逻辑思维和记忆力。出了错的话我会告诉你：多么幸运，这会儿你最大的麻烦就是输了一局牌，还学到了东西。"

飞机下降，我的耳膜开始疼，她面不改色还在缓缓道来，可惜我已经听不清了。大概意思是，她此行探访儿孙，在海边自己租了一个condo（公寓），以此来招引孙子们来玩。

"没有海景屋的诱惑，他们如何会有兴趣来来往往。我住三个月，从来不待儿子家，婆婆媳妇在一个屋檐下超过一顿晚饭时间，就是不科学的。我不能把我儿子夹中间难做。他太太应该是他最重要的女人。"

犹太老太太Reva，96岁，四个孩子中最小的一个，从小自由生长，无所拘束，二战入伍参加美国军队，被派遣至柏林和慕尼黑，1944年至1948年任职于美军军事法庭，曾与艾森豪威尔将军同行。

起飞的时候，她挡住了我的日出；降落的时候，她打开了一个世界。

我为什么要生气

□ 黄桐

有一次，有个朋友告诉我，她到某家餐厅吃饭，遇到一个态度非常恶劣的服务员。只是，她说这件事的时候，语气里不但没有丝毫的愤怒，反而透露着怅惘，让我有点儿摸不着头脑。

于是，我好奇地问："遇到这样的服务员，难道你不生气吗？"

"不会啊，我为什么要生气？我反而觉得那个服务员好可怜哦！"她叹了一口气。

"可怜？为什么可怜？"我越来越听不懂。

"她用这样的态度工作，不难想象她一定很讨厌自己的工作。"朋友解释，"她讨厌这份工作，却还要天天做，难道不可怜吗？"

你的认知，决定了你所看到的世界

在这个世界上，我们可能只有一次生命，与其浪费时间怀念过去和幻想未来，不如现在就开始追寻内心的声音，去看自己想看的世界。去探索世界上一切美好的东西，去追逐真实自我，成就唯一的自己，去过自己想过的更有趣的生活。

愿你带着一双美好的眼睛，去认知这个世界，发现更美好的自己。

有目标的人在奔跑，没目标的人在流浪

人生启蒙之师

□沈嘉柯

幼年的暑假热得树叶又绿又亮，我在庞老头儿家里待着。中学的升学结果已经确定。出去玩吧，顶着七月炎夏凶残的太阳，人都要脱皮。在家待着太无聊，简直像坐牢。我母亲说：

"得了，要不你去庞老师那儿上补习班吧。"

庞老师当了一辈子小学老师，退休了好多年，在家也闲不住，摆了六七张单人课桌，只收附近的小孩子，提前教点东西。

问题是，谁想放假了还学几何、背单词？我们不过是应付家长啊。庞老头儿看我们无精打采，就把小黑板擦干净，一边写上"人猿""泰山"，一边说："来来，我给你们讲故事吧。"

那泰山是个孤儿，被遗弃到原始丛林，跟着一群猿猴厮混，上蹿下跳，爬树抓鱼，结果不会讲人的语言，反而身手敏捷，成为森林的居民。

这故事可比教科书好玩。我们问："后来呢？"

庞老头儿说："后来啊，等下次，再给你们讲。"

我们几个很不高兴，开始起哄："您现在就说啊，快点快点。"

庞老头儿笑眯眯的，活像一只狡猾的狐狸。他宣布下课，踱着步子去后院吃饭。我们这群猢狲散了，各回各家，各找各妈。

第二天，我们当然是急不可耐地在家吃了晚饭，就去庞老头儿家继续听故事。

两天一个故事，听故事前学一点儿东西，写写小作业。庞老头儿说："听了故事，可以在本子上记下，再讲给别人听。"

我们兴致勃勃地听从他的意见，再献宝似的，讲给邻居家小孩儿听，甚至讲给大人听。

他讲的最后一个故事，是《最后一片叶子》。而这个故事，只有我在听。因为他的小小补习班已经结束，新学期开学了，我的小伙伴们都去上学了。

至于我，因为我的母亲是个多礼的人，要我拎着一盒皮蛋，给他送去并向他致谢。其实我们去他家之前，就已经交了20元补习费的。

那个黄昏变成了我一个人的故事专场。

我用尊敬且崇拜的目光，看着这个肚子里有无穷故事的老头儿，央求他再讲一个，因为我很喜欢听。他乐呵呵地笑了，我能发现他的汗毛都在震颤，大概是很高兴有学生喜欢听他讲故事。他收下谢礼，剥了个皮蛋直接给我吃了。

这个故事，庞老头儿讲得很慢，一个叫乔的年轻女孩生病住院，凄风冷雨中，孤独又绝望。

于是，年老的画家贝尔曼，偷偷在窗外画了几片树叶。

乔觉得自己的生命就像树叶一样，最终都会凋落，一片不剩。但是，有一片叶子却一直顽强地挂在枝头。

我听得目瞪口呆，世界上还有这么奇特的故事，让人心里有一些哀伤，但又不会绝望。

末尾听到树叶是画的，我呆住了。

离开他家，走的时候，他顺手给了我一盒云片糕。

去了学校之后，我才想起，忘记问他这个故事是从哪儿来的。我的胃口一直被吊着，要多念念不忘，就有多念念不忘。我想搞清楚来龙去脉。

我打算等我从寄宿高中放假回家了，去找他问清楚。

也不过是半个学期，活了80岁的庞老头儿去世了。我看见他的子女，把一屋子旧书清理出来，卖了。

后来在大学的电子阅览室，我在搜索框里，输入了那个从庞老头儿嘴巴里听到的名字——欧·亨利。

答案不言而喻。

当了一辈子老师的庞老头儿，看了很多很多的书，他把他喜欢的故事，讲给我们听。他一定有过一本《欧·亨利短篇小说集》，因为我发现，他不只讲了一个欧·亨利写的故事……

那本从来没见到的欧·亨利的无形之书，从他手里，转送到我这里。再后来，我也成了一个写故事的人。那位老人家是我的文学启蒙之师。而今回忆，原来文学在一老一少之间的流淌过程，本身也是一种文学。虽然你在天堂，但我也要祝你教师节快乐。

请先把自己升级为"女神"

□夏苏末

那天,失恋的大龄女青年米卡在五道口逛了一天。

暮色垂垂,米卡独自去韩国餐厅吃烤肉。

吃多了肉喝多了酒,米卡脸上红彤彤的,她站起身,一步迈出,摇摇晃晃,索性随手一抓以便解救即将摔倒的困局。待站稳了身体,米卡才回过头去来得及看身边的扶手——一只骨节分明的纤长大手,抬头看,对方一副颇玩味的样子。

"不好意思。"米卡感觉脸又热了一下,但也只是一下。

"你还好吗?"对方用生硬的中文表达着关心。

米卡忍住头痛,站起身,轻轻地摆了摆手。

你以为事情就这么结束了吗?

当然不,站起身的米卡,这次一步未迈,就吐了。

"男神"那一刻还未能成为米卡迷恋的神,他的名字叫Jack。

事后的桥段依然老套,为了赔偿西班牙男人Jack被波及的外套,米卡记下了他的联系电话。

Jack是西班牙某企业驻北京的机械工程师,刚到北京没几天,在这座陌生的大都市里,他还没来得及交上朋友。

米卡听了心里窃喜,主动揽下了导游的工作。

Jack很快在北京如鱼得水,他能力出众,性格温润,总不乏女生喜欢。

米卡站在一旁,静静地看着围绕在他身边的环肥燕瘦,内心已是波涛汹涌。

这么想着,米卡更自卑了。但凡正常的男人,没有人会喜欢一个灰头土脸、身材壮硕的大龄剩女吧。

改变的决心,从那一刻变得坚定无比。

早晨从一杯温白开开始,它能迅速排解在体内堆积了一晚的垃圾。

长期熬夜,肌肤冒痘,好吧,从现在开始,她每晚22点准时上床休息。

早晨一份薏米红豆粥,晚上一杯纯豆浆,PPT(幻灯片)做累了就抬抬头,伸伸胳膊动动腿,减肥又减负。

这些简单的小常识,方法简单,成本低廉,而且纯天然,副作用几乎为零,如果非要说出缺点,那就是很不容易坚持。

米卡就这么一声不吭地坚持了半年,当然,坚持之后得到的成果是卓然的。Jack眼底闪出了热烈的火花。

若你们以为这样就成就了一段有始有终的佳话,那就大错特错了。Jack遗憾地告诉米卡,他的派遣期就要到了,如果不出意外,他会回西班牙。

米卡在电话里告诉我,她在学西班牙语,等达到A2.2的考核标准之后,她会向马德里康普顿斯大学提交入学申请。

显而易见,米卡竟然真的励志了一把,一个月后,米卡不但坚持了下来,就连经常同她见面的我,都能感觉到她的亢奋。

"你就不能有点儿出息?即使你把自己的心肝肺都卖了,他会领情吗?"我如此泼冷水。

她缓缓抬起头来,一手闲适地拢了拢卷发,一字一顿地说:"可是,没办法,我喜欢他,我得对得起自己的喜欢。"

我明白过来她轻描淡写背后的艰辛意思,为了能够漂亮而优雅地出现在男神面前,她做了多少努力。

"女神"和"女神经"的区别在于,一个不断完善自己,一个任岁月蹉跎自己。想要得到"男神",就请先把自己变成"女神"。

爆棚的正义,往往是识见不足的愚蠢

□雾满拦江

网络上有个故事,一个有钱人,带母亲去看牙医。

母亲一生贫寒,挑选了最便宜的假牙。医生耐心介绍各种牙材质的差别,目视有钱人,意思是让有钱人尽尽孝心。

可是有钱人无动于衷,坐看母亲掏出个小布包,一层一层地打开,拿出积攒的零钱,交了押金。说好一周后过来镶牙,然后有钱人就带着母亲走了。

两人一走,诊所中所有人一起大骂:这个有钱人,真是狼心狗肺,这么多的钱,却舍不得给母亲镶颗好牙。这种不孝之子,理应宰了喂狗。

正骂着,有钱人又回来了,说:医生,麻烦你换颗最好的烤瓷牙,费用无所谓,但千万别让我母亲知道。她老人家一生节省惯了,舍不得在自己身上花钱。所以要瞒住她,免得她老人家不高兴。

值此,那些声讨有钱人的患者,齐齐收声——我们所知所见,不过是局部现象。爆棚的正义,往往是识见不足的愚蠢。

就算再**努力**，也变不成白天鹅

□ 王诺诺

我上幼儿园的时候，有一个非常厉害的俄罗斯芭蕾舞团来我家所在的城市表演《天鹅湖》，我妈买了两张票，给我兜里塞上两块大白兔奶糖，带我去接受艺术的熏陶。

我没有想到芭蕾舞裙如此前卫，穿上它连秀内裤的方式都如此高贵；也没有想到"天鹅"颈项优美，肩胛上长出棱角，手绷直了用指甲尖都能够演绎出12种不同的"人鸟情未了"。

当"有了真心，鸟都能变成人"这一无敌主题昭示出来时，我的大白兔奶糖彻底化在了嘴里，上乳牙黏着下乳牙，我半晌没回过劲儿来。

我说："妈妈，我也想变成鸟。"

恰巧，一个月后有一个儿童芭蕾舞团来我幼儿园挑人。我当时是幼儿园园花，排《白雪公主》时我演公主，排《灰姑娘》时我演灰姑娘。因此我非常淡定：公主我都能演，更何况去跳舞演一只鸟！

然而，我遭遇了人生中的首次失败。

芭蕾舞老师说："你的身材比例不好，柔韧性不好，协调性不好，跳不了芭蕾舞。"我那时不懂什么是比例，什么是柔韧性，什么是协调性，只听到了老师说我"不好"。

什么是不好？不好就是没办法在肩胛骨上长出来一双翅膀，没办法变成鸟，没办法在集齐了灰姑娘、白雪公主、美人鱼的王子之后，再去收集天鹅公主的王子。

这是我无法接受的。我哭着回家找我妈，她找熟人把我塞进了芭蕾舞团。

"进去了你可不能半途而废啊！"她说。

"我一定会坚持下去的！"我暗下决心。

事实证明芭蕾舞老师的预言是伟大而正确的。在我的小腿结结实实地长出"小兔子"之后，在过轻的体重导致雌性激素不足、第二性征发育不良之前，我终于深刻理解了什么叫作"不好"。

不好就是耗叉、耗腰时，别人的腰像水蛇一样塌下去了，我却听见我的胯在一寸寸打开时的响声和腰肢磨得窸窸窣窣的响声，甚至还听见了我的膝关节的响声。

不好就是和我同时学芭蕾舞的小伙伴们开始排节目准备出国演出了，但每次排练我都深切感受到新动作跟不上，旧动作不到位。老师说："我去隔壁盯着她们排练，王诺诺你就别上了。"教我的老太太把自己的一生都贡献给了芭蕾舞，平时站着就是八字脚，脖颈笔直，筋脉清晰，她用那双虽不大却炯炯有神的眼睛盯着我，说："你跳得不好。"

我跳得确实不好，肢体扭曲、动作僵硬，看不出一点儿天鹅的味道。我转头，舞房对墙都有镜子，两面镜子相映，里面就有无数名老师和无数个我。无数名老师对着无数个我说了无数遍"你跳得不好"。

现在看来，我的协调性、柔韧性实在是差到了一定程度。走路摔跤、同手同脚，我所有的体能测试数据和身上磕磕碰碰带来的瘀青都在说："你跳得不好。"这是金刚钻和瓷器活之间的矛盾，这是落后的遗传基因和增长的生理需求之间的矛盾，这是"你跳得不好"和"该怎么收场"之间的矛盾。可当初是自己嚷嚷着要去的，总不能自己先开口说放弃吧？

这个矛盾持续到了我上小学四年级时。有一天，我无比兴奋地回到家告诉妈妈："今天老师表扬我了。她骂另一名同学的时候说：'你怎么跳得比王诺诺还差？'"

我妈觉得我再学下去心理就要出现问题了，她说："你别学了。"小孩子听不懂反话，我从内心深处觉得终于有一名同学比我差了，这是老师对我进步的肯定，可惜她"肯定"完了，我的芭蕾舞生涯也就结束了。

人生总会遇到一些无可奈何的事情：那些你追不上的男孩子，那些本就不属于你的机会，那些与你是否努力无关的成功，那些长不出翅膀的肩胛骨……

我终于通过一场血肉模糊的舞蹈修行领悟到这个道理，内心竟是充满感激的。我感激那个差得杳无生机还天天逼自己练脚擦地的自己，感激那些付诸东流的汗水，感激那些无用功。

只是如果时光倒流，回到我跟妈妈去看《天鹅湖》的那天，我会吐掉大白兔奶糖，绝尘而去。我的故事全因这个剧本太具误导性了——有了真心，鸟都能变成人？但有的人无论怎么努力，永远都不会成为鸟。在这一点上，达尔文还是比文艺工作者靠谱。

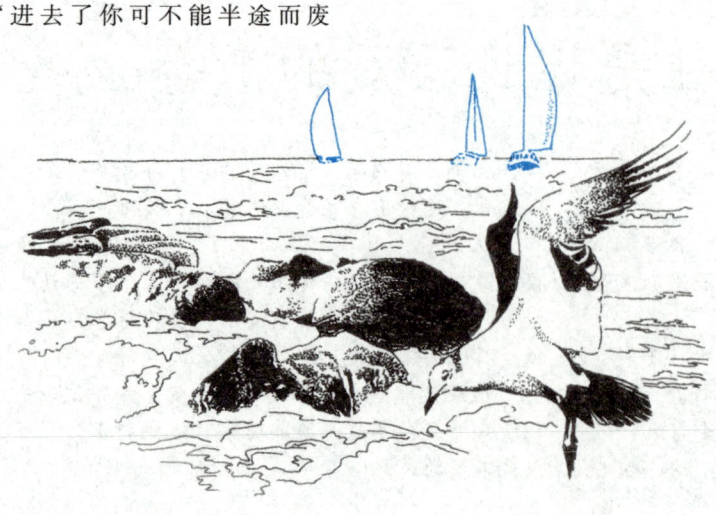

没遇见喜欢的人，就先做喜欢的事

□ 卷毛维安

高中时我有个很喜欢的姑娘，长得白白净净，有着好看的大眼睛。说话温温柔柔，带着好听的尾音。

假期回去的时候，听说她恋爱了，对方是军校的学长。本以为两人是校友，没想到隔了山河迢遥。要是飞去看他，得穿越大半个中国。她说：没关系啊，我们每天就固定时间聊聊好了，各自有自己的生活。没关系啦，我等他，剩下的时间，我可以继续做自己喜欢的事情。她每天的生活很充实，给人自由，也是给自己自由。

很多人觉得在恋爱中，距离的拉长意味着不安全，就像羊跑出了牧羊人的视野，惊慌失措，以为对方一走天都要塌下来。其实我觉得两个人恋爱真的需要一个"距离"，没有距离，没有私人空间，我们会无法理性，无法呼吸，无法真正做自己。很多时候恋爱的失败，不是因为我们失去对方，而是因为先失去了自己。

我的一个大学同学。刚开始，我对她印象不深，可从一件事情开始，我对她刮目相看。那时候乌镇的木心美术馆正在筹备阶段，有天我从朋友圈里看见她正在场馆里帮忙布置，做着前期策划，她学陶艺、写文案，和一群热爱木心的人一起筹备着一场特殊的纪念。一个20岁的女孩子能爱着一种情怀，并且会去追寻，她真的是位很优秀的人。她太忙了，因为等她去遇见的好玩东西实在太多了。

她身上有种说不出的果敢与洒脱。她的恋人真的很多：色达的彩旗，越南海边的晨光，垦丁边上的太平洋和所有异乡的月亮。我喜欢这样的生活状态，用自己年轻的生命去贴近这个广阔的世界。她在签名上写："愿我们永远知行合一，自在如风。"她比我周围很多人都享受真正的自由，不是因为她去了很多地方，而是她总想尽办法去实现自己的念想，让自己从喜欢的事情上汲取不竭的快乐。她的自在虽如风，却很有分量。

电影《美食祈祷和恋爱》里用三座城市来阐释一个人生命中的三样东西。美食可以饱腹，祈祷和盼望可以让心灵自给自足，恋爱就如同身外之物。爱情不应该是面包，而是调料。不是不要，只是他的肩膀可以休息停靠，却不会是救命稻草。以上是我对于三样东西的理解。我从来不认为恋爱是生活的全部，相反，它是生活中很有趣的一部分，可以是调剂，却不是必需。

如果你正处于甜蜜的恋爱状态，记得给自己和对方之间留一定的距离。有韧性的关系，面对时间才最耐磨。如果还没有遇见喜欢的人或者已经有了暗恋的对象，你所要做的事情就是一边享受自己喜欢的事情，一边努力让自己变得更好。不刻意地等待是一段属于自己的增值期。

有一天当你真正遇见那个人，我希望你们是用最好的状态，若是合适当然幸运，若并不合适，至少你一直拥有更好的自己。

泥鳅和鲤鱼

□ 宁书科

我在青铜峡工作20余年，学会了捕鱼。青铜峡濒临黄河，渠道如网，湖泊、水坑星罗棋布，是个捕鱼的理想所在。我有两张渔网，每到星期天便外出捕鱼，每次都能捕到很多鱼，但大多是鲤鱼。自己吃不完，便送给邻居们分享。

一次一位邻居向我要几条泥鳅，说是当药引子治病。可我几次都没有捕到泥鳅。是泥鳅太狡猾了吗？不，从我数年的捕鱼经验来看，泥鳅并不狡猾，那为何捕不到呢？

原来每次撒网抛出去，泥鳅闻声就朝泥里钻，极难捕到它。鲤鱼就不同了，听见撒网声，就跳到水面上逃跑，水面阻力小跑得快，但渔网抛出的速度更快。鲤鱼被渔网罩住后，不是往下钻，而是继续抬头跑；此时只要它能低头钻下去，或许能逃过一劫。它的悲剧就在这里。

再者，我在捕鱼前，首先要观察一下水面，看看水中是否有鱼，我在岸边静坐不到十分钟，便有鲤鱼跃出水面，发出"啪啪"的击水声。它首先暴露了自己的位置，捕它就"有的放矢"了。

鲤鱼失败的教训首先是骄傲自满、自以为是、炫耀自己；再就是不肯低头、不愿钻到污泥里去。它成为人们餐桌上的美味就在所难免了。泥鳅和鲤鱼恰恰相反，该低头时则低头，该钻泥时就钻泥，它不像鲤鱼一样一辈子困在自以为是的"网"里。

要想得到泥鳅，必须等水干之后，下到泥巴里费好大的劲才能抓住它，一不留神，它还能从你手指缝中溜走。泥鳅将自身的优点发挥得淋漓尽致！

捕鱼使我悟出不少做人的道理。

一元充值的"陷阱"

□红豆粥

在手机端发达的今天,我们经常能看到一些半收费(不付费也能继续使用)性质的应用APP(手机软件)。它们通常会有这样一种活动:第一次充值一元,即可获得丰厚奖励。这些一元充值的奖励非常诱人,让人一看就觉得自己赚到了。然而,这种看似赚到的活动却是个巨大的陷阱。

美国社会心理学家曾做过一个实验,他们把一群喜欢玩手机的人分为两组,并为他们都下载了一款半收费APP,其中不同之处在于,第一组的APP页面上添加了"充值一元送大礼"的标志,而另一组却没有。三个月后,实验得出结果,有"一元送大礼"标志的那组,在APP中投入的钱是没有标志那组的五倍。这到底是怎么回事呢?

在社会心理学中,有一条名为"滑坡效应"的定理,即你不站在滑坡上,便不会发生任何事;但只要一站上去,无论人是位于坡的哪一段,都会不断往下滑。第一组正是陷入了商家设计的"滑坡效应"。

"一元送大礼"正是"滑坡效应"的产物。别看只有区区一元钱,数量虽然小到可以忽略,可恰恰是这一元钱,便成功地将用户推上了滑坡,让用户心甘情愿地把更多钱投入进来。

一个半收费的APP,总会有用户因为操作不熟悉、充值手段不方便、不想充值等拒绝付费。这时,一元充值就像是一根撬棍,撬开用户的内心,让人有"原来充值也很方便、这个软件我很熟悉"的感觉。在陌生感消除后,用户继续充值便不再有心理负担,也就造成了我们经常看到的"某人在某APP上投入了上万元"的新闻。

反观第二组,因为没有一把"撬棍"直截了当地撬开他们的心,所以大部分人仍然能坚持在APP上不花一分钱的原则。这就像一个装满水的袋子,如果不去戳破,水是不会漏出来的;可一旦袋子被戳破了,那么袋子中的水就会止不住地往外涌。

看来,坚信"天上不会掉馅饼"要比感觉"占了大便宜"好,因为当你吃着天上掉下来的馅饼时,往往容易忽视紧跟着掉下来的大石头。

时间使人忘记爱情

□张小娴

当爱上一个人,你会忘记时间的存在。你可以每天24小时跟他在一起。你不介意花14小时乘飞机从香港到美国跟他见一面,然后又匆匆赶回来。

为了跟他见面,你会把重要会议延期,把重要的工作放在一旁。你们约会之后,还可以拿着电话聊到天亮。

爱情使人忘记时间流逝。你会忘记自己的年龄。

60岁的人也会以为自己只有18岁。你会许下一生一世的承诺,忘记时间会改变一切。然而,时间流逝,也会使人忘记爱情曾经存在。

两个人一起的日子久了,爱情一点一滴地消逝。

他忘记这些年来他多么爱你,他忘记了你们曾经多么快乐,也忘记了你们一起经历许多事情。忘记了,所以他爱上了别人。

当时间过去,我们忘记了我们曾经义无反顾地爱过一个人,忘记了他的温柔,忘记了他为我做的一切。我对他再没有感觉,我不再爱他了。

为什么会这样?原来我们的爱情败给了岁月。

首先是爱情使你忘记时间,然后是时间使你忘记爱情。

林妹妹的裙子

□ 三毛

想着想着，我把这条裙子往身上一穿，那份古雅衬着一双凉鞋，竟然很配——这是林妹妹成全我，并不小气。

这两条裙子，是我收藏中国东西的开始。

有一年，回到台湾，父亲老说我的衣服不够，每天都催人上街去买新衣服。

对于穿着，并不是不喜欢，相反，就因为太喜欢了，我反而十分固执地挑选那种自然风味的打扮。这么一来，橱窗里流行的服饰全不合心意——它们那么正式，应该属于上班族的。那种兵器很重的防御味道，穿上了，叫人一看，十步之外，就会止步而且肃然起敬。

我喜欢穿着的布料偏向棉织或麻织品，裙子不能短，下幅宽一些，一步一跨的，走起来都能生风。

那种长裙，无论冬天配马靴或夏天穿凉鞋，都适合。

至于旗袍、窄裙，大概一辈子都不会去买——它使我的步子迈不开，细细碎碎地走路，怪拘束的。

就因为买衣服不容易，逛来逛去，干脆不再看衣店，直接跑到光华市场看旧书。

就在旧书市场的二楼，一家门面小小的古董店里，先看见了照片中那条桃红色的古裙。

我请店家把裙子取下来——当时它挂在墙上被一片大玻璃框嵌着——拿在手中细细看了一下那个手工，心里不知怎么浮出一份神秘的爱悦。

时光倒流到那个古老的社会，再流进《红楼梦》里的大观园。看见林妹妹黛玉穿着这条裙子，正在临风涕泣，紫鹃拿了一件披风要给她披上，见她哭的那个样子，心里直怪宝玉偏又怄她。

想着想着，我把这条裙子往身上一穿，那份古雅衬着一双凉鞋，竟然很配——这是林妹妹成全我，并不小气。她要我买下来，于是，我把它穿回家去了。

这种裙子，事实上是一条外裙，长到小腿下面。过去的小姐们，在这裙子下面又穿一条更长的可以盖住脚的，这种式样，我们在评剧里还可以看见。《红楼梦》的人物画片里也是如此的。

当我把这条桃红色的古裙当成衣服穿的时候，那个夏天过得特别新鲜。穿在欧洲的大街上时，总有女人把我拦下来，要细看这裙子的手工。每当有人要看我的裙子，我就得意，如果有人问我哪里可以买到，我就说："这是中国一位姓林的小姐送的，不好买哦！"

说不好买，结果又给碰到了另一条。

这一回，林妹妹已经死了，宝玉出家去，薛宝钗这位做人周全的好妇人，把她一条裙子给了袭人，叫她千万不必为宝玉守什么，出嫁去吧。袭人终于嫁给了蒋玉涵，有一回晒衣服，发现这条旧裙子，发了一会儿呆，又给默默地收放到衣箱里去。

许多年过去了，这条裙子被流到民间去，又等了很多年，落到我的家里来。

每年夏天，我总是穿着这两条裙子，大街小巷去走，同时幻想着以上的故事。今年夏天，又要再穿它们了，想想自己的性格，有几分是黛玉又有几分是宝钗呢？想来想去，史湘云怎么不见了，她的裙子，该是什么颜色呢？湘云爱做小子打扮，那么下一回，古董店里的男式衣服，给它买一件、梦中穿了去哄老太太贾母，装作宝玉吧。

自搔脚板不痒

□ 李碧华

"自搔脚板不痒"的原因，英国伦敦大学一班研究员的报告指出：由于我们的脑袋已预知自己将会做什么，亦知道将会有什么反应，所以我们的感觉神经早有准备，不怕痒。

其实任何可以预知、早有准备的事件，人的感觉是"不痛不痒"，甚至因为缺乏意外，失去惊喜，一点儿也不好玩。

控制敏感反应的小脑，也像个顽童。告诉一个顽童我们要来搔他脚板了，他肯定不理会，还若无其事，于是你享受不到"突袭"时他尖叫、狂笑、逃躲、反抗的喜悦。

意外惊喜才带来真情流露。

按摩取穴中师傅拿捏得准时会突感一阵酸麻，自己不会用力。投资、炒卖，有赚有蚀，过程才刺激。看小说先掀末页便没趣。

还有，寻找，必须在舍不得失去，又对下落忐忑困扰时，这一段历程的折腾，令"终于寻到"极度快乐。

恋爱更加无法预知、准备、洞悉……它不是一早铺排的搔痒戏。

世界不会停在你熟悉的年代

□ 武云溥

前几天我弟弟说,他来北京看了一场演唱会。但因为时间紧,看完演唱会他就返回学校了,我俩也没见面。弟弟比我小了整一轮,还在读大学。之前,他跟我提过要来看这场演唱会,当时我没太在意。印象中,那好像是场日本动漫偶像的演唱会。弟弟是个二次元迷,很激动地在网上抢票,据说这票相当紧俏。

等他看完演唱会回了学校,我才反应过来——动漫偶像的演唱会,合着现场表演的不是真人?

我问弟弟观后感。弟弟说很棒。他看的是初音未来的演唱会。舞台上有乐队演奏,人声演唱部分完全是电子合成音,观众看到的是3D全息投影投射出来的初音未来。

动漫我也喜欢,当年对这些东西迷得不行,只是长大后就不再痴迷了。而我弟弟这个年纪的年轻人正是对这些起劲儿着迷的时候,喜欢虚拟偶像不奇怪。我有点儿纳闷的是:上千号人跑去剧场看投影,这样的演唱会跟在家看电视相比,能有多大差别?

弟弟说:"那差别可大了。现场气氛特别热烈,全场的人几乎是站着看完两个多小时的演唱会。台上即便是周杰伦,无非也就这个效果。"这件事刷新了我的"三观"。我认为,通常情况下,大家去现场看演唱会,图的就是看到偶像本人,听到偶像真实的歌声。不久前,张学友、陈奕迅也在北京开了演唱会,场馆里人山人海,热情的歌迷们让北京的交通拥堵了好几天。

对于演唱会,大家听的就是真实,买的就是情怀。可是弟弟让我意识到,原来唱歌的不是真人,也有大把观众买票去现场,这图啥呢? 我弟弟说,这叫"应援"。

应援,指的是粉丝为偶像做出的各种加油、助威、购物、排队之类的行为。

应援文化是从日本和韩国传过来的,不过现在中国的粉丝搞起应援来,其热情和疯狂程度绝不输日本和韩国的粉丝。我还记得几个月前看到的一则新闻,说"小鲜肉"组合TFBOYS的成员王俊凯过17岁生日,有一个重庆"土豪"粉丝花费巨款,包下重庆一条轻轨线的车身广告给王俊凯庆祝生日。现在,我不能理解的事情越来越多了,这是个好现象,至少说明三个问题:第一,地球还在转动,社会还在进步。我们不要急着评判新事物的好坏对错,只要还有新事物不断涌现,就叫进步。

第二,虽然每个人固有的观念不容易转变,但人们能够享受到自由的边界在慢慢地拓宽,我们对自己暂时不理解的事情的容忍度在提升。从本质上来讲,我弟弟喜欢初音未来,跟我喜欢张学友、陈奕迅,重庆"土豪"喜欢TFBOYS,一些老同志喜欢崔健、罗大佑,还有一些更老的同志喜欢广场舞,都是一回事,谁也不比谁更高级,谁也别笑话谁。

第三,说明我老了。我开始成为我小时候无法理解的那种中年人,竟然会为了无趣的工作日夜操劳,竟然有了钱也不再买漫画书和游戏机,竟然听不懂年轻人挂在嘴边的新词。这很好,说明时间没有停在我熟悉的时代,我还有理由保持对世界的好奇心。将来等我的孩子长大成人,她还指不定喜欢什么"妖魔鬼怪"呢。所以我得加油,不能被比我年轻的人鄙视。

因为世界终究是他们的。

煮石医心病

□ 赵元波

傅山是明清之际的学者,在医学上,也有着巨大的成就。一天,一位男子向他诉说,原本恩爱的夫妻因生活中的一些琐事拌嘴,妻子竟为此闷闷不乐,病倒后卧床不起。

傅山听后,让男子到河里去捡来一个鹅卵石,告诉他回家把这个石头放在锅里煮,等煮软后作为药引食用,并且特意强调,煮石时要不断加水,且不可离人。

回到家里,接连几天,男子按傅山嘱咐的那样,在自家的灶间煮石头,熬得眼睛布满血丝,身体憔悴,却始终如一,并不敢去睡觉。妻子见状不禁感动,主动下床搭理丈夫,并叫丈夫去问医生卵石煮不软之缘故。

傅山说:"卵石虽煮不软,但你对她的一片至诚,却把她的心肠软化了,她的病也就好了。"男子回到家里,见妻子果然病情消除,恢复了原先的状态。

凭着一片诚心,就能软化人内心的坚冰。

年轻人的"装",恰是一颗励志心

□ 程振伟

这几天,一部讲北京年轻人如何"装"高大上的"指南"短片刷屏。有人看得喷饭,有人看得流泪。这部短片看似荒诞,但足够接地气。的确,我们身边是不是有这么一群年轻人:受过良好的教育,大学毕业后在远离家乡的城市打拼,住在条件不太好的单身公寓甚至地下室,月入3000元。然而,他们却常常营造出月入上万的假象:用手机发出国旅游照,早上上传牛奶沙拉图,晚上发布星巴克场景,或是朋友圈来一段哪位诺奖得主的名言……

对他们,有时社会会报以不理解,甚至嘲讽:"现在年轻人最会装。"明明是月光族,何必装成"富二代"?在笔者看来,这些试图在生活上营造"高大上"假象的年轻人,把生活的艰辛和汗水往肚子里咽,外表示人以光鲜品位,未必是在装。刻意营造"高大上"的假象,背后也是他们对更高品质生活的追求。现在的年轻人,有着自己的生活方式,有着多样化的选择和表达,是突破传统、开创未来的一代,不能率先施以"俯视眼光"。刚入社会的青年们,也知道得到社会的全面认同尚需时间和耐心,在物质积累还寥寥时,他们也要营造出生活充裕的味道来。

年轻人不尽是装,换种眼光就能看到这背后的励志心。"游戏宅"曾在年轻人的世界风靡一时,他们生活邋遢,不管外界观感,一下班即躲进游戏世界,拥抱各种亚健康生活方式,奇装异服加北京瘫的组合消解了年轻人的朝气。而年轻人积极融入参与社会的正确姿态,恰恰是一种"高大上":用经济思维把精神生活安排得井井有条,参加户外旅游团,享受打折健身套餐,经济一有起色就买辆二手好车,追求社会主流层面的精神生活。如此追求品质生活,哪怕仅仅是营造更好生活氛围的年轻人,社会理应报以理解、宽容,并能够扶持和接纳。

曾经的美国年轻人,因为种种原因,干脆拿出与社会主流不合作的态度。他们称自己为"嬉皮士",嘲讽追求高雅精神生活的中产以上人士"雅皮士"。年轻人追求"时尚",其实是一个向上社会的气质在他们身上的自然投射,他们与社会一起向前向上,自觉汇入社会发展的大潮。

今天你嘲讽的穿着得体时尚,经常户外,住着简陋单身公寓的年轻朋友,或许正默默为自己的未来做着全方位打算,一辆不错的车,一座温暖的房,一直都在他们的头脑中打转。有着积极的心态,有着生活的智慧,颓废、"游戏宅"、亚健康更与他们无缘,说不定哪天,梦想就照进了现实。

20世纪60年代美国有一首流行歌曲,叫《加州梦想》,听起来都能感受到凉气嗖嗖地吹着脖子,说的是年轻人怀揣梦想到洛杉矶打拼被无情拒绝的故事。今日中国经过长时间的快速发展,年轻人过"有获得感的生活"有了充分保障,哪怕物质生活一时不及,跳起来触碰"有品质的物质和精神生活"完全可以实现。追求高大上倒像是另一种励志,这何尝不是一个向前社会和向上个体双重合力的结果?

浪漫

□ 蔡药药不吃药

我在想,什么是浪漫:

一杯热牛奶,打出细腻泡沫,当你喝一口,会长出白胡子。

两片苏打饼干,涂上浓稠酸奶,最后装点上细碎的黄桃果粒,摆在你的电脑旁,等你随手取来。

三颗鸡蛋抽成蛋液,用筛子筛去泡沫,蒙上保鲜膜蒸,就是最细腻的鸡蛋羹,出锅时用热油爆香一点儿小葱和红椒末,蛋羹上先浇一点儿生抽,随即倒上滚油,端到晚饭桌上,你会拍手叫好。

四朵香菇,四片雪花肥牛,一同入滚水,这时再下一小把龙须面,碗底还需要一小勺猪油,热而丰厚,给你当作降温时早上的鼓励。

五常米煮饭,上面放一根老家寄来的香肠同焖,饭熟香肠也熟了,油脂浸入饭粒里,只需要再烫一碟蚝油生菜,你就能吃完这锅里的米饭。

六只鸡翅,用黄酒、酱油、孜然、花椒粉一起腌上大半天,等晚上你看球赛的时候正好丢进空气炸锅,十五分钟后就是一道佐酒最好的香炸鸡翅。

七颗草莓蘸上巧克力,轻轻递到你嘴边,甜。

八两明虾拿来白灼,但醋碟子要精心,姜丝用料酒滚过,夹起来放进香醋里泡一泡,最后滴几滴豉油,你说这样最好吃。

九块麻将牌大小的五花肉,先过油煎酥了外皮,再配上小土豆一起红烧,调料放得足足的,你说这样用来夹馒头倒是挺有趣。

十只菜肉云吞,吊一点儿高汤来煮,加上虾皮紫菜香芹碎,鲜是鲜的来,你会对我挑一挑眉毛。

让你说好吃。

这就是我能做到的浪漫。

为什么要远离"见人下菜碟"的人

□ 谢可慧

说一个故事,告诉你们"见人下菜碟"的最简单释义。

我刚进单位的时候,去食堂吃饭。"吃鱼的时候给鱼尾,吃肉的时候给肥肉。"单位的一个老同志说,"你要适应。"我笑笑。他给我点了点附近一个略微有点儿职务的职工说:"你看他的那一碗,是不是比你的质量要好?"我瞟了一眼,还真是,肥瘦相间。

之后的一段时间,我发现,你拿到的菜不能说完全跟你的职务匹配,但一定与你在单位的地位有一定关系。人生第一次用最原始的方式被"见人下菜碟",也觉得新奇。

有人说,"见人下菜碟"的人,不是你想远离就能远离的,万一碰到了怎么办?我的意思是,除了工作上不得不的来往之外,千万不要成为朋友!

为什么说要远离那些"见人下菜"的人?因为心机重,计谋深。得势时,对你笑语盈盈,恨不得把你捧在手上,被你驾驭;而失势时,比谁的白眼都冷,比谁的冷漠都深。

父亲还在工作的时候,始终远离一个人,化名叫林明好了。我年少的时候,不太理解,因为他好像总是热情地往我家跑,但父亲对他永远没

有那些好友来访时那么热情。

若干年后,父亲和我说出了原因。那一次与其他单位有业务往来,来上门谈业务的,是其他单位的一个领导的亲属。那个亲属很客气,敲门,然后进门,客气地说:请问林明在吗?

那个时候,林明已经是单位的副科长了。林明斜了他一眼:我的名字是你叫的吗?你有约过吗?到访的领导的亲属脸色很难看,然后到旁边科室,也就是我父亲的科室去给当时父亲单位的老总打电话,把刚才林明对他说的话原原本本说了一遍。过了五分钟之后,林明走了过来。一边说自己的不是,说自己身体不好,心情也不好,还跟那个领导的亲属又是搭肩,又是递烟。

父亲说,我当时想的是,不管是谁,你总该有一个年轻人最基本的教养,可以不用对每个人都那么热忱,但必须对人有礼貌。林明往我家整整跑了六七年,但在父亲离开那个单位后,便戛然而止了,林明再也没有来过我家。

人心凉薄,那么那些"见人下菜"的心,你早已可以预知。什么温暖的拥抱,什么冷到极点的冰块,都可以随意自如地端到你面前。而你离得远一点儿,他就到不了你的身边,他戴了什么面具,你也无所谓;他对你下的菜,你根本收不到。

欣赏一只豹

□ 毕淑敏

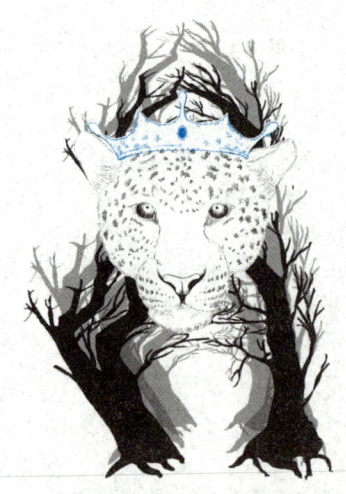

说着,说着,我们已经到了豹子的领地。太阳已经下山,从四面八方闻讯赶来的路虎车有四五辆,围成一个近似圈圈的环阵,近观豹子。

我们到场比较晚,豹子已经吃完晚餐,卧在地上安睡。所有人都在静悄悄地看一只豹子安睡,天空中无声无息地爬上了一轮明月。

"这是一只豹。"持枪的白琴键悄悄地说,猎豹尽管体形比狮子小,但它矫健凶猛,是最危险的猛兽之一。眼前的豹子体形近乎完美,它背部的皮毛呈华贵的浅金色。

我凝视着即使在睡梦中也依旧威风凛凛的猎豹,心想它的胆子可真大,这么多人和车围聚在它周围,它怎么充耳不闻、酣然入睡呢?

我把顾虑和白琴键说了。白琴键说,猎豹像人一样,是日出而作,日落而息。现在已经是夜晚了,它要睡觉了。你知道,猎豹跑得非常快,最高时速可以达到120千米,但是这种速度它只能维持三分钟。一旦超过了这个时间,猎豹必须减速,不然它们会因为身体过热而死亡。刚才的捕猎一定耗费了它太多体力,现在它变得十分孱弱。原来骁勇的霸主也有脆弱的一面。我充满怜惜地看着猎豹。

人和猎豹就这样在旷野中安静地对峙着。严格来说,是我们在欣赏一只豹。

仰面婆姨低头汉

□冯仑

R君是一位艺术家。我每次到他那个公园里的别墅的时候，会看到他很大的工作室里到处都是他种的树和他自己设计的家具，以及在那张独特的餐桌后面的他的画。在这种特别的氛围里，我每次都能感觉到他内心洋溢着的快乐。

我："你最近又在忙什么事儿呢？"

R君："我一直琢磨在大地上做一个秦始皇的雕塑。"

我："电影里有很多秦始皇的形象，你怎么能把这个雕塑做得与众不同呢？"

他突然站起来，神情严肃，做了一个撩开大衣的动作，然后低着头说："这就是我要塑造的形象。"

我："我们过去看到的秦始皇都是昂首挺胸、阔步向前，难道秦始皇就是你这样？这是啥样啊？"

R君："你不知道，西北人，最讲究的是内在的力量，就是收敛、含蓄、敦实、向下。"

我："这概念说得是不错，可是你这样低着头是深思吗？"

R君："不对，陕西有一句老话叫'仰面的婆姨，低头的汉'。在村里走路的时候，抬着头又叉着腰的这种婆娘千万不要惹，她们动不动就会骂街、收拾你；但是更让人害怕的是那些有点儿罗圈儿腿和小驼背，低头在村里走来走去的老人家，全村人的故事、命运、走向，每个家族里的事儿，其实他们都能操控，这就是'低头的汉'。我现在要塑造的秦始皇就是这样的形象。我认为中国人应该是内在非常有力量，而外在又给人一种不争、谦和、收敛的形象。"

我："这样的秦始皇，大概没有多少人去看，或者大家看了也不知道这雕塑是谁。"

R君："我要的就是这种效果。实际上秦始皇个子不到一米七，是那种虚假的、高大挺拔的历史姿态给人们造成了误解，似乎英雄都必须是那样的，事实上英雄就跟你我他，跟我们看到的推门出去和街上走的那些低头的汉子一模一样，这些人实际上才是最有力量的。"

R君的解释让我感到很震撼，也让我理解了真正中国人的内在和外在的表现方式，大概就是这样一个"低头的汉"。

原来**不打折**也是极好的

□张珠容

全球化的时装零售商C&A在北京开有不少门店。在2016年元旦前后的一个月时间里，C&A的一些门店大搞购衣打折活动，许多消费者蜂拥而至。有意思的是，这些门店的试衣间里不仅可以试衣，还能自行打印不同折扣率的优惠券，但许多消费者并未选择门店设定的最低折扣，而选择了全价购买衣服。

这是怎么回事？原来，这次促销活动是C&A精心举办的一次公益活动。而让消费者们"着魔"、不要最低折扣的原因，正在于C&A门店的独特试衣间。

走进这个试衣间，当你将准备试穿的衣服挂在墙壁的衣架上时，你会发现，那面墙实际是个电子屏幕。此时，由于你挂的衣服的重力感应，电子屏幕上会出现贫困山区的一个儿童蜷缩着睡觉的照片，而挂在衣架上的衣服，正好"盖"在孩子的身上。与此同时，通过衣架旁边的打印机便可以打印出这件衣服的折扣券，折扣券的末尾写着一句话：中国的贫困山区生活着数千万名儿童，买一件冬衣对他们而言是一种奢望，C&A真诚希望您捐出一点儿折扣，换成新衣送到山区孩子们的手里！

试衣服的消费者明白，自己选择的折扣越少，捐出的爱心就越多。因此，很多想购买C&A门店衣服的消费者走出试衣间后都要求全价购买试穿的衣服。比如，一件衣服打8.8折，消费者选择全价购买，就表示他们捐出了1.2折的钱。C&A门店员工把这些钱累积起来，等活动结束后，他们就将钱换成等价的冬衣，然后送到山区孩子们的手里。

不会说话的人，怎样拥有好运

□ 艾小羊

金庸笔下，最不会说话的人是郭靖，偏偏郭靖命最好。不仅在各门派大腕的帮助下成了江湖大哥，更娶了聪明美丽的富二代黄蓉。

年少时读《射雕》，觉得作者真是一个善良的人。他塑造郭靖这么一个6岁才会说话的笨人，却让他走了好运。

有一段时间，我很努力地想成为那样的人。看了很多关于谈话技巧的视频与文章，结果一次同学聚会，大家谈到红酒，我抓住话头，滔滔不绝地讲起来。结果不仅聚会被我讲冷场了，还有同学在背后说我太装。

我委屈满满，直到见到一位前同事。

他之前给大家的印象是老实木讷，值得信赖，如今做生意发了财，变得自信了，加上饭局是他做东，所以说了很多自己的发家史，讲了很多人生的大道理。宗旨只有一个，以前瞧不起他的人，如今高攀不上他。

我是从这一次饭局开始，明白我们这一类人的问题所在。

真正的问题，绝不是会不会说话，而是能不能接受一个不会说话的自己。参差多态，方为幸福本源。不会说话并不足以成为社交障碍。个人形象被破坏，是始于不会说话却偏要当社交明星的用力感。

如果人要凭借说话这一本领，分出三六九等，上等为会说话的，中等为不会说话也少说话的，下等则是不会说话却总要说的。会说话是一种天赋，如果你向一个会说话的人取经，他可能告诉你很多经验，却依然解决不了你的问题。

我开始明白，不会说话的人，首先要做一个好听众，享受与会说话的朋友在一起，而不是羡慕嫉妒他们。生活是一部情景剧，每个人最舒服的状态是安于自己的角色。即使绿叶龙套，做得久做得好，不抢镜不抱怨，也自有口碑。

不会说话的人到底有没有可能通过多年的学习与训练，变成一个会说话的人？当然有。然而，我更愿意选择看清自己，做自己。

再小的个体，也是品牌。无论你从事什么职业，都要在人际交往中树立自己的品牌。不会说话的你，可以选择做一个贴心的倾听者、安静的美男子或美女子、睿智的点评家——少言自威，胜过千言万语。

当太多人希望成为谈笑风生的焦点人物，焦点反倒可能落到不会说话的人身上。

作为不会说话的人，你有权选择沉默，安心地做一个鼓掌的路人。然而必须发言的时候，敬请精心准备。不要羡慕别人两小时的演讲不打草稿，属于你的人生，就是一分钟的发言也要反复斟酌排练。

爱这样的人生吧。正是因为你没有出口成章的天赋，才造就了现在的这个你：克制、冷静，思维比语言发达，所说的每一句话，都代表自己的智慧与阅历。

有多假就有多热情

□ 马德

曾有一朋友，今天遇到这个人，好得跟三生有幸似的；明天遇到另一个人，好得又跟海枯石烂似的。你就看不出他跟谁不好，跟谁都好到一塌糊涂。

后来，便离他远远的。这样的人看似情深，实则交浅，温暖有余，厚道不足。跟谁都好，就意味着跟谁都好不到哪儿去。人前热闹的人，转身便是苍凉。

真正深交的人，朋友不会多。无论多么大的世界，心灵能共鸣的人不会有几个。况且，有真性情的人，往往有着强烈的爱憎。共同的厌恶，让彼此扎堆。然后，共同的爱好，才让心灵相互靠近。

谁也不得罪，看似厚道，其实是一种世故。跟谁都要好，看似热情，实则是一种圆滑。这种世故的可怕之处是精明到不留空隙。这种圆滑的虚伪之处是完美到没有缺点。

跟一个有缺点的人交往，比跟完美的人交往更让人踏实。缺点是真实的，只有完美才显得那么虚幻。

做一个"珍珠"女孩

□苏芩

爱情需不需要条件？很多人嘴上高喊："爱就爱了，无须任何条件！"其实内心中，也一定为爱情设置了种种门槛。

说老实话，爱情是有条件的。爱情其实并不是平等的，乞丐和王子，待遇从来是不同的。上天可以给予每个人爱的资格，但当一个人不够优秀，就很难让别人爱上你。所以无数人才认同那句话：唯有成为更好的自己，才配得到更好的爱。

看了江苏卫视热播剧《爱闪亮》，女主角甄珠，从一个平凡的单亲妈妈最终成为服装设计师，从丧父产子到备受婆家冷眼，从委曲求全到实现梦想，极好地诠释了这一点：上天爱谁，就会让他摔更多跟头，这是为了让他前路走得更稳健！

生活中有很多像甄珠一样的女孩，在成为珍珠之前，都是一粒路边的沙石，她们也幻想过成为珍珠焕发光彩，但生活的种种际遇最终让她们安于做一粒沙石，庸庸碌碌中就过了一生。但也一定有人，在磨砺中熬了下来，最终成了闪亮的那一个，焕发出耀眼如甄珠的"珍珠精神"！

人生的成功如此，爱情的成功亦如此。很多人问："为何如今的爱情总是短命？"

原因很简单：未曾经历磨砺的爱情，很难被真正珍惜。

任何一颗珍珠，它所散发的光彩背后，注定了曾是各种疼痛。任何能修成正果、终老一生的爱情，都是经历了无数磨合，疼痛、结痂、再疼痛、再结痂……最终伤口处就成了最结实的地方。爱情就是一个道理：不是因为合适才相爱，而是因为相爱而彼此磨合，直到最终成了彼此不能舍弃的习惯。

如果说生命有真谛，也就是如此：在光芒四射之前，必要经历一程漫长的黑夜。这也是上天护送你走向成功路的独有方式。

"怕"的哲学

□南怀瑾

古时有一位太子，声望已经很高了，还要去周游列国，培养自己的声望。

这时突然来了一个乡下老头儿，腋下挟把破雨伞，言不压众，貌不惊人，自称王者之师，说可以做皇帝的老师，帮助平天下，求见太子。

通报以后太子延见，这老头儿说，听说你要出国，但这样去不行，你要拜我为老师，处处要捧我，在各国宴请你的时候，大位要让我坐，你这样才能成功。太子问他是什么道理。

老头儿说，我以为你很聪明，一提就懂，你还不懂，可见你笨。现在告诉你，你生下来就是太子了，绝对不会坐第二个位子，而你在国际上的声望也已经这样高了，

再去访问一番，也不会增加多少。可是你这次出去不同，带了我这样一个糟老头儿，还处处恭维我，大家对你的观感就不同了，认为你了不起。

第一，你礼贤下士，非常谦虚。第二，这糟老头儿的肚里究竟有多大学问，人家搞不清楚，对你就畏惧了。各国对你有了这两种观感，你就成功了。

这位太子照他说的做，果然成功了。这不只是一个笑话，由此可懂人生。懂了这个窍，历史的钥匙也拿到了，乃至个人成功的道理也就懂了。有时候把好位置让给别人坐坐，自己在旁边帮着抬轿，舒服得很。这就是"君子三畏"的道理，一定要自己找一个怕的，诚敬地去做，是一种道德。这真是一种哲学，我发现一个有思想信仰的人，他的成就绝对不同，一个人没有什么管到自己的时候，很容易就失败了。

鲜鱼刺身

□ 尤 今

第一次品尝鲜鱼刺身,是在澳大利亚一位朋友的家里。那条鲑鱼,是朋友一大早到海鲜批发市场买的,新鲜得仿佛用手指随意弹一弹,它便会活过来、跳起来。纵是新鲜如斯,然而,当我首次接触到这未经烹煮的、晶莹冰凉的生鱼片时,薄薄的舌头,却有患上了感冒的感觉,战栗不已;而那种难以忍受的腥膻,也使我全身起着鸡皮疙瘩。

升起白旗,不敢再试。

偏偏日胜和孩子都很喜欢,每每上日本餐馆,为的就是这鲜鱼刺身。朋友当中,喜欢鲜鱼刺身的,也为数不少,举行家宴时,鲜鱼刺身常常是桌上佳肴。

在众人的鼓励下,鼓起余勇,再试。

不行,依然还是不行。

冷若凝脂的它,腥气冲天,硬生生地吞下以后,好似有人在抠我的胃,有呕吐的恶心感。我想,我和鲜鱼刺身,此生大约无缘了。

然而,世事无绝对。

在孩子一而再、再而三的要求下,我硬着头皮,一试再试、试了再试,终于,突破了重重心理障碍,接受了它,更不可思议的是,我居然爱上了它!

鲜嫩的鲑鱼,未经烹饪,轻盈如风,软滑如水,当它与味蕾完美地结合时,着实让人如痴如醉。强悍跋扈的绿色芥末,是它的最佳配搭,慵懒无力的鲜鱼刺身一沾上它,霎时就变得无比泼辣,入口之后,那种极致的辛辣,有若引爆的炸弹,"轰"的一声,爆炸力道直捣脑门,享用者在"烈火焚身"的刺激里,龇牙咧嘴,痛苦万状。然而,才一会儿,却又风过无痕,留在味蕾上的,仅仅只是生鱼那种特殊已极的鲜味、软滑已极的触觉。

是经过了好几个品尝的阶段,才真正地享受到了鲜鱼刺身那美好的滋味儿的。

由主观的憎恶而变为客观的爱恋,只因为我一试再试。

单单凭一次的印象,便对人对事对物判定"死刑",不但不公平,也不准确。对于含蓄自重的人来说,优点往往藏在很深很深的地方,需要你用耐心慢慢地掏。

温 暖

□ 蔡药药不吃药

其实温暖是一个很虚无的概念,这只是一种内心的感觉,也许并不存在,却惹得每个人都想拥有。

经过一条小小的巷子,有一位年迈的老爷爷推着一辆小小的三轮车在卖烤红薯,味道也许并不那么好,可就是想要买一个,热热地握在手里,咬一口,一股暖流从嘴里一直烫到心里。

小时候的冬天要去上学,出门前,外婆忙不迭地端来一碗煮得热热的甜酒鸡蛋,放了很多糖,打上一个金黄的鸡蛋,飘着淡淡的酒香。外婆总是看着我一口气喝下去,再握握我的手,笑着说,嗯,这下暖了。哪怕外面刮着刺骨的北风,也是不怕的。

和男朋友一起窝在沙发上看电影,外面飘着雪花,我们看一眼窗外,去泡一盒方便面,冒着热气的两个人你一口我一口地吃起来,电影演的什么早就已经忘记了,可是那盒面让我们记住了温暖,忘记了寒冷。

大多时候食物带来的温暖,会一直让你记住,像一颗放光的太阳。

鞋的故事

□ 日胜

其一，拖鞋。

在这帧新闻照片里，他蹲着，她坐着。他年仅22岁，她年过七旬。他赤足，她脚着拖鞋。他仰头看她，她俯首看他。他唇泛微笑，她咧嘴而笑。

他和她，素昧平生。但是，发生在他们之间一个真实的故事，却感动了无数人，照片因此而在网上疯传。

他是韩国人崔大虎，精于跆拳道，到新加坡来，是为了切磋武艺。

那天，搭公共汽车时，他看到了赤着脚坐在车上的老婆婆，二话不说，立马蹲了下来，脱下拖鞋，温柔地为她穿上。

她的脚，有了传自他手上的温暖；她的心，有了来自他眸子的温馨。她的世界，在这一瞬间，变得璀璨。

送出了拖鞋后，他的脚，空晃晃；他的心，满当当。

他从她皱纹糜集而笑意荡漾的脸庞上，想到了自家的老祖母。

是她，教会了他"老吾老以及人之老"。

他的老祖母，已经撒手尘寰，可是，她留了一颗心给他。

一颗能随时随地照亮他人世界的心。

其二，运动鞋。

在九楼组屋的大厅里，他坐着，她站着。他15岁，她45岁。他脚穿运动鞋，她赤足。他低头看鞋子，她俯首看他。他满脸煞气，她一脸焦虑。

他和她，是母子。

他把左脚的鞋子脱了，猛地朝敞开的窗口抛掷出去。然后，斜眼瞅她。她啥也没说，拉开大门便往外跑。鞋子落在哪里，她当然知道，因为这已不是第一次他用这样的方式发脾气了。在楼下的沟渠旁，看到那形单影只的鞋子，她松了一口气，拎着它，回返家门。然而，才迈入屋里，他竟又把右脚的鞋子从窗口扔了出去。她只好再次冲下楼去拾，心里想：如果这样可以让他解解气，那么，多跑几趟也没关系啦！

有一回，在课堂上，老师骂他，他立刻脱下鞋子，朝老师劈脸丢过去。

结果，被校方记了大过。后来，和同学打架，他不再抛鞋子了，他抛刀子。结果，进了少年感化院。

她爱他，可是，毫无理性的溺爱与毫无原则的放纵，使他的心变得僵硬、冷硬、死硬。正是这样的一颗心，最后把他自己推进了人生的死胡同。

其三，小童鞋。

在网上这张照片里，他坐着，她也坐着，不过，他坐的是有扶手的高背椅；她坐的呢，是矮矮的小木凳，背上还沉沉地睡着一个婴儿。他是个小男孩，她呢，是名少妇。他穿着光鲜的鞋子，她脚着简朴的布鞋。他低头看自己的鞋子，她俯首看他的鞋子。他神气活现，她卑微内敛。

她和他，素不相识。

她是擦鞋妇，他呢，是让妈妈领着来的。他那衣饰亮丽的妈妈，正满脸含笑地站在他身边。

年纪小小的他，扬扬得意地坐在椅子上，把脚大模大样地伸出来，让年纪比他大了好几倍的擦鞋阿姨为他做清洁工作。

饭来张口，衣来伸手；鞋子脏了嘛，就伸脚。

一切的一切，都理所当然顺理成章有人打点有人代做。

在物质上给了他优渥生活的妈妈，在精神上没有给他优质的锻炼，更没有给他一颗体恤他人的心。

照片旁边，有一行"触目惊心"的文字：

"这张照片最大的现实意义不在于它揭示了社会巨大的贫富反差，更让人揪心的还在于：当这两个孩子长大之后，我们又该用什么来保证他们所代表的两个阶层和睦相处？"

太了了

□ 英豪子

明人钱彦林说："日之明过于月，然月有韵而日不韵。乃知太了了处，其韵不无少减。"此语大有味。

太聪明之人，太精明之人，往往让人难以亲近。话说得太淋漓，理讲得太洋洋洒洒，那文章反而不好看，缺少蕴藉之美。古人还有一句话："小时了了，大未必佳。"一样有味。

有目标的人在奔跑，没目标的人在流浪

在星空里迷路

□ 七 微

意识到我们迷了路的时候，天色已经彻底暗下来。车子往前慢慢移动，小道两旁除了高高的丛林还是丛林。在暗夜里，树梢与叶子之间的秘密，全幻化成心底各种各样的诡异臆想。

原始森林里没有路灯，唯有车灯照耀出一束光芒。前方目的地我们一无所知，手机信号从进森林就消失了。车上有五个人，还有水与食物，因此我与同伴都没有感到焦虑，抱着"既来之，则安之"的轻松心态，继续天南海北地聊。但我们的司机渐渐显露出不安来。他隔一会儿就点燃一支烟，焦虑与紧张呼之欲出，还带着浓浓的自责感。

司机姓包，蒙古族人，三十多岁，微胖。他不怎么爱讲话，但言谈间句句都带着实诚。他一上来就跟我们讲自己不认识汉字。我们走的是呼伦贝尔北线，他并不是第一次接待游客，沿途大多路牌也都标有蒙古文，这倒是没什么大碍。

不过也有闹出笑话的时候，有一天我们在一家餐馆吃饭，爱上网的包师傅一进店就迫不及待去连Wi-Fi（无线网络）。他站在一张海报前输了半天密码都没成功，就喊我过去帮忙。我一看，忍不住乐了，原来那张海报上的一串数字是报警电话。他自己也哈哈大笑起来。

不识汉字的包师傅会唱苍凉的蒙古语歌，那是草原汉子的柔情与豪情。他教我们吃手把肉，用蒙古弯刀切下大大的一块，以刀当筷，直接入口。

蒙古人天生的习性，大口吃肉，大口喝酒，但他的酒量很一般。

第一次一起喝酒是在额尔古纳河边的小镇。

那晚非常冷，我们围在火炉边吃鲜嫩的河鱼，要了几杯米酒。

他喝一杯脸就红得不成样子，他还说喝酒爱脸红的人心善。这个理由真新鲜又深得我心，之后我们喝了一场又一场酒，脸泛红时我就指着他又指指自己，我们善良哪！然后一起大笑。

车子从辽阔的呼伦贝尔大草原呼啸而过，包师傅指着窗外忧心忡忡地说，以前的呼伦贝尔草原绿意盎然，牛羊马吃也吃不完，牧民们根本无须担心它们会饿着。但随着草原旅游开发过度，更令人忧心的是掘金者的到来。一片又一片草原被承包，被挖掘，被开发，牧民们只得赶着牛羊迁徙，去寻找未被开垦的青草地。

可持续性。包师傅说了这样一句话，如果我们只顾眼前的利益，那留给后代的将是一片荒芜的草原，这是我很不愿意看到的。

说自己没什么文化的包师傅，心里其实有着大情怀。这是他对自己热爱并眷恋着的故乡最深的敬意。

我对他的喜欢与尊敬也是从那一刻开始的。

前路茫茫未知，最后我们决定按原路返回出发的城镇。

那时，车子已经在森林里开了几十公里，夜越来越深，气温也越来越低，疲惫袭击着车上的每一个人。

终于，我们看见前方出现温柔的灯火，那是守林人的小屋。包师傅前去问路，我们也跟着下车去透口气。

我深呼吸一口，抬头望天的那一刻，震撼感袭上心头。然后就是惊喜，头顶的夜空有漫天繁星，浩瀚银河。

包师傅，快，抬头看！好美啊，好美，好美。

那一刻，所有的疲惫全消散在寂静的夜色里。

几天后，我们与包师傅在午后的满洲里告别。

他穿过马路，我们站在路的另一边目送他。他走几步，回头跟我们挥挥手。他再走几步，又回头挥挥手。

在静默与微笑中，我们彼此都体会出一种淡淡的离愁来。

我因心心念念的额尔古纳河与大兴安岭金黄色的秋而走了一圈呼伦贝尔北线，绝美的风光如我所期望的一样令我惊喜难忘。

但我记得更深的却是我们与包师傅一路喝过的酒，看过的夕阳，穿越大草原时他的忧心忡忡与期望，以及，在原始森林里迷路那晚，我们仰望的浩瀚星空。

下雨的时候，跑步会比走路淋的雨多。

敢与不敢

□蒋骁飞

有一天,子路问孔子:"您和我,谁比较适合带兵打仗?"孔子指着自己答:"我适合。"子路反问道:"您不是常说我很勇敢吗?"孔子说:"可我不仅勇敢,还勇于不敢呀!"孔子的"勇于不敢",就是人心中要有所敬畏,敬畏良心、敬畏天理、敬畏法度,不可越线。

南北朝时期,北齐有段时间由奸臣和士开独揽朝政。此人沉迷于声色犬马,众官员便投其所好,趁机为自己的子弟们谋求一官半职。在这样的风气之下,使得许多无才无德的官宦子弟得以在京城当官。但也有一个叫崔劼的大臣例外,他把两个儿子都派往外地任职。崔劼的弟弟愤怒地质问他:"你的两个儿子如此杰出,为何不谋求让他们在中央担任要职,却要派往遥远的外地?"崔劼平静地说:"当今的京城鱼龙混杂,我的两个儿子都是单纯求实之人,我可不敢把他们留在京城,即使留在京城恐怕也难有作为。倒不如让他们离开,到条件不好但很清静的地方施展自己的才华。"

几年后,和士开倒台并被诛杀,那些无才无德的官宦子弟有的被革职,有的被法办。但崔劼的两个儿子由于在外政绩卓著,得到了朝廷的重用。

崔劼"不敢"将儿子留在京城谋求权势,体现了一种坚守本心、本色的处世原则,这种原则看似"糊涂",但得到了最好的回报——两个儿子终得以重用。看来,不敢违背做人原则,是成就人生的大智慧。《道德经》第七十三章曰:"勇于敢则杀,勇于不敢则活。"意思是:一个人无所顾忌,则充满凶险;有所顾忌,则稳妥灵活。

17岁的那场雪

□于 丹

读高中时,我们四中那个文科班共有28个人,刚好14个男生,14个女生,大家关系特别好。毕业的时候,全班同学在一个男生家里聚会,当时有人问什么时候28个人才能再聚齐。我就提了一个绝妙的建议:就在今年的第一场雪,不管大家在哪里,哪怕是旷课,也都得来他家,同学们都表示赞同。

我觉得这个约定很浪漫,我能不约一个具体的日子,约一场雪,可是那一年的雪下得特别晚,到了寒假,雪还没有来,爱好游山玩水的我外出旅行了,没在北京,慢慢地也就把这件事抛在了脑后。

不料就在我出去玩期间,下了一场小雪,我回家以后,妈妈对我说:哎呀,咱们家的电话都被打爆了,你高中的同学都去那个男孩家聚会了。

我立时想了起来,是我错过了,这时候,那个男孩打电话,他说:于丹,你真遗憾,你错过了今年的雪。我说我们现在才17岁,到70岁还有多少场雪,怎么叫错过呢,我很不以为然。

这件事放下了就没人再提,果然后来,我们之间都是三三两两的见面,再一次28个人聚齐是整整4年以后,大家考完研究生又聚到了他家,他家是一个套间,大家在客厅包饺子的时候,他走进里屋,从一大摞日记本里掏出一本子。他对我说:"于丹,我这儿还有你的东西呢!"大家看着我,都不说话。他翻开一页,对我说:"这是你的。"

我接过来一看,空白的一页纸,还皱巴巴脏兮兮的,角上写着一个日期。我问,这是什么啊?这时,大家七嘴八舌地告诉我:在我们约定的17岁的那场雪里,唯独提出这个浪漫约定的人没有出席,怎么能让你不错过这场雪呢?这时他想到了一个主意。那天,他取出日记本,翻开新的一页,写下日期,捧着本子走到了雪地里,雪"哗哗"地落在本子上,等把纸页盖得满满当当之后,他"啪"地合上本子,对其他同学说:"大家看见了,这场雪在这儿,找一个我们大家都在场的时候,把17岁这场雪还给于丹。"

结果,这场雪在4年以后,"还"到了我的手里,那些青春年少的美好,我未曾遗落……

我的第一堂"同理心"之课

□ 陈文茜

十一岁之前,外婆对我疼爱照顾,无微不至,直到她突然生病,住进了医院。

那是某一个傍晚,外婆突然喘不过气来,四阿姨赶紧带着外婆住院。我看着救护车呼啸而去,笛声回鸣,好像准备穿透我的一切,永恒隔着一道分割线。

之后,我又跑又走了约莫三十分钟的路程(在那之前,我出名也可笑地连过街都要大人牵手才敢),经过了十几个红绿灯,穿越了许多不熟悉的街道,不断问路边人:"请问中山医院在哪里?"那是我的第一次"流浪"。我明白一个十一岁的孩子在医院里不能做什么,但是我必须抵达那里……那时外婆正被急救,医生说她可能过不了这一关。

我不是一个节俭的孩子,外婆给多少零用钱我从来只有透支,没有存余。深夜,茫然地回家,口袋里只有五块钱台币,饥肠辘辘,我走到家门口的面摊子,下意识地走进去,点了一碗阳春面。

面摊老板是一个外省退伍老兵,煮得也擀得一手好面;外婆疼爱我,常常带我到面摊子点卤蛋、海带芽、卤猪耳朵,加一碗阳春面。那个深夜,老板看我一个小孩儿走进来只点阳春面,便惯常地问:"卤蛋?"我平静地回答:"不要。"

第二天,中午当然没有人帮我准备便当,正在长大的孩子,到了下课放学,已饥饿难忍。我又走进面摊,问老板:"我可以只要半碗阳春面,付一半的钱吗?"老板想了一下,说:"好。"没多久,他给了我一整碗阳春面,我愣了一下,因为我狐疑他耳朵是否听不清,而且我铁定付不出一碗阳春面的钱。没敢动筷子,我走到正热腾腾煮面的摊子前,拉拉他的手:"老板你搞错了……"

他立即以浓重的四川乡音回答我:"你先吃,我忙,待会儿再说。"我坐下来,还没吃完半碗,老板突然扔了一个卤蛋到我碗里,转身又走了。

我静静地坐在那里,想等他忙得告一段落,再问怎么回事。约莫黄昏五点,客人少了些,他走过来问我:"小女孩,你的外婆呢?"我据实以告。他立即说:"你以后天天来,外婆会好起来,你不要怕,她回来了,我再和她算钱。"

那一夜我的三阿姨从台北赶回来探外婆,我赶紧告诉她我欠面摊老板钱的事,她当晚带着我向面摊老板致谢,并还了钱。面摊老伯伯告诉我,自己十六岁就在田里被抓来当兵,一路打仗逃难,就靠许多不认识的人接济,才能活到今天。"你这女娃儿聪明,好好读书,孝顺外婆。"

十一岁的我没有太多同理心,受到一个孤穷老兵的照顾。我没明白,当他说"好好读书"时,是因为他没有读书的机会;当他嘱咐"好好孝顺外婆"时,是因为他被迫和父母离散,已无孝顺的机会。那"孝顺""叮咛"是遗憾,是另一种想家的表达,是深沉的叹息。

这是我的第一堂"同理心"之课,我不知道他识不识字,上了多少学,我甚至写不出他的全名,但他教导我的"同理心"之课,让我终生难忘。

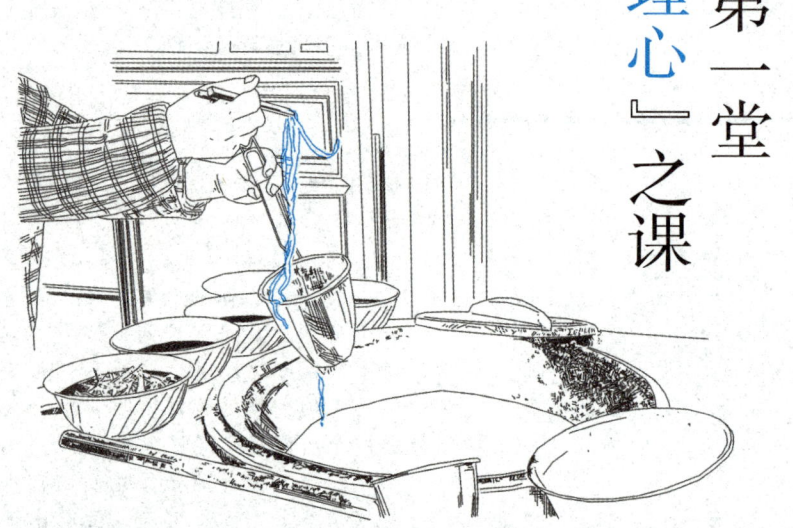

江湖四件事

□ 蔡志忠

父亲书房挂着一张他写的书法:

天下有二难:登天难,求人更难。

有二苦:黄连苦,贫穷更苦。

人间有二薄:春冰薄,人情更薄。

有二险:江湖险,人心更险。

克其难,安其苦,耐其薄,测其险,可以处世矣。

他常说:"人要靠自己,别让自己一生穷困,求人借钱,那就很难堪。"

有人的地方就有江湖,人在江湖要谨记:"求人最难,贫穷最苦,人情最薄,人心最险。"到社会闯荡之前,要先了解自己口袋里的筹码,据实评估我有什么?会什么?想达成什么?如何达成目标?然后才全力以赴地行动。

奶奶们的"爱心木椅"诊所

□李 雷

非洲的津巴布韦，因为长年的贫穷、混乱和广泛流传的艾滋病，导致30%的人患上了心理疾病。但整个国家却只有10名心理医生，所以心理治疗的资源非常有限。能够得到完善的心理治疗的非富即贵，而对于那些深受抑郁焦虑折磨的广大普通群众来说，却得不到任何治疗。

然而这一状况在2006年得到了转机，事情是这样的。

有一个叫狄克森的心理医生在走访中发现，有很多七八十岁的老奶奶喜欢倾听周围的邻居、朋友和同村人的诉苦，然后安慰他们，并给出自己的意见。虽然奶奶们没有受过完整又专业的心理学训练，或者她们根本就不知道心理学是什么，但因为她们有多年的生活阅历、慈悲的态度和当地的名望，所以帮助很多的人从愁苦的心理状态中得到缓解，甚至解脱。

这和自己所做的专业的心理治疗有异曲同工之妙啊！狄克森突发奇想：是不是教给她们一些专业的心理学理论知识之后，她们就能帮助解决国家心理治疗资源的缺口问题？于是，狄克森医生就把这些老奶奶召集到了一起，在经过短期培训之后，热心的奶奶们纷纷在自家各地的诊所外，放了条长木椅，开始了自己的爱心治疗。

每天，奶奶们坐在长木椅上，微笑着看着过往的行人。当有人在这张木椅上坐下时，这就意味着她（或他）有心中的纠结想要倾诉。

有一天，一个30岁的男人来到奶奶们的身边，还没坐稳，就急切地说："奶奶，我得了艾滋病，是不是快要死了，还有救吗？既然治不好那还不如现在一了百了，反正活着无望。"

"奶奶，我每次一想到家里太穷，有很多个孩子要养，就觉得这个世界真是一点盼头都没有，每晚每晚都失眠。可是，奶奶，我真的不想死。"男子很绝望地说完这一切。

当男子讲述自己的故事时，奶奶们看着他的眼睛，认真地听着他生活中的痛苦，理解他的感受，用女性特有的温柔、恒久的耐心、淳朴的母爱去安抚他，向男子指出其中有哪些是实际的问题，有哪些是被负面情绪扭曲出的虚假问题。

奶奶说，死亡固然可怕，可比死亡更可怕的是死亡带来的恐惧，然而人们真正缺失的是与死亡抗争的勇气。奶奶还说，人人都怕死，我也不例外，嘴上口口声声地说想要去死都是无奈和懦弱的推诿，一心想要逃避这个无法面对、不敢接受的现实。既然没有勇气去死，那就应该有勇气去活。没有受不了的罪，只有享不尽的福。小伙子，我告诉你，目前艾滋病已成为一种可控的慢性病，一般是可以用药物来控制的。

从2006年到2016年，越来越多的民众愿意来到小诊所外的木椅上，找奶奶们说说话、聊聊天、拉拉家常，谈谈自己的烦恼。

最近，美国医疗协会专家经过调查发现，这种低成本的治疗方法确实有着明显的效果。"爱心木椅"和老奶奶们已经成为了津巴布韦心理治疗中不可或缺的一股力量。一天天，一年年，她们坐在长椅上，听着人们的苦恼，治愈着人们的心灵，共同期盼着津巴布韦国家越来越强大，人民越来越安康。

美术课的人生启示

□黄小平

美术课上，老师在黑板上画了一只手，手握成拳状，一根大拇指高高竖起。"这代表什么意思？"老师指着那只画在黑板上的手问。

"称赞别人。"学生们齐声回答。

然后老师沿着那只手继续画下去，画出了一个人。原来，画上的人竖起大拇指，并不是在赞美别人，而是用另一只手在一张画纸上描摹自己那根竖起的大拇指。

画毕，老师说，他画这幅画，就是要告诉学生：任何时候，都不要匆匆下结论；任何时候，都不要片面地看问题，而要看到事物的全貌；任何时候，乞求别人的赞赏，都不如好好地把握自己，因为别人的大拇指永远长在别人的手上。

有目标的人在奔跑，没目标的人在流浪

人与狼的故事

□张蓬云

这是五十多年前的事。当时我们是在宁夏架设高压线，让农村也用上电。我们虽是工人，但因工作需要，编成了半军事组织。

这一天，工程前移，我们的连队也要跟着向前推进。眼瞅着线材都运走一大半了，可天也就要黑了。排长说："小张、小王和秋生，你们仨守着剩余的东西，明天一大早再运。"小张就是我，这样，我与小王、秋生就留下了。

就在我们仨全躺在麦草地铺上时，帐篷外有了点动静，像有人跑过似的。我和小王用手电筒向帐篷外一照，哎呀！我的妈，差点儿吓掉魂儿。就在帐篷外十多米远的地方，站着两只灰蒙蒙的大狼。

说实话，我和小王都20岁，秋生也不到30岁。我们在画报上、小人书上见过狼，现在面对活生生的两只大狼，咋办？秋生比我们大，他说快敲打脸盆，狼怕声响。于是，我们仨使劲儿敲盆。

这办法没有一点儿用，狼慢动作地向帐篷门口走来。我觉得我说话的声已经变调了。狼离帐篷只有六七步了，我忽然听到在帐篷内的两声"狗叫"，我立即有了灵感，莫不是我的"小狗"能助我们一臂之力？我麻利地打开木笼子，只见那"小狗"一下子就蹿了出去，它跑到门外的两只大狼面前，和它们好像相互"拥抱"了一下，然后，一阵风似的消失在夜色里。

第二天，秋生向连长的口头报告传开了，一百多号人全知道"小张养了只狼崽子，让两只大狼找上门来"。连长排长都批评了我，扣发了当月5元钱奖金。

从这以后，连队里谁见了我，都是"你的小狗养得不错啊"，取笑我。其实，我是挺委屈的。那是冬天里，正下雪的时候，我们班收工回来，在小山坡地上，我发现一只"小狗"，它左后腿受了伤，不能走动。眼瞅它冻死？我不忍心，就抱回帐篷，给它上些药，每天喂它。我觉得这"小狗"挺好玩的，可谁知它是小狼呀。

这件事过去有一年，我们的架线工作到了收工之时，工人分批撤回工厂。我们排最后走，要骑50多里山路去县城坐车。

排长说他知道一条近道，山沟路不太好走，但近不少。于是，我们20个人离开乡镇，进入了荒无人烟的土道。就在前不着村后不着店的时候，只见前方一里多远的土道上，飞土扬尘，好像是什么东西迎面而来。排长在前面，他发现情况不对，喊话："快下车，前面是一群狼。左面100米有废弃的窑洞，丢下车子，上！"

20个人，个个惊恐，恨不得两条腿变四条腿。狼群已经到了山坡下，它们上坡的速度显然比我们快。有人哭喊，有人乱叫。

排长回话："快上快上，我来断后。"我刚好拿着把电工锤子，我说："排长，我和你断后。"

秋生说："对，排长，让小张在后面，他跟狼有交情。"

顾不了太多了。有十多只狼已经离我们只有20多米了。

排长抬头看见多数人已到了废弃窑洞，他喊："小张你快上。"

我想上去，可我真的跑不动了。就在这时，一只大狼到了我身旁，它一张嘴就咬住了我的裤脚。我只觉得这次或许就完蛋了。可令人费解的是，这只狼把头在我的裤子上蹭了蹭。此时，我的魂又回来了，我看到在这只狼的左后腿上，还留有一些电工胶布。是我的小狗？我忽然想到。

大狼不再看我，它转身向山坡下跑去，十多只狼也一同随它而去，只留下一阵尘土飞扬。

后来，我在北京上学时，把这段往事说给我的老师听。他说："狼终归是狼，但有的狼比人强。"

香港第一课

□姚秦川

袁庚曾任中国驻印尼总领事馆领事，更被称为中国改革开放的探索者。1978年10月，交通部下属的香港招商局董事会进行改组，已年过花甲的袁庚被任命为副董事长。

当时，香港招商局总部所用的干诺道15号楼，随着时代的变迁，早已不能适应发展的需求。

到达香港后，袁庚选中了干诺道上一幢24层的商业大厦。由于这幢楼处于黄金地带，售楼老板将售价标至6500万港币。经过连续几天的谈判，最终，袁庚将价格压到6180万港币，对方勉强同意了。

看到谈判成功，袁庚心里很是高兴，

什么路都可以走，唯独绝路不能走；什么路都可以选择，唯独歧途不能选择。

中国演艺圈为何罕见学霸级明星

□ 猫儿

帅能当饭吃吗？在现在中国的演艺圈，可以！不信，瞧瞧，颜值明星们的一张自拍、一个段子就足以让万千粉丝为之狂热，人气的高涨容易遮盖明星演技的不足、专业能力的缺失。

中国极少有像娜塔莉·波特曼、艾玛·沃特森、"抖森"这样的学霸明星，他们有的甘愿放弃眼前大红大紫的机会，孜孜不倦地行走在求学路上。

中国为何少有学霸级明星？艺术教育中学识素养的缺失是无法回避的事实。欧美明星多学霸，跟他们的社会文化发展有密切的关系。

英国演员很少有颜值特别高的，但英国悠久的文学传统、戏剧传统和过硬的表演素质，造就了英国演员一种独特的气质。

"抖森"从著名的伊顿公学毕业后，进入剑桥大学学习古典文学，在取得双优学位后，爱上戏剧表演的他，又进入大名鼎鼎的英国皇家表演艺术学院深造，先后出演莎士比亚作品《辛白林》《奥赛罗》《科里奥兰纳斯》的经历，使"抖森"在银幕上的表演收放自如，对人物内心的揣摩更为精准。

除了对戏剧共同的热爱，英国有不少演员都出自牛津、剑桥。憨豆先生是牛津大学硕士；休·格兰特毕业于牛津大学文学系。

与中国大学戏剧专业和表演专业分开的情况不同，在英国大学里两者是同一个专业，而且大多数英国学校的戏剧表演本科专业，要求学生额外学习一门语言或语言文学。通过对语言、文化、历史、文学、艺术、写作等多维度的学习，达到对表演艺术的理解和实践。

上海戏剧学院表演系副主任何雁曾在南加州大学观赏一次音乐剧演出，感到很震撼："非常专业，但竟然是选修课！舞台上只有一个学生是表演系的，其他学生学科背景五花八门。"

这也是好莱坞学霸明星们艺术生命更长的原因之一，他们知识渊博，理解角色更透彻，思维异常活跃，具备拓展表演的各种可能性。何雁坦言："从演员的知识结构来说，中国真的没有梅丽尔·斯特里普。"奥斯卡影后"梅姨"以雄厚的演技实力傲视当代，毕业于纽约瓦萨学院、主修戏剧的她，在耶鲁大学取得了戏剧硕士学位，而这张厚实的履历表在好莱坞并不罕见。

艾玛·沃特森这位一向好学的"赫敏"姑娘曾被剑桥大学圣三一学院、牛津大学和布朗大学同时录取，从布朗大学毕业后，担任联合国的亲善大使，现在宣布息影一年，她解释道："我将利用这一年的时间集中精力做我的个人提升。"娜塔莉·波特曼在哈佛大学2015年的毕业典礼上作为杰出校友代表演讲，这位年轻的奥斯卡奖得主是哈佛大学心理学学士。她在演讲中表示，进入哈佛学习最大的意义在于，"我可以决定我自己的价值，而不是让票房或名声来决定"。

当然，学历并不是检验一个演员是否卓越的标准，关键在于学历背后所代表的对文化素养、学识的渴求。

香港导演吴思远曾说："无作品不成美人。"演员长得再美艳、英俊，如果没有令人印象深刻的作品，终究称不上是一个好演员。何雁也说，好演员拼的是"自我修养"意识，在中国又有多少人敢像莱昂纳多·迪卡普里奥那样不断突破自己呢？

他提出请对方吃个午饭，大家共同庆贺一番。然而，不管他怎么说，对方就是不愿意去。不仅如此，卖楼的老板还坚决要求在当天下午两点以前，到律师楼将卖楼的所有手续办完。无奈之下，他只好听从了对方的"安排"。

等到办完一切手续之后，卖楼的老板才道出了实情：原来，卖楼当天恰好是星期五，此时，香港已经实行双休日。在每周五下午3点前，各家银行都停止营业。如果下午3点钟之前不把支票交到卖楼老板的账户上，那么，他们就要白白损失掉3天的活期利息。当时的月浮动利率是1.4%，这样算下来，3天的利息就有数万港币。

听了老板掏心窝子的话后，袁庚不由得感叹香港人在对待时间上的严谨：如果浪费时间的话，你的时间将会毫无价值。从那以后，袁庚把这次买楼所受的教育，称为"香港第一课"。

有目标的人在奔跑，没目标的人在流浪

单恋 可能是上天给你的厚礼

□李月亮

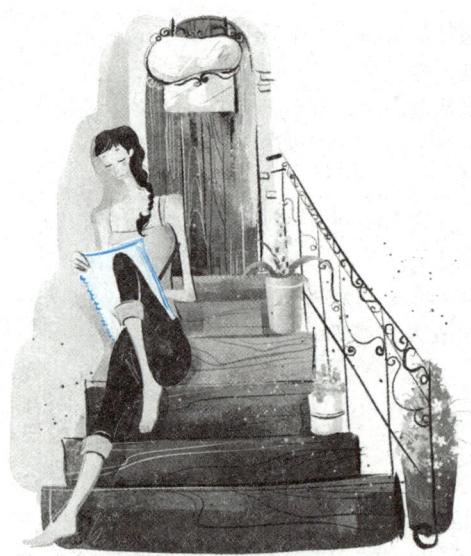

去北京出差，表妹请我吃法国餐。这姑娘出落得超乎我的想象，衣着打扮、举手投足都透着优雅的贵气。此前我只知道她在北京做同声传译，收入相当可观。

我邀功："要不是姐当年逼你学英语，你能有今天啊。"她笑："不能说没有你的功劳，但更大的功劳是另一个人的。"原来表妹上高中时，有个特棒的英语老师。这个棒，包含很多层面：有才华，有魅力，有爱心，当然，是个男的。

表妹说，当时迷他迷得不可救药，为了得到他的赏识，玩命学英语，深夜十二点还在背单词，早上五点又起来练口语，上学放学路上永远都听着英语练习听力。

而这位老师也挺赏脸的，对她尤其好，经常把自己私藏的英文书给她看，表妹为了看懂那些书，把英语词典都翻烂了。这直接导致她的英语成绩一直保持年级第一，省里市里的英语竞赛，没一次不拿奖的。有一次她在电视大赛上拿了冠军，回来后老师发了条短信给她，说："为你感到光荣。"表妹说，这六个字仿若神谕，让她以后每每遇到挫折都会想起，并靠着它勇敢闯关，比打鸡血还管用。

表妹说，直到今天，她依然保持着每取得好成绩就向老师汇报的习惯。他的鼓励和赞扬总能让她特有成就感。这几年里，她也谈恋爱，见家长，谈婚论嫁，但那位老师始终沉淀在她心里，像一个不可动摇的偶像，给她向上的动力。

这大概是爱情最正面的力量。它超越了像雾像雨又像风的美感，也不是干柴烈火电光石火般的剧烈燃烧，它是一种能量的激发，是一个奇异的武器，能让一个平常的姑娘有如神助所向披靡，在前进的路上不疲倦，不退缩，不畏惧。柏拉图说，每个人本来都是男女合体的完整的人，到了这世界后分裂为二，所以人们总要找回自己的"另一半"。但不知是不是造化弄人，通常我们找啊找，满世界也寻不到那个要找的人。有些人好不容易找到了，却发现这种吻合是单向的：他是你的另一半，而你却不是他的。

所以，我们常常不自觉地陷入一场悲伤的追逐游戏。对着那个让你欲爱不能又欲罢不能的人，体味深爱而不得的苦。这份苦是一把能量巨大的双刃剑，它可以让你颓废，让你悲观，也可以让你勇敢，让你昂扬，让你迸发出惊人的力量。

其实能在生命里遇到深爱的人，已经是一种莫大的幸运，就算最终没得到，那个人也是你的珍宝，是他的存在，让你渴望发出更璀璨的光，让你忍得下辛苦，扛得起压力，耐得住寂寞，于是在一番心甘情愿的打磨之后，你成就了更优秀的自己。

这是上天通过那个人和那份看似毫无意义的爱情给你的最好的礼物。

谋生之道

□黄佟佟

发型师的发廊开在一家高级酒店里，但他收费并不高，我一直担心他赚不到钱。有一天早上我去得很早，却发现他的发廊挤满了人。我说："原来你的生意这么好啊。"他笑着说："也是一时的，今天恰好发型师都回来了。"我惊异道："什么叫发型师都回来了，他们不都是你雇的吗？"

他笑着说："没有，我只雇了几个洗头阿姨。我们发廊的发型师跟我不是主雇关系，我们是按日结算的。我的发型师都是自带客源的老发型师，他们性喜自由，觉得开店太麻烦，一周只想工作一两天。在特定的时间，他们会带各自的客人来我这里剪，我给他们提供一流的环境、敬业的洗头阿姨，还有合理的收入——他们拿大头。他们觉得这样更划算，而我既不需要养那么多发型师，也不需要花重金去装修发廊。装修一家发廊至少得50万，我花三五万已经足够。酒店本身也需要有自己的发廊，以便给客人提供服务，所以他们收的租金就很便宜。我不需要带团队，也不需要给发型师开会，整顿纪律，大家各自维护好自己的客源才有饭吃，我们合作得很好。"

我大惊："你简直可以去MBA（工商管理硕士）授课啊。"

他笑嘻嘻地说："人就应该学会逆向思维。如果一件事约定俗成可以分为10个步骤，那么不妨倒推，看要达到这个目的，是不是可以省略中间的步骤。你看我，一年有好几个月在外面旅行，哪一家发廊的老板像我这么逍遥。"

德国："见死不救"也犯法

□张君燕

卡斯特罗来自西班牙的马拉加，2016年夏天，卡斯特罗和几名同学来到德国西部北莱茵-威斯特法伦州的埃森大学读书。

一个周末，卡斯特罗和几名同学到郊外的山上游玩。由于刚来不久，周围相对陌生的环境让他们在不适的同时，也感受到了更多的新奇和好玩。天色将晚，卡斯特罗和同学们下山准备回家，路过一段较为陡峭的山坡时，隐约听到山坡下面有呼救的声音传来。

"好像有人掉下去了。"卡斯特罗聆听片刻后说。"怎么办？我们去救他吗？"一个同学问。卡斯特罗迟疑道："怎么救？我们不熟悉这里的地况，而且天也黑了，搞不好我们自己也会摔下去。"

听了卡斯特罗的话，同学们打算离开。这时，有同学说："要不，我们打电话报警吧，让警察来救人。""可是，万一那个人说是我们害得他掉了下去呢？那我们岂不是自找麻烦？"卡斯特罗顾虑重重。最后，为了避免不必要的麻烦，卡斯特罗和同学们离开了。

可是没想到，几天后，警察却找到了他们，要对他们进行拘捕。"我想，你们是搞错了，我们什么都没有做啊！"卡斯特罗大声申辩。带头的一名警察说："是的，正是因为你们面对别人危难的状况，什么都没有做，所以你们违法了。"

原来，在德国，"见死不救"是违法的。那天，掉下山坡的求助者被后来路过的人救起，而他根据卡斯特罗与同学们之间的谈话，掌握了他们的信息，并向警方举报了他们见死不救的行为。

在西方的很多国家，有一条关于见义勇为的免责法律：《好撒玛利亚人法》。《好撒玛利亚人法》来源于《圣经·路加福音》中的一个寓言故事，旨在提倡民众见义勇为，并合理保障施救者的权益。这条法则在这些国家的法律条款中都有体现，在美国和加拿大，如果你想救助路边的伤者，却担心自己技术不行造成伤亡，《好撒玛利亚人法》可以免除你的连带责任。但要是不想救，也没人逼你。在意大利、西班牙、法国等国家，《好撒玛利亚人法》规定，你有义务帮助遭遇困难的人，当然如果你觉得这事儿无法胜任，或者会对自己造成损害，也可以不救。

但在德国，如果见死不救，受到的就不仅是社会谴责和舆论唾弃了，而是有明确的法律规定，"故意无视他人需要协助的情景，是违法行为。如果之后伤者性命受严重威胁，最高可判一年"。也就是说，如果你看到需要帮助的人，就必须尽全力帮助，如果视而不见，那就是犯法了。不过，这种强硬的制度背后，也有强大的支撑：因为救助他人而造成救助者受伤或损失，法定事故保险都可以全部赔偿。所幸，那个掉下山坡的救助者并无大碍，卡斯特罗和同学们仅仅被教育了一番就放了出来，否则他们恐怕真的要坐牢了。

看到别人遇见危险，到底是救还是不救？也许每个人都有自己的判断和自由。而德国的这条法律虽然太过强制，似乎有点儿蛮不讲理，但在这条法律之后强大的法定事故保险支撑，也许比所谓的道德约束和舆论谴责更有用，也更值得我们反思和借鉴。

要回来的礼物

□张亚凌

朋友给我说了两件私密往事，都与礼物有关。

跟第一个男友分手时，男友拒绝收回曾送给她的昂贵礼物，镶有钻石的金项链、金戒指、金耳坠等。理由很简单：这是送给曾深爱我、我也曾深爱的那个你，与今天的你无关。你没有权利随意处理，我也无法从你手里收回。

跟第二个男友分开时，不等她开口，男友就坦言要回自己所赠送的礼物。理由很直接：既然爱情都不在了，就得连根拔去不留痕迹，以免影响你奔向新生活。

朋友最终选择了跟第一个男友复合。

朋友感慨道："人都说我拜金，因为第一个男友的经济条件比第二个男友好得多。我要是真的拜金，会主动跟第一个男友分开，而去牵第二个男友的手？"

——不是金钱击败了爱情，是心胸包容了受伤的爱情。

你耗费的心血尚不足以填满垃圾桶

□ 王 路

周末去逛国家博物馆，刚进馆时，看见一个约莫70岁的老头儿坐在明清展厅的地上抄东西，旁边还放了一根拐杖。我们从早上逛到下午闭馆，中间还去咖啡座喝了两小时茶，逛完路过明清展厅时，发现他还在抄。我忍不住好奇，凑过去看了一眼，他手里捧着一个又旧又厚的笔记本，一行行抄着每件展品的解说词。我看时，他正抄到这一段："《西游记》，作者吴承恩，成书于16世纪中叶，主要描写了唐僧、孙悟空、猪八戒、沙悟净师徒四人去西天取经，历经九九八十一难的故事……"抄写得很认真、很工整，但字写得一般。

我问他："大爷，您抄这个干啥呢？"他笑呵呵地说："小伙子，你们年轻人都不稀罕这些文化经典啦，我跟你讲，这些可都是好东西。我把它们整理出来，就是伟大的文化遗产。""那您抄了多久了？""三年多啦，一有空就来抄，再过几个月就抄完了。到时候拿去出版，你说价值该有多大？"我很想对他说可以先用相机拍下来，回头再慢慢整理，不过看到他专注怡然的表情，我还是忍住了，说了声"挺好的"就转身走了。

我刚要出博物馆时突然停下来，回头去展厅前售书的地方，售书员正要收摊，我拦住，问有没有介绍展品的书，她指给我，我打开发现书里每件展品都有详细介绍，还配有精美的图片，铜版纸印刷。我放下书，感到一阵怅然。我不知道是怜悯还是心疼，做过类似事情的人多着呢。

刚上初中三年级时，我一心想考出好成绩，理科不在话下，对文科却毫无把握，于是我决定把政治、历史、地理课本整个背下来，不管是大字还是小字。我以为这样就能暴力破解。我花费了十倍的功夫背下来了，虽然磕磕巴巴。但期中考试时，我只考了第七名，第一名是我同桌，他从来不好好学习。更令我难堪的是，一道20分的论述题我答得和书上的原话几乎一样，只得了14分；他不会背，随便扯了几句，老师却给了19分。我当时不理解，觉得吃了亏。多年后再想，觉得吃不吃亏先不论，只论把课本上的大字小字都背下来这一点，就已经傻得可以了。

大学同学林远比我倒霉。我们班人少，大家不喜欢听课，就拜托林把笔记做得详尽一些。他每次上课都坐在第一排，笔记抄得工工整整。期末考试前，每个同学把林的笔记复印了一份，那份笔记还流传到了外班，成为几年来那门课最经典的笔记版本。考场上，授课老师亲自监考，他说："你们答题要简明扼要，我不喜欢废话太多，不要啰唆，答出要点就可以。"林以满满的勇气第一个交卷，大概是希望得到老师嘉许。他交卷时我才答了一半，我惊讶地望了望讲台，发现老师黑着脸。林走出教室不久，老师打断考试的同学说："大家答题不要太干瘪，你们平时不来上课就算了，最起码考试时应该认真点儿，我会尽量让每个同学都过，但如果你自己不想过，那我也没办法。"结果是这门课一百多名学生中只挂了一个，就是林。

后来和林聊起此事，他说他非常喜欢这位老师，赶在第一个交卷就是为了向老师证明他专业课学得比别人都好，让老师记住他，但实在没想到老师竟以为他的态度有问题。他本来打算报考那位老师的研究生，但经此一事，感觉自己再无颜面报考，只好换了别人。

我准备考研时，一天在自习室，林看见我把考试大纲上的问题和答案解析一页页往纸上抄，笔记堆了一尺高。林摇摇头，对我说抄这些没有意义。我惊讶于他从什么时候开始变得通达了。我何尝不知道抄这些收效甚微，但我那时已是第二次考研，没有工作，已经毕业还在花家里的钱，没有理由挑三拣四，哪怕只有0.1%的可能性提高成绩也得去做。后来我考上了，但我明白，能够考上和我抄了一尺高的笔记其实没有多大联系。那些笔记如果留着，效果就是唬人，让失败的人有个理由安慰自己——看，人家抄了一尺高的笔记才考上。我想幸好我没有挂第二次，不然人家会说，你看这家伙抄了一尺高的笔记还没考上，真是笨得可以。所以，看到那个老头儿在国家博物馆展厅里奋笔疾书，我就想起了自己，曾经的我跟他是何其相似。

我考完研就把一尺高的笔记丢到楼道的垃圾桶里了，没有刻意烧掉或撕碎，因为我并不恨那些笔记，也不后悔自己花掉的时间和精力。人生中必然该有此一遭，过了丢掉就是了。那些笔记算起来有将近一百万字吧。站在垃圾桶旁我有点儿郁闷，不是郁闷自己大半年的心血都用来制造垃圾了，而是郁闷这些垃圾还不够把一个小小的垃圾桶填满。

不过，这又有什么值得难过的呢？明白就好了。

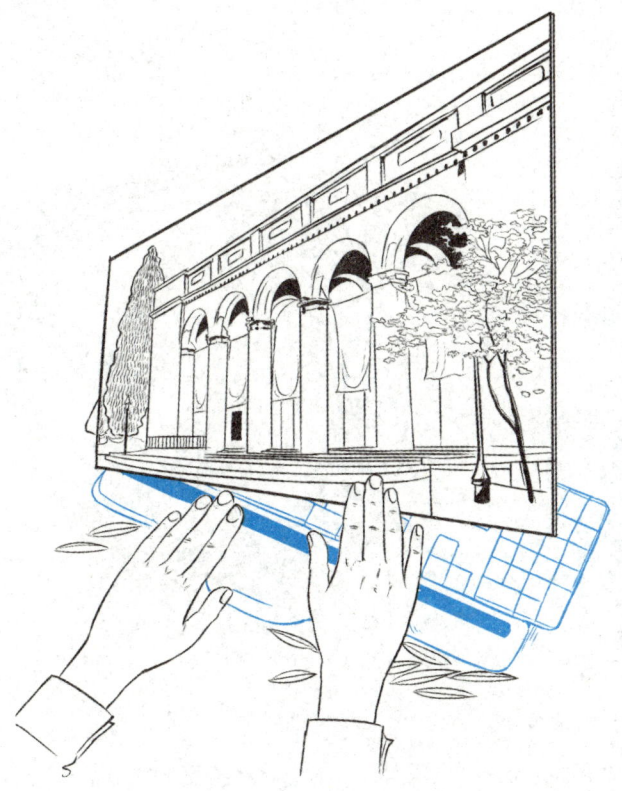

为什么"富二代"不愿接班

□陈雪频

几年前,我和几个二代企业家一起发起了一个协会,主要成员都是二代企业家。从协会成立之初,我们就知道"富二代"这个词在很多人看来形象不是太好,因此小心翼翼地规避着这个标签,自称为"二代企业家"。

这个群体并不神秘,和普通人家的孩子相比,无非是父辈的钱多一点儿,名气大一点儿,但他们自身的经历和大多数人也差不多。

他们出生时父辈还在艰苦创业,因此说不上"含着金汤匙"出生,他们的童年和大多数人差不多。到了少年时代,二代们和一般人家孩子的区别才开始凸显,他们大都在高中或者大学时期就去国外留学。少年留学的经历对他们影响很大,其中一个就是:他们大都不愿意接班。

这点可能出乎很多父母的意料。当初,父母送他们去国外读书,无非是希望他们能够增长见识,以便回来继承家业。这些孩子大都是独生子女,因此无论是父母还是子女,他们似乎都"别无选择"——父母只能把企业留给孩子,孩子则只能接父母的班。这种"别无选择",让中国的家族企业传承缺乏弹性。不像国外很多家族企业人丁兴旺,老大不行还有老二,老二不行还有老三。

二代的父辈大多是草根创业,从事的行业也大都是制造业,但现在中国制造业的利润率越来越低。而且,这些企业家大都是威权型领导,在公司里说一不二,这些企业里也都有一群元老,他们看着这些"小屁孩"们慢慢长大。在这样的企业氛围下,二代们要去接班的压力可谓非常大。我就常听说有二代在还没正式接班就要搞"戊戌变法",推动企业变革,结果那些老臣嘴上不说什么,背后却有一副看笑话的心理,弄得父辈不得不出面,把自己的孩子教训一顿。

由于成长环境和教育背景差别很大,导致很多二代的思想观念和父辈差异甚大,父辈往往强调的是机会导向,非常善于搞政府关系,但这些二代一方面年轻,另一方面在国外待过太长时间,对市场经济规则更加熟悉,对于政府关系有一种天然的疏离感。他们有时候看不懂(有时候则是看不上)父辈的经营模式,这导致他们对继承家族企业缺乏兴趣。相较而言,他们更喜欢去做一些投资的事情,或者干脆自己去创业。这样不仅有更大的发挥空间,也能更好地历练他们的能力。

很多二代还有这样的想法:自己在外面先闯闯,权当是为家族企业的发展蹚一条新路出来。做得好,就名正言顺地把父辈的企业接过来,这样比在家族企业内部从一个总裁助理起步要有说服力得多,而且对于自己的成长也更加有利。

不过,这是一种理想状况,大多数二代做不到这一点。因为他们的父辈都是草根创业,努力工作已经成了他们的生活习惯,哪怕已经60岁了,还会认为自己可以再干30年。李嘉诚就是他们的榜样,都快90岁了,还工作在一线。父辈们习惯了这种生活方式,让他们提前退休会害了他们,因为他们会觉得自己没有太大价值了。也因为这个缘故,虽然父辈们也知道家族传承很重要,却总认为自己离这一天还远得很,因此很难系统地去建立家族传承计划。

以上种种原因导致了一代和二代之间的冲突感。我就听过很多父子关系紧张的故事,其中有很多二代觉得很憋屈,因为哪怕他们"三十而立"了,在父亲眼中依然是孩子。父辈们还习惯用看孩子的眼光去看待他们,并不断向他们传达"我这一切都是为你好,你现在还不懂"这样的老生常谈。这种说话方式显然很难让子女信服,因为二代们的思想成熟度远非上一代所能想象。由于各种观念上的分歧,两代人对企业发展方向也会有不同看法,久而久之,自然导致二代有不愿意接班的倾向。

帕金森鸡毛蒜皮定律

□[英]露西·凯拉韦 偲言 译

前几天，一个在某知名企业工作的熟人给我发邮件，说他忙里偷闲地看了看他们公司的内网，发现了一些怪事。该公司首席执行官发布的有关公司最新业绩的公告，只引来8个人点"赞"，而关于6楼安了一台自动售货机的告示却获"赞"197个。

我觉得这种对比挺有意思，但一点儿都不感到奇怪。我早就发现职场人是多么不可救药地关注小事。一位做了多年主编的同事告诉我，她做过的最不受待见的事情——比炒人家鱿鱼更引得怨声载道——就是取消了周四一早给每个编辑团队派送的免费咖啡和饼干。

人们对咖啡比对公司的盈利状况更上心，这不仅发生在我这位朋友所在的公司。假如有人试着做个测试：问问你的任何一名同事，公司去年赚了多少钱？我敢说他们一点儿概念都没有。

我拿这个问题问我见过的每个人。他们大部分惊慌失措得像被突然逮到一样，另一些人瞎猜一通，其他人则耷拉着脑袋，承认自己完全不知道。我发短信问一位朋友这个问题，她过去20年在一家公司里不断升职。她回复："毫无头绪。"唯一能告诉我他的老板赚了多少钱的人，是奖金与之挂钩的。

这没准是"帕金森鸡毛蒜皮定律"的一个例子。该定律认为，我们考虑一件事的时间和这件事的重要性成反比。在对比研究中，一个委员会只用了3分钟就批准了核反应堆的建造，接着却花了45分钟讨论搭建自行车棚的事。结论是：我们总对小事纠缠不休是因为我们懂这些小事，我们回避复杂问题则是因为我们对这些问题摸不着头脑，又怕出丑而不敢发问。

我正这么想着，收到了朋友的另一条短信："……我也不在乎。"

看着这条信息，我突然意识到自己大错特错。她不愿关注自己的老板赚了多少钱并不表示她不懂行、只关心小事或头脑简单。她一直都非常理性。

只要公司运营健康、她的工作无虞，我的朋友就无须知道公司的盈亏状况。

同样，职场人对新的零食贩卖机格外上心，表明他们一点儿都不傻，而且从三个方面讲，还挺聪明。首先，它直接表明了你能吃点啥。其次，它预示着公司不会关门大吉，因为它还在投资非必需品。最后，它反映出一定程度的智能化管理，说明管理团队考虑到了员工的意愿。

这并不表示我们不应尽职尽责和为本职工作感到骄傲。只不过，我们应密切关注那些或多或少对我们晋升还是被解聘产生影响的事，更要好好琢磨我们的顶头上司及身边同事的性情。相反，那些"大事"则不怎么要紧。

另一个问题在于，公司规模越大，业绩越抽象，越难解释。此外，正式沟通必然很枯燥。因此，只要领导试着向员工宣布所谓要紧事，保准会让大家兴致索然。

因此，最高管理层可以从中吸取一些经验。除非你能说明一份全球战略公告和一台自动售货机一样，与员工息息相关，不然就没必要公布它。

做足底面功夫

□莱茵

一家美国公司欲打开日本家具市场，他们生产的家具，比日本家具更豪华、舒适，价格也低，可销售量一直上不去。美国人打算撤出日本市场。一位好心的日本设计师说出原因：你们的家具，为什么底面没有打磨平？

美国人觉得不可思议：难道日本人会钻到桌子底下去欣赏桌子吗？

事实的确如此。日本人买家具时的头一个动作，就是将手放到桌底摸一摸，看看平不平。美国人连桌底都磨不平，他们的家具可能存在许多毛病。

在西方市场，中国瓷器很难打进"精品店"，一般都在廉价商店或地摊上出售。日本瓷器却不同，普通的一只碗可以在豪华商店卖到10美元，而中国景德镇生产的碗只能在唐人街的杂货铺里以1美元的价格出售。

什么原因？日本碗的碗底光滑如玉，中国碗的碗底多数都很粗糙。

有目标，你才能心之所向必及远方

　　这个世界是很美好的呀。但如果你感觉到在浑浑噩噩地生活，当你觉得自己正在受拖延症所累，当你总是被游戏等别的东西分散注意力，忘了去做正事。你是否意识到了自己需要改变？你是否正在尝试改变但却收效甚微？想做好一些事情却束手无策？

　　如果你想成为更好的自己，那么，你需要确立一个目标，给自己一次实现蜕变的机会！

有目标的人在奔跑，没目标的人在流浪

你想成为怎样的人

口 大鹏

小时候老师经常会问："长大后你想成为怎样的人？"当时的标准答案是警察、医生、科学家等。我最初的回答是："和尚。"

和尚在我幼小心灵里的形象实在太高大了，主要是因为电影《少林寺》。

我上小学的时候，经常偷偷去电影院反复看《少林寺》，动作和台词我都记得很清楚。还有一首歌曲更加坚定了我对和尚的崇拜，因为第一

句歌词就是："和尚只在我梦萦。"长大后我才知道，原来唱的不是"和尚"，是"河山"。

所以，我的第一个爱好是武术。那时候有一本杂志叫《武林》，我经常去报刊亭翻看，默默记下里面的招式，然后回家自己练。

我还参加过一个武术班。教练是一个光头，他很厉害。我因为底子好，练得勤快，很快就当上了副班长。

有一天，教练生病，由另外的老师代课。他让我们自由练习，我和一个大个子交手，他打不过我就哭。代课老师觉得是我出手太重，狠狠地批

评了我一顿，这让我这个副班长感到很委屈，一怒之下退出了江湖。

小学的时候，几乎每个同学都选择了一样乐器去学。我爸想让我学二胡，但是二胡老师无情地拒绝了我，他说我的手指太短，学不了二胡。

后来，我就转而学小提琴。

在学校的兴趣班里，有十几名学生，用的都是学校里的小提琴。因为无法在家练习，很快我就只能滥竽充数了。

于是，有一次放学前小提琴老师把我留下，语重心长地对我说："大鹏啊，你不太适合学音乐，以后可以试试去报别的班。"

我一直忍到走出少年宫才哭，回家跟我妈说："我不喜欢学小提琴，以后不要学了。"

那句"你不太适合学音乐"对我的影响很大，我觉得自己适不适合做一件事不应该由别人去评价。但是，你认为我会立刻用实际行动证明他们的评价是错误的吗？

并没有，我很听话地报了绘画班。

学画画的根本原因，是成本比较

低、省钱，而且我也还算有天分，后来还拿过很多次奖——那时候少年宫的内部比赛中，所有的孩子都有奖。

初中的时候我还画过漫画，模仿蔡志忠的画风，自己编剧情，强迫同学们看，看完还要写观后感。

同学们新鲜过一阵之后，都去看原版的蔡志忠漫画了，我失去了动力，也就没再继续这个爱好了。

我最开始对唱歌感兴趣是在小学五年级。

有一次，班级举办大合唱，老师挑我站在最前面。我以为是因为自己唱得最好，后来才知道，是因为我的个子最矮。

我报名参加了全市的小学生歌唱比赛，参赛曲目是《好爸爸坏爸爸》。

比赛当天，老师特地将我打扮了一番，让我穿了一条背带裤。

结果，我上场前摔了一跤，裤子被踩了一脚，有一条背带断掉了，整首歌我都是双手紧紧攥住那条背带唱的，生怕唱着唱着裤子掉了。原本设计的很多舞蹈动作根本没办法做。那次比赛我得了全市第二名，输给了一条裤子。

我还有很多爱好，比如写文章、打篮球、做饭什么的，但不是所有的这些爱好最后都能够成为特长；甚至不是所有的爱好，在一开始就是爱好。

电影《蜘蛛侠》里有一句台词让我印象深刻：

"你是什么样的人，取决于你选择成为什么样的人。"

这里面提到的"选择"，我认为并不全部是主动的，就好像我们读书的学校、我们成长的环境，甚至我们的爱好，也许很多人都是被动做出的选择。

面对这种情况，我会选择让自己接受、适应，然后尝试改变，或者被改变。

有时，顺其自然，平静地面对并热爱当下的生活，机会与成功也许就找上门来了。

我曾经担任某企业的集会讲师,听讲的都是业务员中的精英,邻座的女士便是首屈一指的业务骨干。

坦白说,从外表来看,她是一位相当平凡的大妈,然而她却是一位名副其实的"成功者"。她不仅在完成自己分内的工作时尽职尽责、严谨认真,还常常照顾同事和下属,热心帮助他们。同事们因此都很信赖她,也非常尊敬她。但她没有骄傲自大,始终保持着谦逊有礼的品格。

在一次聊天中,我从她口中听到一段极富深意的话。当时,她的脸上挂着沉稳的笑容,正在诉说自己对工作和生活的想法。

"我的母亲常常对我们说:'一年中只要有三天发生好事,那就是很棒的一年了!'我小时候生活很艰苦,每天都是粗茶淡饭,穿得也很不好,但受母亲的影响,我并没有觉得不公平。正如我母亲所说,上天不会刻意偏袒谁,也不会特别眷顾谁。没有谁的人生是容易的。每个人来到这个世上,就算没有遇到和我一样的困境,也一定会遇到其他我所没遇到的困境;即使那些看上去一帆风顺的富人,也有着他人难以想象的烦恼。

"因此,一年中只要有三天发生了好事,我就觉得自己真是太幸运了,剩下的三百六十二天就算过得再辛苦,也不会计较了。

"能像这样和大家聊天畅想、品尝美食,我觉得非常幸福,甚至有点儿愧对母亲的教诲呢!"

我感动得几乎无言以对。眼前这位优秀的女性和她的母亲对幸与不幸有着独特的见解,看似简单朴素,却又深刻得令人动容。

究竟什么是幸福?怎样才能

没有谁的人生很容易

□[日]卫藤信之
刘小霞 译

获得幸福?近几十年来,这已然成了心理学家、社会学家以及经济学家热衷的课题。然而至今没有人能给出准确的答案,唯一确定的是,幸福不是从天而降的,它源自我们的内在,是我们内心的创造,是"我"的产物。

换句话说,幸福是一种主观感受,这就是为什么在相同的客观条件下,有人活得快乐肆意,有人却终日自怨自艾。

其实,没有谁的人生比谁更艰辛,也没有谁的成长比谁更容易。有阳光的地方,就一定有阴影。那些住着别墅、开着豪车、挥金如土的人,走到哪里都是那么光鲜亮丽,然而夜深人静时,陪伴他们的或许是鲜为人知的孤独与苦涩。从这一点来看,上天是公平的。

弱小而平凡的我们,也许无力改变自己所处的环境,但至少可以拥有一颗积极乐观的心。只有把暂时的困难当作生活的磨炼,才能坦然接受现实,并从最平凡的事物上感受上天的赠予,感恩他人的善意。而当一个人懂得知足与感恩,幸福必将敲门。

那位女士是幸运的,她有一位智慧的母亲,在她幼小的心灵中播下了知足与感恩的种子。这世上,比她地位更高、赚钱更多、成就更大的大有人在,但未必会比她更幸福。她的智慧在于从不足中感受满足,追求幸福时不迷失方向,在看似平淡的事物中寻找喜悦。

取舍的气度

□于丹

《吕氏春秋》讲了一个小故事。有人想买一只世界上最好的狗,邻居就为他选了一只强壮凶猛的猎狗。这个人心想,既然是最好的狗,又花了这么多钱,应该什么都会。他就训练猎狗捉老鼠,却总是办不到。他去求教鉴狗大师。大师告诉他:"这确实是一只难得的好狗。它的猎物是獐、麋、猪、鹿这类野兽,而不是老鼠。如果一定要让它捉老鼠,就把它的后腿拴起来。"这只狗的后腿被拴住,慢慢地,学会了捉老鼠。然而,它再也不是猎狗,无法捕捉野兽。它成了一只猫,还是一只瘸脚的猫。

这就是追求全能的代价。

最好的事业不是贪多求全,四处点火,而是水滴石穿与健康持久。"不在其位,不谋其政"和"在其位,谋其政",说到底,就是不做不重要的大事和去做重要的小事,这是一种取舍面前的气度与格局,体现了自我认识的睿智与深刻。

为何没有成为坏孩子

在《道金斯传》的上部《一个科学家的养成》中,以时间为序,理查德·道金斯自述了其在非洲的童年生活、回到英国后的求学生涯、在牛津大学攻读研究生,以及早期在加州大学伯克利分校任教的情况。

看起来,这并不是一个十分愉快的成长故事。

1941年3月26日,道金斯出生在肯尼亚首都内罗毕。正值"二战",他父亲约翰·道金斯所效命的英王非洲步枪团驻扎在肯尼亚,母亲未获允许却随军而行。

因为父亲频繁更换驻地,道金斯的母亲不得不带着道金斯一路辗转。父亲每到一处新驻地,她便得在新驻地附近寻找住所和工作,工作通常是为雇主打理家务或照看雇主的孩子。生活不定,物质匮乏,父亲身不由己,母亲数次患病,这样的环境,很难说有利于孩子成长。

8岁时,道金斯随父母回到英国,按家族惯例,进入寄宿学校茶芬园读书。在那里,道金斯经历了不少体罚,也目睹过身边的同学遭受校园欺凌。

1954年,道金斯进入奥多中学读书,在中学的最后阶段,他放弃了宗教信仰,成为无神论者。

1959年,道金斯幸运地考入牛津大学贝利奥尔学院。1963年,他继续留在牛津大学读研,师从简·丁伯根,正式开始其学术生涯。

童年生活动荡,迁徙成为常态;幼年与父母分离,在寄宿学校长大;青年时,道金斯甚至在书中隐晦地谈到学校自杀的男教师有恋童倾向……如果这一切最终导致一个人走上歪门邪道,甚至发展出反社会人格,那听起来应该是很符合人的成长经历影响性格发展的心理学分析的。

但是,为什么道金斯能够成长为今天的道金斯,而没有成为一个坏孩子?

给孩子什么才是最珍贵的

通读《道金斯传》,不得不折服于道金斯的幽默、风趣与热情。比如对自己在男校度过整个青春期的苍白,道金斯这样调侃自己:"我对所有的女生都心怀敬畏,连一支笔都不敢跟她们借,那么比借笔更有意思的事情,就更不会发生在我身上了。"

很明显,道金斯的这种性格深受其父母的影响。在艰苦的条件下,道金斯一家始终保持着乐观的心态。

乐观而保有自己的爱好,这是道金斯的父亲在书中给人留下的印象。在道金斯眼里,父亲总是会忙于某一项令他着迷的兴趣爱好。通常情况下,这项活动能充分施展父亲的巧手和发挥父亲的独创精神,这一点很令道金斯钦佩。父亲曾利用废旧金属和麻绳,制作出彩色幻灯片。

道金斯的父亲还非常喜欢记录天气信息,年复一年地在笔记本上记录每天的最低气温和最高气温以及降水量。道金斯发现,家中的宠物狗时常在父亲的雨量测量器中尿尿,但这丝毫不影响父亲继续一丝不苟地做记录。

这种对自然保有热爱与兴趣、对科学充满探索的精神,不仅存在于道金斯的父亲身上,也存在于道金斯的祖父、外祖父及两位叔叔身上,他们均在各自感兴趣的领域有所成就。外祖父撰写的《短波无线通信》从20世纪30年代到20世纪50年代早期,一直是该学科的权威教科书。小时候的道金斯虽看不懂这本书,却深深地为外祖父感到自豪。

书中有一幅插图也非常引人注目,那是爱画画的道金斯的母亲所描绘的家庭生活画面,在这幅名为《我们曾经的交通方式》的画作上,有道金斯的父亲在索马里用过的装甲车,也有道金斯的母亲牵着道金斯大踏步前进的场景,还有道金斯用玩具卡车推着妹妹莎拉的场景。出现在画面里的还有马拉维湖边的沙滩、道金斯的宠物变色龙和婴猴。这样的画面充满对生活的热爱,这份热爱溢出画面,一直流淌在道金斯的生命之河中。

与爱相随的是自由。与今天被迫在各种培训班兜兜转转的孩子们不同,道金斯和他的妹妹享受着充分的自由,可以尝试很多事:到山谷冰凉的溪水中游泳,在家中做化学实验,用各种手法折腾出甜菜根酒、清洁剂或维生素药丸。道金斯的父亲甚至还给了兄妹俩一窝小猪崽,让他们全权负责照料小猪。

爱与自由、乐观与幽默,我想,

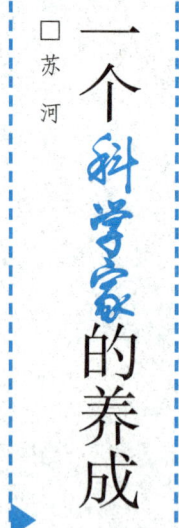

□ 苏河

一个科学家的养成

这才是父母给予孩子的最珍贵的东西，而不是充沛的物质和有距离的"陪伴"——比如，父母在孩子身边，却低着头看手机。

这应该就是道金斯没有变成坏孩子的一个主要原因。

为什么牛津大学是塑造他的地方

道金斯认为，牛津大学是塑造他的地方，而其中对他影响最大的，则是牛津大学和剑桥大学独有的导师制。

在牛津大学的学习生涯中，发生的许多故事都让人感动。比如当道金斯问了辅导老师布鲁奈特博士一个问题，而对方回答不上来时，布鲁奈特会边抽烟斗边沉思道："很有意思的问题，我去问问费奇伯格，回头向你汇报。"

导师向学生"汇报"，这让道金斯感觉自己正式加入了大人的行列，在学术上被认真对待。为此，他兴奋地在家信中向父母提及此事。

在牛津大学读研时，道金斯加入了经济学教授简·丁伯根的团队，这对于他的学术成长是至关重要的一环。在这个团队中，有一位长者迈克·卡伦，深受道金斯爱戴，他甚至不惜在书中完整地收录了他为卡伦所写的悼词。

道金斯在悼词中写道："他本人并没有发表过许多论文，但他在教学和研究中孜孜不倦。他总是匆匆忙忙、披星戴月，而余下的一点儿个人时间也贡献给了研究工作。但这些研究却不是他自己的研究……其实，在那个黄金时代，从贝尔顿路13号（卡伦办公室）发出的数百篇论文，都应该将他列为合著者。而事实上，除了致谢的部分，他的名字从未出现在任何一篇论文中……"

这样一位教育者的形象，对于今天的映照意义是不言而喻的。

养成与走向有着怎样的联系

《道金斯传》的下部是《我的科学生涯》，按主题划分，分别讲述了道金斯在牛津大学执教的39年里，参加学术会议、撰写科普著作、拍摄纪录片、创办西蒙尼公共科普讲座等人生经历。

自传上部中，在家庭、学校等环境因素综合作用下养成的科学家，在自传下部所讲述的辉煌的科学生涯中，选择走向大众，选择面对最广泛的群体来传播科学，这种养成与走向之间，到底有着怎样的联系？

我想，那其实就是一颗科学的种子萌发、生长，最终长成参天大树，又把种子播向四方的过程。

父母和老师在道金斯的心中播下的这颗种子，既饱含对生活的热爱、对自然的好奇，也有着对真理的追求、对新知的接纳。在自传下部的第一章《牛津那些事儿》里，我们可以清晰地看到道金斯的教育观念，尽管他始终在打趣一些陈年往事，但在字里行间，他对教育的看法是相当明确与强硬的。

比如他曾经和同事，就一名牛津大学历史系学生在世界地图上找不到非洲的位置一事展开讨论。同事为这名学生辩护说，也许是因为她上高中时落下了一节地理课。而道金斯认为："如果一个人长到17岁，不能受好奇心的驱使而去了解非洲的位置，必须通过课堂学习才能掌握这个知识点的话，那就意味着这个人早已对世界失去了兴趣，对学习新知是懈怠与抗拒的，这样的学生本就不该被我们学校（指牛津大学）录取，哪所大学都不应该录取这样的学生。"

道金斯常常这样语出惊人，尽管道金斯的建议很少被采纳，但这些貌似戏谑的建议背后，凸显的是道金斯的坚定信念：播种科学的种子和进行科学研究，有着同样重要的价值。

"没用"才是人生珍宝

□蔡康永

我想念的东西，对一般的台湾爸妈来说，似乎有点儿怪。

我想学"舞台剧"。

还好我爸不是"一般的台湾爸妈"。

从小到大，我爸从来没问过我："这有什么用？"

"这有什么用？"几乎是我们这个岛上最受欢迎的一个问题。每个人都好像上好发条的娃娃，你只要拍他的后脑一下，他就理直气壮地问："这有什么用？"

"我想学舞台剧。""这有什么用？""我正在读《追忆似水年华》。""这有什么用？"

"我会弹巴哈了。""这有什么用？"

"我会辨认栋树了。""这有什么用？"

这是我最不习惯回答的问题，因为我没被我爸问过这个问题。

从小，我就眼睁睁看着爸妈做很多"一点儿用也没有"的事情。我爸买回家里一件又一件动不动就摔破的瓷器、水晶；我妈叫裁缝来家里量制一件又一件繁复的旗袍，一桌又一桌吃完就没有的大菜，一圈又一圈推倒又砌好的麻将，从来没有半个人会问："这有什么用？"

"漂不漂亮？""喜不喜欢？""好不好吃？"这些才是整天会被问到的问题。

长大以后，越来越常被别人问："这有什么用？"才忽然领悟，很多人是随着这个问题一起长大的。

我不大确定这是不是值得庆幸的事，一直到反复确认了"人生最重要的东西，其实都没有什么用"时，才觉得自己运气真好。

爱情，光荣，正义，尊严，文明，这些一再在灰暗时刻拯救我、安慰我的力量，对很多人来讲"没有用"，我却坚持相信这才是人生的珍宝，才经得起反复追求。

困住你的只是你自己

□ 落落

1

第一次真切地意识到自己的嗓音特别难听，是上小学三年级时在那个脏兮兮的、狭窄的小操场上。

那是一节体育课，在自由活动时间，我被拉着参与了那个名为"老鼠偷油"的游戏。游戏中大家发出各种各样的尖叫声与笑闹声，我也不例外。

正当我累得气喘吁吁地回到"老鼠窝"时，同班女生小森，忽然像发现新大陆一样说："哎，你笑起来的声音怎么那么像乌鸦叫啊？"

她的话刚说出口，我就飞快地闭上了嘴，再没有发出一点儿声音。在一群同学的注视下，我抿着嘴强装微笑。

当一旁的同学还在发笑时，她又编出一首滑稽的小诗，引发了新一轮震耳欲聋的笑声。

那首诗的内容我早已记不清了，只知道身边的同学都开始起哄，叫那个新鲜出炉的、对我而言如同噩梦般的绰号——乌鸦。

我不记得自己是怎么在一阵哄笑声中离开那个小操场的，只记得我坐在座位上掉眼泪时，没有一个人过来安慰我。因为他们都觉得这只是一个无关紧要的玩笑。

2

可是对我来说，一切却没那么容易过去。

在这场闹剧之前，我曾作为班级的代表去参加市里举办的征文大赛，拿回了大赛唯一的第一名。按照惯例，校长会在星期一的升旗仪式上颁发奖状，并请获奖的同学将自己的作文朗读给全校同学听。

结果到了星期一的早上，班主任跟我说："小森是广播站的播音员，由她来帮你朗读获奖作文好不好？"

我隐约察觉到了什么，却没有想太多，就答应了。

小森上了台，给大家鞠躬，说获奖的同学感冒了，喉咙不舒服，所以由她来代劳。

那篇作文小森朗读得很好，她就

像是天生的演说家，声音圆润清亮，婉转动听。全校师生都鼓起掌来，我也拼命鼓掌。我倔强地认为，他们都是为作文的内容鼓的掌。

我必须承认自己是个敏感而早熟的小孩儿，在小森还没有在大庭广众之下为我"写诗"的时候，站在升旗台下的我已经开始为自己的嗓音隐隐感到不安。

而在这个阴天的午后，在操场上，她忽然开口了。我隐秘的不安和难堪被一寸一寸揭开，平平整整地摊开在所有人的面前。

当我回到教室坐在座位上掉眼泪的时候，后座的女生发现了我的异常，她问我怎么了。

我当时反问她："你知道自尊心是什么吗？"她一脸迷茫地耸了耸肩。

或许对一个普通孩子来说，自尊心是一种让人难以理解的东西。我再也抑制不住自己的失望，趴在课桌上大哭起来。

3

"乌鸦"这个绰号如影随形地跟了我好几年。六年的中学时光，让我学会了保护自己。我会在开怀大笑的时候突然回过神来，变成抿嘴笑，能不说话的时候绝对不抢着出风头，更不用说在外人面前哭泣了。我开始习惯这样的生活，甚至把我不爱凑热闹的行为归结为我本身就是这样的性格。

真正出现转机是在大学，我考到一座遥远的北方城市，我的身边终于都是陌生人。小时候梦寐以求的全新的世界来临，在我早已对这个世界的恶意感到麻木的时候。

在那里，我遇见了一个人。

他叫R，学校社团纳新的时候，我陪同学去广播站参加面试。面试结束之后，我与同学说着话要离开。他忽然叫住我，问起我的一些情况来，之后又问我："你的声音很特别，你要加入我们社团吗？"

我忙摆手："这怎么行呢？我的声音如果出现在广播里，恐怕全校的人都要聋了。"

那一刻，我一定脸红了，脸上还留着尴尬的笑容。

他挠了挠耳朵，笑道："我不是广播站的，我是配音社的社长，被他们叫来帮忙面试新生的。"

说实话，我并没有太在意他的邀请，因为在我的认知里，配音同样看重嗓音的甜美。

可R并未放弃，又问了我同学我们是哪个班的，然后把纳新的宣传单塞到我手里，后面还写着他的电话号码。

"我们拒绝雷同，我们需要个性。"宣传语写得十分俗气，却也十分诱人。

4

后来，我成了配音社的一员，甚至还在一年后的"迎新"晚会上播放的创意宣传片中担任了一个不大不小的现场配音角色，得以和R站在同一舞台上谢幕。

不过这些都是后话了。

记得我刚进配音社的时候，什么专业词语也不懂。社里有很多不同专业的校友，还有许多热爱"二次元"和电影的女孩。她们性格各异，还有人天天穿着萝莉裙在学校逛，从来不在意别人的目光。他们出现在各大论坛，经常自发地为自己喜欢的小说或是电影配制音效，表现出色的成员偶尔还能接到有酬劳的广播剧的活儿。

我开口的时候，他们纷纷表示很惊讶。我个子不高，不爱说话，常给人一种文静的感觉，一开口却是截然不同的声音。用她们的话来说，我就像个"老烟枪"，有一副天然的烟熏嗓。

从开始尝试到喜欢，其间我只花了一个月时间。几个月以后，我试着像其他社员一样，去探究自己的声音，尝试了很多角色——性格暴烈的少女，身体虚弱的老妪，甚至男性角色。后来我越来越自如，可以随时控制自己的声音模仿各种各样的桥段，有时还辅以各种浮夸的表情。

大二那年，我成了社里的骨干，很多人对我小小的身体里爆发出的惊人能量感到惊讶。每到这时，R都会很得意地对他们说："是我慧眼识珠把她挖出来的。"

每次我都会偷看他的神情，总觉得能从他的神情和语气中察觉出一种骄傲。如你所想，我喜欢他，更确切地说，我仰慕他。

我总记得刚进社的时候，我不怎么熟悉配音的操作，压力比较大，于是傍晚常和R在田径场上聊天。也许是我的情绪里透露出特别多的不自信，他忽然问我："你知道《哆啦A梦》里很多男生的角色其实都是女性配音的吗？特别是小夫的配音演员，从小就被大家称为'丑陋的声音'，不过后来她特别棒，真的。"

我当时就蒙了，惊觉他安慰人特别会找点，简直太聪明了。我喜欢聪明又诚恳的男孩，所以默默地喝下了这碗朴实的"鸡汤"。

5

后来R毕业了，他将社团交给了社里一位优秀的学姐。再后来我们就分道扬镳了，联系很少。听闻他似乎毕业不久就结婚了，但我觉得特别坦然，一点儿也不伤心。真的，有的人出现在另一个人的生命里，从来都不是为了和你谈一场轰轰烈烈的恋爱，或是伟大到将你从泥泞中拉出来。

他只是偶然路过的一阵穿堂风，温柔地吹过你躲在门缝处张望的眼睛。你不由自主地走出了小巷子，这才发现外面的世界是那么大，每个人都形色各异，你的那一点点不同简直无足挂齿。

我问过我的小学同学："你们还记得我有个绰号吗？"

一经提醒，他们哈哈大笑："记得啊，你叫'小乌鸦'嘛，现在听起来怪幼稚的，甚至还有点儿可爱。"

再问那首小诗，却没人记得了，我也不记得了。

是啊，绰号也好，小诗也好，年少时因为自尊心受创趴在桌上号啕大哭也罢，当你的目光广阔到不在乎这些从来都无关紧要的事情时，那个被困在小天地里的自己就被解放了。

前两年，记得是在草莓音乐节上，从来没有在人前唱过歌的五十几岁的张曼玉瘦骨伶仃，在大风中飘摇着、吼着摇滚歌词，一副烟熏嗓震惊了所有人。但是就连媒体也不忍心刻薄她。

室友边看新闻边对我说："你也上去唱首歌，肯定能跟她完美和声。"

我说："那可不。"

每次只追一个人
□张君燕

出生于美国密西西比州的史密斯为了挑战自己，报名参加了海军陆战队后备役军官训练班。在训练班结业时，学员们要进行一场"杀人比赛"。规则很简单，以个人为单位，在规定时间内互相躲避和追逐，"杀人"越多成绩越好。

比赛开始后，史密斯很快对躲在大树后的艾伦发起了攻击。艾伦见状，拔腿就跑——史密斯的高战斗力众人皆知。追逐时，史密斯发现了好几个躲在暗处的学员。艾伦本以为他会顺手先"杀"了那些人，没想到史密斯只盯着艾伦不放。最后，史密斯成功"杀"掉了艾伦。艾伦不解地问："很多人与你只有一步之遥，先'杀'了他们比对我穷追不舍省力多了。"史密斯摇头道："我们追逐时消耗了很多体力，而其他人一直在躲藏，以逸待劳，所以继续追你才是最佳选择。"在剩下的比赛中，史密斯每次也只追一名学员，最终取得了优异的成绩。而很多学员不停地改变目标，最终累得精疲力竭，一个也没追上。

史密斯后来进军商界，创立了全球最大的快递企业——美国联邦快递公司。他就是"联邦快递之父"弗雷德·史密斯。他的经验之谈是："一次只定一个目标，心无旁骛地追逐到底，才能成就你的人生。"

有目标的人在奔跑，没目标的人在流浪

记得有一次在高校做活动，台下一个同学说他本科是学经济管理的，临近毕业，父母要他考公务员，女朋友建议他去外企磨炼两年，室友又怂恿他一起创业，趁这两年的创业热，赚足第一桶金。于是他不知道要做什么了。

他很诚恳地征求我的意见，倒让我不好意思起来。我只能问他："那你自己的兴趣是什么呢？"

他犹豫一会儿，回答我："不知道。"

"那你当初怎么会选择这个专业呢？"

"分数达到了。我妈让我填的。"

我被他逗笑了，索性问他："那你这次职业选择，为什么不直接听你妈呢？"

他答得一本正经："因为我觉得，其他人说的也有道理啊。"

全场人哄然大笑。我能感觉到，他是很迫切地想要一个答案——一个关于前途的终极答案。他反复跟我强调，他希望找一个风险较低、回报率较高的选项，换而言之，就是选一个"性价比之王"。

可我很不厚道地想起，《奇葩说》第一季里，清华男生梁植跟高晓松的对话。

梁植上来就做了自我介绍：本科读法律，硕士读金融，博士读新闻。接受了清华10年精英教育的梁植，提出的问题和这个男生如出一辙——毕业后我应该干什么？

他们都希望天降神兵，告诉他们什么是"最正确的"，却不曾问一问自己，什么是"最热爱的"。

其实我挺理解这一类人，他们很早就给自己定了一个功成名就的终点——功是世俗的功，名是大众的名，至于究竟要做成什么，那不重要，事业不过是他们立身扬名的途径。既然只是途径，那不免想寻找捷径，因此才滋生了选择的痛苦。

我问那个男生："你有没有想过，对未来职业的考量，应该更全面一些。往大里说，占用了国家那么多年的教育资源，有没有想过回馈社会；往小里说，选择职业的时候，最该看重的应该是'用户体验'，这项工作是不是你喜欢的，对这个领域你有没有探索欲，如果赚钱成了你上班的唯一动力，那就跟为了繁殖而结婚一样，会把活色生香的人生变成一段段煎熬。"

他用费解的眼神盯了我一会儿，最后缓缓地说："好吧，你们搞文学的跟我们不太一样，我本来还指望你给点现实的建议呢。"

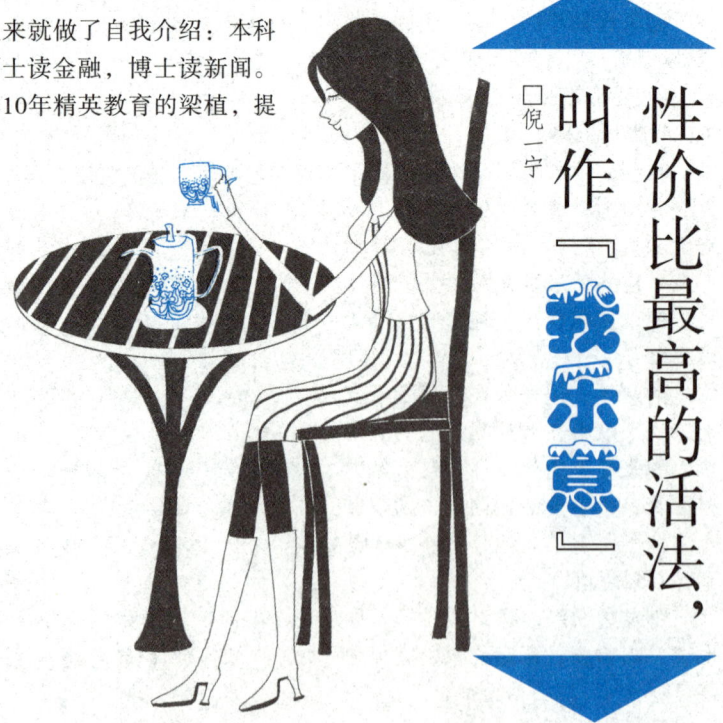

性价比最高的活法，叫作"我乐意"　□倪一宁

我在心里悄悄反驳说，你二十岁出头的时候，就直接投奔了"现实"的阵营，只想要最优解，不想发掘自己究竟热爱什么。选专业的时候你按照家长的意志来选，选职业的时候你按"热门度"来选，将来结婚，或许也会按"贤妻良母指数"来挑选对象。当你有的选的时候，你不停地在按保守键，把自己的人生凝固在一种可能性里。终于有一天你厌倦了，问生活为什么那么乏味，却忘了是你亲手把所有新鲜的、热爱的元素排除在了外面。

既然你当年追求性价比，把所有的不安定因素统统割舍掉，多年后就别再费解，那终究意难平的是什么。

我特别讨厌"性价比"这个词。很多人提到的所谓"性价比"，无非就是赚到的比付出的多，我们把占来的这点小便宜，称之为性价比。

近来最令我动容的，是我高中旧友的故事。他本来西装革履地在金融中心上班，突然有一天告诉我们他辞职了，即将出国去某音乐学院进修。见我们都觉得诧异，他才稍显羞赧地解释：他从两年前就组乐队玩，现在不满足于当爱好了，想把它变成事业。

我们劝他："也不要急着辞职，可以请个长假，至少保留个位置，万一你以后想回来呢。"

他笑得很腼腆，像一个被抓到小辫子的孩子。他说不必啦，他很多次见客户、开项目会的间隙，脑子里都会不由自主地浮现某段旋律，然后脚就开始打拍子。他说，再勉强留在这里，对老板不公平，对他自己也不负责。

"没什么万一的，大不了我一辈子都是个默默无闻的音乐人。但至少我一直跟喜欢的东西在一起。"

他出国前夕，我去看了一场他们乐队的表演。坦白说，以我有限的艺术眼光看，我朋友算不上才华横溢。但看得出来，他比从前快乐，演出结束后跟我们聊排练和演出的故事时，他的眼里有光。

出国后他好像真是个默默无闻的音乐人。但看他偶尔发的照片，咧着

嘴在大笑，神情明亮又顽皮。我想他应该真的很快乐。他以前出去度假，也只会发一张酒店照片加定位，简直像工作汇报。现在他身上任何可以标识身份的配饰都没了，可他好像回到了少年时代，身体里鼓满了热忱。

我们私下还是觉得他亏了。尤其是听说谁又换车的时候，或者谁干脆换了老婆的时候，都会略带嘲笑地讲起他。我们叫他"流落海外的人民艺术家"。

可是我们又都偷偷摸摸地在羡慕他，笑称他是现实中的堂吉诃德。要怎么才算"赚"呢？除了更旖旎的感官享受，有没有一种"赢"，纯粹就是尽了兴？

听来有些不可思议对吗，只执拗地要自己想要的，不理会他人眼里什么是好的。

如果这种堂吉诃德式的对理想生活的追求，就是所谓的"中二病"的话，我希望自己永不痊愈。

人生在某种意义上，总是公平的，一辈子追求性价比的人，很难碰上真正的心动时刻。他们不知道除了"凑合"，还有"惊艳"；除了"划算"，还有"甘愿"；除了"均衡利弊"，还有"赴汤蹈火"。

今天给大家推荐的音乐剧，就是《我，堂吉诃德》。剧中的堂吉诃德，放在现实生活里简直可笑，破衣烂衫，愁容满面，他熟读乃至倒背如流了古往今来的骑士小说，决定行遍天下，匡扶正义。

虽然堂吉诃德被漫画式的笔调描绘成一个可笑的人物，但我仍然很喜欢他。或许是因为他身上过时的骑士精神，或许是那种"我追求我的，你不必理解"的任性和对浪漫理想主义的追求。

他干尽了荒唐事，持长矛和风车搏斗，把满脸雀斑的乡村姑娘当成举世无双的美人来拯救，可是他最可爱的地方在于，当别人奚落他的时候，他能一脸坦荡地说："上天让我生在一个铁的时代，就是要让我召回一个金子的时代，也就是黄金时代。"

他一生没做成什么大事，但我觉得他活得很值。因为性价比最高的活法，其实是"我乐意"。

走出去，让世界找到你

□陶瓷兔子

我曾经跟一位被业界公认为拼命三郎的朋友聊起一个话题：如果你不缺钱，也不缺时间，你最想做什么？

她眼神灼灼："去旅游，或者窝在家里看书练字，最好能开一家花店，或者像《破产姐妹》里的两个女孩一样，自己开一家小小的烘焙店也不错，还可以顺带卖手工首饰，一想起来就觉得人生好丰富。"

说完这话的一年零三个月，她离职，有房有车有商铺，提前过上了退休老干部的生活。

"我从明天起就要开始看书，这周计划第一个自驾游，我要去青海，要是有合适的店铺，我就在那边当老板啦。"

她信誓旦旦说完这句话，被子一拉睡过去，起床一看天已半黑，索性放弃阅读的计划，抱着iPad刷完了刚刚热播完的一部剧。

接下来的每一天，几乎都是这一天的无限重复。

"我又找了一份工作，明天起也要上班了，"到了第四个月，她咬牙切齿地说，"这四个月我哪儿也没去，书也没读字也没练，找店铺的事更是忘得一干二净，唯一的收获，就是长了15斤的体重。"

"我是高估了想象这两个字的力量，以为自己知道想要的是什么，可看来我根本就不了解自己。"她说。

这并不只是一个偶然的个例，想必大多数人都经历过类似的事：上学时是不是每个假期都信心满满给自己计划了各项任务，工作后每年的年度计划12345，却从来没有完成过。

这并不仅仅由于拖延，而是我们根本不清楚自己想要的是什么，所以才没有强劲有力的动力来完成和实现。

对于大多数人来讲，"变得更好"只是一个虚幻的方向，它拥有无数的岔道口，你站在起点，既无法看到每条路的尽头，也不清楚更适合自己的是哪一条。

那么问题来了，你是要一直等下去，还是要一直试下去？

不要拒绝意外，因为意外是让你与世界互相试探的机会，你对什么东西有兴趣，你的天赋在哪里，如何激发自己的潜力，如何找到最适合自己的路，并不是你坐在家里苦思，或者跟前辈们聊天就能获取的真知。

你要走出去，去感知，尝试，体验，才能明白自己跟这个世界的合拍之处在哪里，而这些，不是仅仅凭借坚持"周密计划"就可以达成的结果。

如果你一直等，大概永远也无法意识到自己是什么样的人，如果你只是过河问路的那匹小马，也就永远无法确定适合别人的道路是否适合自己。

没有人能告诉你变得更好，什么才叫最有效的努力。读再多的书，终究纸上得来终觉浅。我们每个人，都是在跟生活的互相试探和碰撞之后才能找到自己。

毫无疑问的是，你得先打开门。迈出脚，世界才能找到你。

做亦舒女郎要花多少钱

□黄佟佟

事实上，我们这一代女性审美有相当一部分是由女作家们奠定的。

琼瑶让我们把长发大眼忧郁清纯的女生奉为人间极品；三毛让我们看到各种叮叮当当的旧镯子旧木头都爱不释手；亦舒则手把手教会了我们都市女郎的生活。

话说师太对于女性的美极为欣赏，她钦点过的美女都是利落且有个性的，比如林青霞，比如施南生，书中对于姑娘们的吃穿用度也都大气，然而她自己……穿着打扮非常飘忽不定，这位神秘低调的香港女作家自20世纪70年代末期以来，就笔耕不辍（60岁写了三百本书），写她的都市言情小说，女主角多半是独立坚强经济迈向自由的中产阶级单身女性。

这当然有时代背景，亦舒开始写作时正值香港二十世纪七八十年代经济起飞时期，许多独立女性投身中环，从事金融外贸工作，成为大公司中高层，亦舒描绘的正是这些白领女性的生活状态，而这些书也让内地20世纪90年代渐渐兴起的内地女性白领们有了借鉴模仿的目标。

《流金岁月》堪称"亦舒女郎"模板，真心佩服杨凡导演的审美，两个姑娘从校园到社会的着装打扮都是经典，现在看来也不过时，玛姬和红姑也是真美，从颜值上保证了"亦舒女郎"这件事。

我的一位师姐，20世纪90年代初就进入了外企，是中国最早一批真正意义上的白领，同期同学拿三四百时，她已月入一千，第一年她攒下四个月工资，买了一只LV（奢侈品牌路易威登），原因是《喜宝》里那个富家小姐出门都用路易·威登，那时人民币汇率低，奢侈品还是真奢侈。

第一代内地女白领没有前辈，所以必须要在亦舒小说里偷师品位——亦舒告诉她们千万不要全身披挂金光灿烂，但也得懂得使用名牌：

女生穿上好的白衬衫配卡其裤，利索又美好；夏天要一身白，质地须是细麻或真丝，冬天要有开司米披肩；香水是午夜飞行，珠宝目标是辜青斯基，不然就简单一对钻石耳钉（3克拉最登样），手表薄薄一只白金伯爵最显品位，当然百达翡丽也能彰显实力；包永远是爱马仕最好，"一只鳄鱼皮手袋最是百搭"……

我和蓝小姐曾认真研究过要置齐一套亦舒女郎的行头需要多少钱。

白衬衫卡其裤，入门款可以买Club Monaco（奢侈品牌摩纳哥俱乐部），1000多元也能买到单品。

亦舒女郎的白衣卡其裤是什么牌子？黄伟文论证过是Club Monaco，但蓝小姐更倾向于是Throey（奢侈品牌希奥睿），一方面是现在Club Monaco已经花到昏厥，一方面是因为Throey更为挺括。

开司米披肩倒是丰俭由人，如果买到Brunello Cucinelli（奢侈品牌布内罗·古奇拉利），大约是小2万；这个牌子大家估计不是太熟，就是《欢乐颂》里面安迪常穿的一个意大利品牌，羊绒做得非常出名，轻软细腻。

香水不计，3克拉以上钻石耳钉（林青霞便装出巡就是戴10克拉裸钻）十来万是一定要的；伯爵的金表20万左右，百达翡丽入门款也要十来万吧。

一入表门深似海，不过如若要买第一只贵表，真的建议大家买简约的钢带，可以戴很久。

铂金包入门款6万多（若一定要鳄鱼皮上百万也不稀奇，维多利亚那只喜马拉雅，呵呵，200多万）。

朋友们，你们知道上次蓝小姐在Celine（奢侈品牌赛琳）专柜看中的中号鳄鱼皮clasp（手袋）竟然也要20万啊，她差点儿在柜姐面前自尽。

一切从简的话，一位亦舒女郎的基本入门行头价应在30多万。

当然，不是一年就要买齐，工作七八年以上的中高层白领置办起来并不是难事，难就难在要保持这种生活水准，白衬衫卡其裤随时想买就买，一年还可添置一只表或者几只包，怎么样年收入在50万以上才可以维系。

但这一切都建立在一个基础之上，那就是不必买房子。

亦舒对房屋内部的要求并不高，地方不必太大，家具不需太多，有书有唱片有温暖的大旧地毯、浴缸、全白家私和巨大的水晶瓶里插硕大白色香花足矣。

这说来简单，但是维护成本极其高，光全白家私就要人命。

向日葵左转，牛粪右转

□李浅子

前段时间，在南京国际马拉松比赛上，5名平时成绩非常优秀的非洲选手因对赛道标识不熟悉，跑错了路线，和冠军失之交臂。赛后，不少网友调侃："这几名非洲兄弟是看南京风景太美，所以来了个玄武湖半日游。"

和马拉松比赛一样，在赛车比赛中，赛车手对路况熟悉与否，对比赛成绩影响很大。因此，比赛前看路、熟悉路况、做好路书，精确地标记出在哪里左转、哪里右转，哪里有弯道，就显得非常重要。

作家韩寒刚做赛车手时，路书通常是这样的：右300米，前方第28棵树左转。可真正进入比赛，韩寒立马傻眼了：每小时一百七八十公里的速度，只见路边的树唰唰唰往后倒成一片，哪里还数得清第28棵树？

这招不灵，韩寒又想出了新的一招：比如，路边有棵向日葵，特别显眼，接着，他又发现了一个独特的标识，一堆牛粪。于是，韩寒在心中默默地念叨：向日葵左转，牛粪右转。可是，第二天比赛，意外还是出现了：向日葵没了，牛粪被铲走了。

人生没有标记，更不能做路书。人生的赛车一旦启动，便无法停下来，而是向着一个无法驾驭的远方，一路狂奔。为了不跑错路，我们不能只依赖路上的标记，关键是记住自己从哪儿来，要到哪儿去。这样，人生就不会走入歧途了。

但她对房子的地头要求高，亦舒迷都知道她迷恋的是："靠山面海有大露台的单身公寓，下班后，进门踢掉高跟鞋子，捧一只水晶杯子对着大海喝克鲁格香槟"，要不然就是"市中心的清幽老宅，门口一棚棚紫藤"。

以这种标准，在香港几乎不可能，半山面海背山有大露台单身公寓，几年前就是七八千万，现在早已过亿，不是巨商或者名伶还当真是住不起。

北京呢，老牌外交公寓七八万一平方米，上海市中心的高级公寓十万起，住得舒服一点儿总得有个七八十平方米吧，七八百万也真不是个小数目，而市中心的清幽老宅，更是高山仰止，随时千万起跳。

在亦舒的时代，从前的香港中产阶级女凭一双手可以住上面海背山有大露台的半山单身公寓，在不生孩子不养家的情况下实现某种程度全面自由，在房价飞涨的现在是真的没有这支歌唱了：

首先，单身限购，卖两套远郊楼盘换一套市中心公寓已是妄想。

其次，这种生活完全与亦舒女郎的生活方式相悖，你总不能穿着你的真丝白衬衣去挤地铁吧。

唯一的办法就是租房。但北京CBD（中央商务区）高级公寓两三万一个月，按外企评估员工住房开销最好占收入的百分之十的标准来看，要过上悠游自如的亦舒女郎生活，年收入不上一两百万简直玩不起这格调。

可是三十岁左右的白领女性大部分还只升到主管，了不起年薪过三十万，租个静安寺月租七八千的高级公寓已经相当吃力了，哪里天天喝得起一千六百块钱一瓶的克鲁格香槟。

如果你还记得《欢乐颂》，安迪口中的这个中档小区好像是月租一万，按现在的社会状况，亦舒女郎确实不是人人能做。

可叹啊可叹，亦舒女郎这种港式独立女性在内地还没成型，就已被内地房价迎头一棒，魂飞魄散，难怪亦舒这几年书里的女主角全在美加混。

确实，这一代华人单身女性靠一双小手过上优裕生活的罗曼蒂克式梦想实现的可能性很低了，那种风范与傲娇，恐怕只能在女作家二十年前的书里瞻仰瞻仰了。

真正的铁饭碗不是体制，而是你的本事

□ 周冲

有人问：大学毕业，我是该在京闯荡，还是回乡进体制？哪一种比较好？

我尊重每一种选择。

但如果你来咨询我的意见，我会告诉你：去大城市，去竞争最激烈的地方，去市场化最普及的地方。因为，那里自由多，机会多。

我在体制内待了多年，深知小地方+体制内，对一个年轻人的束缚有多厉害。

一来是薪水，二来是机会，三来是观念。

当时在县城中学，月薪3000多，永远上不去，也下不来。而教了一生的老教师，薪资也不过翻了一两番而已。

也就是说，你卖力与否，优秀与否，一辈子，都不会有太大的区别。

一生都困在四位数里，却要你用半生的激情、斗志与可能来交换，想想也真是亏得很。

可是，当你走出体制，从市场中拿钱，按劳分配，按价值分配，境遇会有什么不同呢？

以朋友圈的几个友人为例。

A离开体制，做IT（信息产业），薪资是原来的几倍。

B离开体制，做培训班，薪资是原来的十多倍。

C离开体制，做新媒体，薪资是原来的一百倍。

没有一个离开体制的人，是混得比原来差的。

也许有人要说，你举的这些例子，主人公都是很有本事的人，我又没本事，哪里来的机会？

对此，我想说：

1. 没本事在体制内也会混得不好；

2. 在本事均等的情况下，机会当然是大城市比较多。

小地方重人情。大城市重市场。

重视市场，权力的成分就被削弱，裙带关系的权重会被减轻，你会得到最少的控制，最多的自由。

自由，必然带来机会。机会，必然带来资本。资本，又反过来催生自由和机会。

于是，良性循环开始。

在这种地方，你就可以依照契约与规则，创造商品或服务，来赚自己的钱。

同时，自由会带来竞争。它会推着你前行，不断地提高服务，创造更好的商品，回馈给市场。也就是说，它会逼着你成长，而不是纵容你堕落。

但在体制内呢？

一个在事业单位工作了十来年的人说：想想真是吓人，工作半辈子，本事没学到，能力没长进……庸碌辛苦，真没什么太大的意思！

最令人难受的，是体制内盛行的观念。

印象特别深的是，当我工作时，父辈们就一直教我：

要学会做人——逢年过节要给领导送礼，要多请领导吃饭，领导有需求不要拒绝，不要管它合理不合理，不要和同事们起纷争，能避就避，要夹着尾巴做人……

那时我觉得，体制内真是没劲啊！

工作以后，则觉得暮气沉沉，壁垒森严。

那种"领导说了算""想那么多干吗，开心就好""今晚三缺一，你们谁来啊"……得过且过的氛围，会让你慢慢地，也消融在其中，失去进取心。

有人说，清闲的工作，不是刚好可以拿来充电吗？

其实不太可能。在无压力、无竞争、无激励的情况下，你会觉得，不学习是正常的，反正有饭吃；不努力是正常的，反正有钱拿；不思考是正常的，反正有班上……因此，慵懒和落后成了一种必然。

你就这样浪费着时光，一不小心，就到了中年，然后又将这种落后观念，传承给你的孩子。有一回，参加一个酒席，一领导坐首席，以一种不可商量的、"老子就是真理"的口吻说："我女儿马上大学毕业了，说想去深圳，说什么那里机会多。我就说，你要去深圳就别认我这个爹，赶紧回县城来，女孩子跑那么远，搞那么辛苦干什么，就应该待在父母身边，再说了，又不是没饭吃，没房住……"

众人称是。

连道：领导真有远见，领导真有大智慧……

有时候很庆幸，我只花了几年时间，就摆脱了这种陈腐观念，坚决地

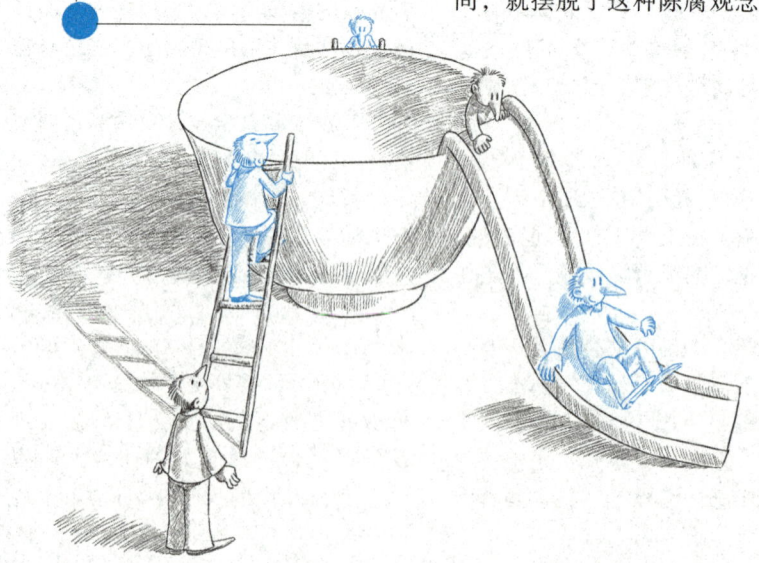

不死的水熊虫

□ 王新芳

在这个广袤的世界上，有一种生命力超强的生物，它就是水熊虫。水熊虫非常微小，体长只有1毫米，需要在显微镜下才能看清楚。虽然微不足道，但它们的强悍让人震惊，可以忍受高温、极寒、高压、辐射甚至是宇宙真空。

水熊虫的生命力为什么如此顽强？因为水熊虫有着特别的续命技巧，能够在恶劣环境下停止所有新陈代谢。当面临死亡时，无论是缺少食物还是暴露在绝对零度之下，水熊虫会把自己排干，把头和8条腿全部缩进去，然后进入深度假死状态，代谢速度变为正常的0.01%，体内几乎没有任何水分。这种假死状态可以维持几十年之久，一旦它们接触到水，又可以重新被唤醒。这一过程虽然会损伤DNA（脱氧核糖核酸），但是水熊虫根本不在乎。实际上，它们还能生生不息。

最近科学家们对其进行了基因测序，从中找到了它们坚不可摧的秘密。

原来，水熊虫不是从自己祖先那里继承所有基因，其中将近17.5%的基因组是由外源DNA构成。大部分物种，包括人类，基因组中所含的外来DNA不会超过1%，所以水熊虫比其他任何物种都拥有更多的外来DNA。水熊虫拥有6000个外来基因，主要是来自细菌。有很多细菌都能忍耐极端高压和极端温度，这也许解释了水熊虫的超强适应力。

那么，水熊虫又是如何吸收外援DNA的呢？这还要从它的特殊能力谈起。

当遭遇极其恶劣的环境时，水熊虫会慢慢失水变干，但当有适合的生存条件时，它又会苏醒。研究人员怀疑可能正是这种能力，在"盗取"他人基因中发挥作用。当水熊虫变干，它们的基因组会断裂。当补充水分后，水熊虫细胞的细胞膜仍然会保持一段时间的"泄漏"状态，当细胞快速地修复自己受损的DNA时，可能会将外界环境中的某些DNA带到细胞中，嵌入自己的基因组中。

极端弱小的水熊虫，却成了所知动物中最极端的生存专家，这个故事诠释了生命的真谛，引发了人们的思考。请不要嘲笑它们身上的"盗取"行为，为了生存，它们付出了比别的物种更艰难的努力。一位哲人说，生命力顽强的种子，从不对瘠土唱诅咒的歌。只要不抛弃，不放弃，小虫也会成为励志的榜样。

离开。

离开之后，生活焕然一新，金钱、机会与自由，都开始来到生活里，而在存在感与幸福感上，也有了一种更确切的"我活着，我无悔"的感恩之心。

这在以前，想都不敢想。

但是，当你真正做了，才知道，这个可以有！

这个必须有！时代正在迅猛发展，铁饭碗的概念，已经越来越虚化。进体制，并不意味着一生安稳，清清闲闲过一生。它有自己的麻烦，也有自己的危机。

而正在发生的危机是，你在体制内消耗过久，解决危机的能力，正在不知不觉弱化。

就像20世纪90年代的下岗潮一样，你能否在风起云涌中屹立不倒？如果不行，请开始反思。真正的安稳，来自一个人可以自我负责的能力。

一个律师朋友，也是体制内人，但是，一直都有离开之心。连续几年，苦心孤诣地自学法律，考了证，开了事务所，到如今，业绩与影响力都很厉害了。

前几天，他和我说："今年我就会离开！"

我问："不要铁饭碗了？"

他飙了一金句："铁饭碗从来不是体制，而是个人的本事。"

另一个朋友，是一个优秀的摄影师。

今年五六月份，她离开体制，创立了自己的社群和媒体，活得又自由、又富有、又自在。

是啊，当你拥有出色的技能，走遍万水千山，你也不愁吃穿。而时局无论如何动荡，你也可以找到自己的生财之道。回到文初的问题，如果你还年轻，欲入体制和回乡，请谨慎。

因为，一旦进入，往往难以回头，一生就成定数。在自由的都市里，人才有不可预测的可能。你不知道明年命运会给你什么惊喜，不知道后年又有什么际遇，十年后，又会有什么奇迹，在犒劳自己的努力……

情节变幻莫测，更像一部永不剧透、永不停播的冒险游戏，一关闯完，你升了一级，再闯一关，再升一级……

等到某一天，你举剑四顾，发现自己金甲着身，武功卓绝，已然成为昔日自己所艳羡的英雄。

有目标的人在奔跑，没目标的人在流浪

掌握时间轨道的赢家

□ 吴淡如

如果你想要实现什么目标，而那个目标看起来并不容易，那么，最好的方法，就是把自己放在一个定速的轨道上。

如果你偶尔会看看房地产广告的话，那么，你一定会常看到，最大的利多，就是某个本来偏远的地方，号称在两年后地铁就会通车。

房地产专家也通常会告诉你，有地铁的地方房价上涨得快，在步行10分钟可到地铁的距离，就算不会涨，也能够"抗跌"。

其实，全世界都一样，距地铁步行10分钟内的房地产，几乎都是连年上涨。

你也应该发现，一个地点，如果没有地铁，只有巴士，不管巴士再多，它的增值度绝对不如地铁。

为什么？

这就是"轨道"的问题。

人们信任轨道，信任"时间表"。固定，是一种保证，让人安心。就算有高速公路四通八达，但因为可能会有"塞车"的疑虑，发生人为事故的概率也比较高，所以人们的信任感较低。而且，我们也喜欢"定速"。定速让人更安心。

如果你想要实现什么目标，而那个目标看起来并不容易，那么，最好的方法，就是把自己放在一个定速的轨道上。

如果你想要学好语文，每天就念一页，也胜过一天念了10页，却常在几天之内就鸣金息鼓的拼命三郎。

这就是所谓的"循序渐进"。也是我们小时候读的"龟兔赛跑"蕴含的道理。

没天分，没关系，就当一只每天爬个不停的乌龟吧。当然，如果你是一只努力不懈的兔子，那么，你有比乌龟更好的条件可以征服巅峰。

世界上，有些道理是共通的。

比如减肥。如果你每天稍微少摄取一点儿热量，每天做一点儿消耗能量的运动，那么，至少在一个星期之后，你可以看见自己的腰围稍微变小一些。减肥最怕爱立志的刚猛之士。

如果你立志在一周内瘦下10公斤，用了各种狠招，那么，就算你成功了，人类的惰性反扑也很刚猛，你大概在一个月内会胖得比你减下的更多。

把自己放在轨道上，每天定量完成一些。

我曾经看过一位世界著名作家叙述，对他而言，写作已经是一种瘾，因为已经是经年累月的习惯，不写些什么的话，他一天都觉得难受。就算是肠枯思竭，他也会企图填满一张摆在眼前的稿纸，就算是写上"我今天真的不知道要写什么"也好，说也奇怪，只要开始写，他就会有灵感了。

就算是大家觉得很"不修边幅"或"不按牌理出牌""不受常规限制"的艺术家或作者，如果他不想在中年还在那里感叹怀才不遇的话，他也得在自己设定的轨道上前进。

日本名作家村上春树就是个好例子。他也跑马拉松，每天早晨，天未亮就起床了，开始跑步。他曾说，跑步是为了锻炼自己的身体，让自己可以一辈子写下去。

我相信，人在从事高心肺功能的训练后，脑袋也更清明。每天早上跑步结束，他开始写作，至少每天写满10张稿纸。

写作当然会遇到瓶颈，有时写的心血可能在第二天决定作废，但是持续本身就是能量的泉源，总有一天那个瓶颈会消失于无形。

这不只是艺术创作者成功的秘诀，事实上，所有白手起家的创业者，之所以能够创业，靠的也是每日持续前进的力量，靠着这种力量，王永庆从米店伙计变成了塑料王国的创立者，而李嘉诚从叫卖的小贩变成富甲天下的商人。

他们都不是只想"赌一把"的赢家，而是每天扩展一点点的赢家。

什么才是真正有趣的生活

□ 萧萧依凡

在北京,我曾偶遇过这样一个懂生活的高手。他不过是一个二十岁出头的大男孩,利用暑期到北京打工。当时他打工的餐馆离天安门不远。餐馆不大,他既负责点菜,也负责上菜,忙得不亦乐乎。

我看到他时,他正在跟一个法国人连说带比画地"聊天"。大约是那个法国人在跟他咨询一道菜,而他完全不懂法语,英文也不是特别好。但是,他"手舞足蹈"推荐的菜居然很合法国人的口味。

法国人离开时,他热情地送到门口,顺带着连说带比画地给人家指了路,推荐了景点。我忍不住笑话他,难道不怕给人家指错了路,丢了中国人的脸?

他夸张地大笑,拉长了腔调说:"怎么会?我外语说得这么好,表演得这么形象,交际能力这么强,怎么会丢国人的脸?"他说他在这里遇见过很多不同国家的人,早已练就了和各国人打交道的本事。我问他:"你每天都过得这么妙趣横生吗?"当时,他在那家餐馆打工已一个月有余,我猜想这么枯燥的工作应该早已让人心生厌烦。

他挠挠头,说:"妙不妙,我就不知道了,反正每天都很有趣。"

每周的休息日,他就拿着地图在北京各处转悠,跟旅游一般惬意。他说着说着,眼睛就笑成了一条线。

他故意用一口老北京的腔调,发音准确无比。这是他跟餐馆周边的北京大妈大爷们学来的。他说,餐馆附近住着一对老夫妇,很有趣的一对老人家。那对老夫妇都喜欢他。大妈喜欢找他聊天,大爷喜欢教他看图纸,偶尔来兴致了还约他一起观园。一个月的时间,他已经成了北京通了。他短短几句话,就让我对那对老人家生起了无尽的兴趣。

似乎,在他眼里,满世界都是好玩得不得了的事情。仅仅是简单一番交谈,你就能轻易地感觉到,他活得特别带劲,生机勃勃的。这大概就是人们所说的:对于那些内心充溢快乐的人们而言,所有的过程都是美妙的。

人生的确需要时时激活,却并不有赖于惊天动地的大事件。生活真正的趣味都融于日常小事中。

很多卓越的人拥有着不平凡的一生,但有趣的生活依然源于日常琐事。杨绛先生的《我们仨》一书,更能让人体味到这一点。

记得读这本书之前,我猜测,里面记录的大抵应该是波澜壮阔的一生,就好似普通人心心念念的"诗和远方"。然而,让我笑中带泪、泪水涌出之后又很快笑出声的,真的只是一些温馨的"鸡毛蒜皮"。这些日常里面包含着说不尽的世间乐趣,让人回味不断,绵长悠久。

杨绛先生记录一家三口爱去动物园,把各种动物的习性和秉性写得惟妙惟肖。比如大象,她写道:更聪明的是聪明不外露的大象……母象会用鼻子把拴住前脚的铁圈脱下,然后把长鼻子靠在围栏上,满脸得意地笑。饲养员发现它脱下铁圈,就再给套上。它并不反抗,但一会儿又脱下了,好像故意在逗那饲养员呢。

杨绛先生的笔下,每一个情节都是那么饱满,有光芒。

掩卷之际,我也明白了,这种来自日常的有趣,才是真正而持久的有趣,深入骨髓。

觉得生活无趣的时候,不要总想着到了佛罗里达的棕榈海滩生活从此就变得有趣,不要总以为到了非洲好望角日子就会给你打开一个豁然开朗的突破口。内心若了然无趣,哪里都漆黑一片。

我们应该审视下自己,审视下身边的人来人往,试着换个角度重新对待自己的生活。见了面从来不打招呼的那个邻居,你试着给她一个微笑;公司周边新开的那家餐馆,你约三五同事一起品尝。

真正有趣的生活,从来不需要用"诗和远方"来堆砌。它囿于厨房,却容得下山川湖海的纵横生趣。

生活中的大波澜永远只能是点睛之笔,是锦上添花,不能当作救命稻草。要想拥有一个有趣的人生,我们必须学会与日常琐碎谈情说爱,让水泥地里长出嫩芽,开出鲜花。

有目标的人在奔跑，没目标的人在流浪

你所有的偏见，都只是因为你还未达到那个层级

□夏至未眠

我还上大学的时候，因为经济困难，经常粗茶淡饭地将就，咖啡馆更是从来没去过的。每每从星巴克的大窗户前走过，看着里面一位位端坐在精致的小皮沙发里的男男女女，心里总会默默地说上一句：世俗！

我总是想，有白开水喝更解渴更便宜，何必要花上百八十块钱在这里喝那一小杯奇怪口味的东西呢。

刚工作那会儿，我们几个一穷二白的小姑娘经常凑在一起，中午一起去公司左边的小店里吃煲仔饭，无他，因为价格便宜。

有一天我们从杨迪的工位旁路过，麦琪拉着我的手说，你看那杨迪，今天又换了个LV包包，真是个拜金又肤浅的女人！

麦琪满眼的不屑与嘲弄，仿佛杨迪在她眼里，已然是只顾追求物质的low（低级趣味）女人。

后来有一天，我和当时的总监一起出差，因为飞机晚点，我们只好去附近找个地方先打发下时间。我说去麦当劳吧，点杯可乐坐坐就行，主管眉头一皱，说为什么去那么熙熙攘攘的地方。抬眼看到旁边的米萝，她手一指：就这里吧。我一边跟在她后面一边想：有钱人果然事事要讲究。

进去之后，我和她淡淡地闲谈着，看着总监手臂上的Cartier（卡地亚）手链，我终于鼓足勇气脱口而出：你们买这种贵重的物品，从来不觉得浪费吗？

主管一愣，说，不过一万多而已，看着样子喜欢，也没多想，就买来戴了。不过一万多而已！听到我差点儿内伤。

主管说，她年薪几十万，给自己买条万把块的喜欢的手链，好像也很正常的呀！

主管看看我的侧耳，说，这和你月收入四千，买对喜欢的一两百的银耳钉，好像没有什么区别吧。

她接着说，但是在那些可能还不够温饱的人眼里，你这样花一百多买对耳钉，还不如他们多买两袋白面大米吧？说得我竟然一时没有缓过神来。

最后，她笑着说，等你以后住得起高楼洋房，穿得起华衣锦服，喷得起五号香水，你就会明白，你喝杯蓝山咖啡，买个LV包包，真是再平常不过的事情。

我环顾店里，人们都在自顾自忙着，有的看书有的办公，没有人注意到，这边角落里一个普通弱小的女孩子，内心经历了怎样的翻江倒海，沧海桑田。

现在，我也经常去公司楼下的咖啡厅角落里赶稿子，偶尔抬起头，看着外面匆匆而过的小女生或小男生那不屑的眼神，我总是回想起五年前的自己。忽然就突兀地笑了。人生啊，真是奇怪，原来你所有自以为是的固执和偏见，都只是因为你没有达到那个层次。

而我之后慢慢地了解了杨迪，她家境殷实，工作勤奋，最大的爱好，就是喜欢买轻奢包包。有一次她说，她妈妈常嫌弃她的品位太低浅，买的都是些暴发户的东西。

我惊讶不已。杨迪顺口说了一句，她妈妈经常去法国或瑞士买包包和饰品。可能正好比较方便，因为她的妈妈，是一家跨国公司的高层。真是可笑，她妈妈眼中的杨迪低浅而土气，我们却觉得杨迪土豪又败家。你看，同样一个人，因为站的高度不同，我们的视角有天壤之别。

当我走过了很多的路，见过了很多的山水，认识了很多的人，我才知道，当你没有站在更高的地方，你就不会看到那更远地方的风景，不会明白更多已然合理的人和人生。

洁净的心境

□顾城

所有被风吹过的树都显得有神。神对我来说是一种光，是一种洁净的感觉，是一种洁净的心境。

两个雨滴降落到大地上，微微接近，接近时变长，在临近汇合的最新鲜的一刹那，它们想起分离的一瞬。

每个人来到这个世界上之前，都作为云、飞鸟、河水，千百次生活过；都作为阳光生活过。当你有了眼睛，看世界，闻到春天的气息，听，声音一闪，你就想起了以前的生命。看着那堆尘土的生活，我知道我什么也不要。

我不能想得太多，一切来自冥冥还将归于冥冥。在这之中，有一段有花有树的生活。我坐在长椅上，关掉世界的声音，我说这次要久一点儿。

选择喜欢的，后悔的概率会小一点儿

□ 简 白

表妹本科毕业，收到了三份offer（入职邀请），一份是美国D大的offer，一份是上海某外企的offer，另一份是本校的保研通知。三喜临门，她却愁眉不展，成天盘算着去哪一个地方，前程会更光明。

留在本校，等研究生毕业，出来工作，这样的文凭还是很受认可的，但似乎少了一点儿挑战。去D大，则充满挑战，可能会有完全不同的人生，发生什么难以估量。至于去外企看起来就现实多了，既然要出来工作，晚几年倒不如早几年，这些时间足够升职加薪，比读研划算。

"所以，究竟要怎么选择才是正确的？"表妹跑来问我，我一时有些为难，因为她问的是正确的选择。

这让我想起了三个交情不错的朋友，大学毕业后分别如表妹的备选项，走上了不同的道路：出国留学、工作、国内读研。L是国内读研的那位，本科专业念的是药学，考研的时候毅然决然报了汉语言文学，如今在一家传媒集团做记者，收入尚可，关键是她热爱自己的工作。她的一个同事B就是直接出来工作的，目前的岗位比L高了几级，也在那家传媒集团，B也很满意，觉得没有读研是对的，利用这几年的时间在职场上拼搏，平台更广了，职位也有了相应的回报。

至于那个出国留学的朋友C，过得最逍遥自在，一年前买了一部车，近来又在父母的资助下在当地有了一套房子，她毕业后找的工作很不错，报酬高，假期多，令人羡慕。

她们每个人的选择都不同，看起来都很棒。可是，此之天堂，彼之地狱。

对于L来说，若没有经过研究生的阶段，根本不会找到自己热爱的工作。对于B来说，若当时选择去读研，还不如早点工作挣钱，在职场上扎根。而C的逍遥自在，也跟她是我们所有人中最独立、最坚强、最有自制力有关。换作别人，未必受得了初到异国他乡的寂寞和不适。所以，哪个选择才是正确的，很难讲。人生总是会有遗憾，因为人生是一条单向的线，没有回头路可以走。所有选择都是有成本的，都要付出代价，没有人能预测未来。

"虽然每个选择都有好处与坏处，都有需要付出的成本，我们无法估量成本与收获，但是我们可以选择自己最喜欢的事啊！哪怕日后真的因为这个选择过得不如意，因为喜欢，后悔的概率也会小一些吧。"

在这瞬息万变的时代，理性考量根本没有我们想象的那么重要。谁也不是先知，谁也无法预测未来。什么样的选择才叫正确的呢？

那只能是听从自己内心的选择。

弃马种草

□ 茹继田

巴特尔家的枣红马被一匹野马蛊惑，挣脱缰绳，狂奔而去。巴特尔见状，立即上马，挥动套马杆，穷追不舍。

巴特尔追马，穿过沙窝，越过山丘，跨过小河，气急败坏，累得上气不接下气，依然拼命追赶。

半道上，巴特尔遇见在查干湖畔种草的道尔吉叔叔。问明原委，道尔吉劝巴特尔放弃追马，与自己一起种草，等待来年草长莺飞，芳草萋萋。

巴特尔接受了道尔吉叔叔的建议，一边放牧，一边种草，查干湖畔的绿洲面积日益扩大，不但吸引来很多骏马，还吸引来很多牛、羊、骆驼、马鹿，原来逃跑的马，走失的牛，迷途的羊也主动归来。

赚多少钱可以财务自由

□ 邢天

早年刚入行的一天，我和导演去一个豪华大酒店见一个要拍广告的客户。

导演没比我大几岁，总是在艺术与商业的纠葛中郁郁不得志，那天开着一辆破车带着我，晃晃悠悠地走在北京最繁华的金融街上。

要知道我家是住在北京昌平区与海淀区的"城乡接合部"，这昌平人管去北京城里都得叫"进北京"，我在车里可劲儿四周张望，我哪见过这么多高楼大厦啊。

导演"啧啧"地指着旁边等出租的男男女女说：你看这儿的人气质都不一样。

我一看，那可不，男的一个个都笔挺西装大皮鞋，那小背头梳得锃亮，加一把消音手枪都能当职业杀手！女的一个个黑色包臀短裙职业装挎一个驴包或爱马仕包，顶着一头大波浪傲气十足，活像是《穿普拉达的女王》里出来的群演。

街两边不是各种大银行就是西餐厅，一个最不起眼的小餐馆里都起码有7个国家的人在里面吃薯条闲扯淡；旁边理发店没有汤师傅，只有Tony老师；想找小卖部？没有，那叫便利店！我二话没说咽了一口唾沫，依稀回忆起了金枪鱼紫菜饭团的味道。

堵车，堵在了一辆粉色单排座跑车的后面，导演拍了一下方向盘说："这次的项目要是谈成了，咱俩就赚大了，一会儿你可得好好表现啊！"

我点点头说："好的。"

导演眯着眼睛望着远方的斜阳说："你说咱挣了那么多钱，怎么花呢？"

我说："我啊，我之前就想买一台顶尖的中画幅数码相机，肯定爽翻了。"

导演摇摇头说："相机那玩意，买了就过时，我要再买一辆车，把这辆破车给我媳妇开。"

我竖大拇指，他点点头。

我们到了大酒店门口，不知道是不是装修太华丽的缘故，我看那保安都觉得是特种部队退役的。

客户给导演发了条信息，让我们在楼下大厅里等他一会儿。

我和导演坐到了旁边的一个咖啡桌旁，我一翻桌上的餐牌，脑袋都"嗡"一下。

一个汉堡两百多块钱。

我赶紧故作镇定地把餐牌放回原位，又咽了口唾沫，这次只能回忆得起快餐店鸡腿堡的味道。

导演望着周围咖啡桌谈生意的人们，眼睛又眯了起来。

我也随着他的视线看着周围的商界大亨们，听到旁边一个胖子打电话说："四千万以下的项目找孙主任，别给我打电话，大盘拉不上三千点，你们集体给我滚蛋！"

我掏出自己带的矿泉水，颤颤巍巍地喝了一口，发现没水了，起身看向旁边的吧台，然后又原路径螺旋状地坐了回来。

这时候导演说："我这会儿想明白个事儿。"

我说："什么事儿啊？"

导演说："其实我原先总是想，我要是挣了那么多钱，可怎么花啊，来了这儿我才明白，原来无论挣多少钱，都有地方花，总有那个level（等级）的消费。"

我说："所以？"

导演说："所以啊，挣多少都不够啊，你有一百万的时候，你就想买辆普通的车；你有一千万的时候，你还想买套房子；你有一亿的时候……哎呀，我都不知道有一亿时该想啥。"

我似懂非懂地点点头。

后来，这个项目没拍，因为客户太苛刻，最后谈下来的价格一算，刨除成本，挣的那点钱还不够在这个酒店的套房住两宿的呢……

多年后，奔四的他跟我说：其实当时应该去拍的，谈生意跟婚姻一样，有点儿赚头就行，要学会睁一只眼闭一只眼。

我后来有一天已经存够了相机的钱，我打开了相机的网站欣赏了一番，但是没买那台顶尖的相机，因为现在的我每天拿一台很便宜的卡片机就能玩得很开心了。

这些年我慢慢拍了一些小片子，也认识了一些人，慢慢明白了生活品质的概念，明白了自己到底需要什么。我发现很多事情根本不用花费太多，生活过得越来越简约，不去健身房了，一副哑铃一个瑜伽垫在家锻炼，逛超市买菜做饭也就花几十块钱，抱一本书就可以过一天。

之前听老师讲过他童年一个练武术的老师父，是个高人，但是一辈子没有钱，住在一间很破的小屋里，活着的时候每天在北京火车站推着一个小车卖冰棍儿，一天卖不了太多，冬天就更挣不到钱了。但就这么枯燥的一份工作，不论严寒酷暑他每天都笑容满面，乐呵呵的。他的小推车用的是很简易的木头轮子，旁边卖水的人看他推了三年轮子都没有坏过，其实因为他累了才会放一会儿，平时一直是抬着这辆车走路，在练功。

每天能练功就是他的快乐，与钱无关。

过简单生活的前提，是能甘心。

每个人追求的不一样，不用在乎周围人的看法，甚至所谓的"财务自由"的概念你也不用在乎。

你真正开始快乐的时候，就是有一天你发现：其实我本不需要这么多。

但当你开始放下执念的时候，开始关注生活中对你真正重要的事情，重新整理你的愿景时，时间变多了，压力变小了，同时你也发现自己变得孤独了，变成了周围人眼里"不求上进，不思进取"的人。

你进入了自己的世界里，漫步在意识的宫殿里，对生活的外部条件越来越不在乎。你的愿望和社会所需要的大相径庭，你隐约看见周围你爱的爱你的人，都在为一个不存在的目标每天奋斗，你看到他们并不是真正快乐，只是认为钱多就可以改变生活的品质，为老板拼命打工就可以享受生活。你试图开导他们，帮助他们，但为时已晚，没有人相信你，你也知道自己被夹在了现实与虚无之间，你渴望找到一个没有他人也没有责任的岛屿，每天摘果子喝泉水也一样活着，但继续居住在这钢筋水泥的房间里，就必须要在毁灭之前做出选择。

最后，你大隐隐于市。

你正常找工作挣钱，和周围人交朋友，每天加班到11点才挤地铁回家只为了还买车的贷款，偶尔也要和领导抽烟喝酒下馆子，想着升迁能涨工资不当不合群的怪人，你在家人的鼓励下找了个适龄的伴侣生了一个需要上补课班的孩子，每天听着同事不好笑的笑话陪着大家一起笑也发现自己笑出了眼泪，为了能快乐而去接受社会对快乐的定义，选择去融入。

最后你累了，也老了，但你并不孤独，所有人都陪着你一起老去，最后你也笑了，你明白，这不叫大隐隐于市，从来就没有人能大隐，人活在当下就没办法抵抗孤独，最后，选择当一个合群的傻子更快乐。

但也没有人是傻子，这个问题本来就没有解答，就像身体上某个部位的伤痛一样，会伴随我们一辈子。

你再回头看到"财务自由"这几个字，原来说的不是财务，而是自由。

导演后来开了公司，终于给自己买了辆新车，只是现在他还是开着破车，老婆开着他那辆新车。

将需求打包出售

□ 沈 沂

在我国台湾，约有1万家的便利商店。为了争夺更多的客户，便利店的经营者们常常绞尽脑汁地寻找更适合的店址，延长营业时间，并在有限的空间里尽可能地摆放更多更新的商品。但是，时间是有限的，空间是有限的，如何摆脱这种鏖战于固定时空的同质化竞争局面？或为大家苦思冥想的问题。

台湾7-11的解决方案是：挖掘顾客在购物之外的潜在需求，将之与购物需求打包出售。

7-11的管理层发现，人们之所以宁愿花多一点儿钱来这里买东西，主要是为了节省时间、方便。由此，7-11想，既然消费者需求的焦点在于"节省时间"和"便利"，那么为什么不将这些需求实质化，提供针对这些需求的解决方案呢？

一般人都知道，人们常常被诸如缴纳水电费、冲印照片、复印文件这一类的琐事困扰，而其主因并不在于要付出多少金钱，而在于他们在东奔西跑中浪费了时间。基于此，在7-11便利店里，除了一般的商品，顾客还可以买午餐、消夜、缴电话费、水电费，复印、传真，取网络商店订的书、保养品，甚至提款。

总之，顾客来购物时可以顺便做很多家庭琐事。于是，7-11成为集邮局、银行、办公室服务、冲印店、票务服务等服务业功能于一身的"社区服务中心"。通常这类"附加"服务是不向客人收费的，但是，这些服务大大增加了店里的人流，很多人因为可以方便地享受大量服务，就会在这里买东西，即使店里商品种类有限、价钱些微偏高。因此，7-11仍能靠店内的商品盈利。

谁可善待你

□ 姜烨雨

她是一个胖姑娘，矮矮的，长相也一般，一根黑色头绳扎着软塌塌的长发，常穿一件洗得发白的衬衫。她性格沉默，走路时习惯低着头，但她的脸上总挂着微笑，让人感觉很乐观。

大学四年，我和她的关系仅止于前后桌的同学。当时我所在的班级女生居多，最常听到女生围在一起讨论护肤品、新装上市、周末到哪里逛街这样的话题。她从来都不参与讨论，只是微笑，在一旁似听非听。或者说，很少有哪位女同学愿意接近她，她几乎没有朋友。她并不是所谓的高冷学霸，甚至每次期末考试都会挂科。但她不急不躁，从不逃课，还经常负责帮其他同学答到。那时，我总感觉她善良得有些傻气。

她是班里唯一申请勤工俭学的人，负责定期打扫阶梯教室，每个月三百元钱。双休日常看见她在学校附近的超市做兼职，穿着紧绷的工作服，站在人群里推销各类餐具。

我只有在晚自习时才会看到她，总是一副风尘仆仆的模样，不变的是脸上总挂着微笑。

印象深刻的是一个周日的晚自习，我们班突然走进来一个同样胖胖的男孩。他手里提着包子和豆浆，慢悠悠地绕过讲台，走到她跟前，随后温柔地说："兼职再忙也要吃饭呀。"

全班同学都沉默了一会儿，但片刻后继续各自原来的话题聊开了。

他长得一般，衣着普通，又矮又胖，确实没人会注意他太久。但那次，我分明看到她的头埋得更低了，不确定她是在笑还是在哭。

情人节前夕，她竟主动跟我说话。她犹豫了一会儿，肉嘟嘟的脸上泛着红晕，问我："嘿，你们男孩平时都喜欢什么礼物啊？"

我知道她恋爱了，但一时不知该如何回答。最终，我憋出一句连自己都觉得矫情的话："只要你喜欢的，他就会喜欢吧。"

我不知道她后来送了他什么，但周末去逛学校附近的超市时，发现她的旁边多出了一个他。他们的身材差不多，都不高，圆滚滚的，穿着紧绷的工作服，动作滑稽又可爱。但他们脸上都挂着笑，一唱一和地努力推销着餐具。

大三和大四那两年，大家都开始规划起自己的未来，我也加入了考研大军，日子过得紧张而忙碌，几乎没再遇见过她。其他同学开始到处应聘找工作，而身边那些谈恋爱的同学，在这个过程中，也都因为距离、工作等陆续分了手。

时光匆匆，毕业已近一年。前几天，班级QQ群里，导员突然发出一组婚纱照。整个群因此炸开了锅，但我们都认不出婚纱照里的女生，纷纷问导员是不是发错了地方。

直到导员说出她的名字，全班同学都惊呆了。她仿佛完全变成另一个人，剪了短发，清瘦灵性，笑得云淡风轻。而她的结婚对象，给她肩膀靠的那位，正是那个晚自习曾给她送包子和豆浆的男生。

标准的身材，一身西装革履，留起了板寸，已算得上帅哥。

我突然想起大二那年，班里举行元旦晚会，要分组表演节目，每个组派一个人登台。轮到他们组时，和她同组的女生都指着她起哄。最终，她勇敢地上台唱了一首粤语歌，但没人听得懂，更没几个人给她鼓掌。

但我留意到，混在我们班的人群中，有一个胖胖的男生，拍手拍得最响。

她唱的那首歌我听过，是梁咏琪的《给自己的情歌》。歌词是这样的："你要日后成大器，灰灰的天都要撑得起，谁可善待你，由自己的嘴巴，和自己讲一声要争气。"

直到看到后来她的改变，我才明白，当时的这首歌，她并不只是唱唱而已。

不过是身体少了一点儿弧度，体重多了一点儿刻度，但她却争气地用沉默坚韧的心，让自己的人生圆满得恰到好处。

喜欢吃鱼，就不要怕刺

□巫小诗

好朋友在一家不错的公司上班，最近有些疲惫，她在犹豫要不要走。

我说，走啊。

她说，可我挺喜欢这里的，平台大，能学到东西，上升空间也不错。

我说，那就不走咯。

她说，嗯，但又有些辛苦，赚的也不如小公司多。

我嘻嘻一笑，突然想起小时候我问过母亲的问题："鱼真好吃，但是鱼刺太麻烦了，有没有那种鱼，光有肉没有刺的？"

当然没有。

工作也一样啊，想要平台好技能高晋升空间大，又想要事少钱多，这跟想吃到一条只长肉不长刺的鱼是一样的心态。

1

鱼刺卡喉，我受过不少折腾，喝醋是家常便饭，也尝试过猥琐抠吐，碰上顽固的鱼刺，还去过医院的口腔科请镊子出山，可这样依旧没有阻碍我吃鱼的步伐。

我超爱吃鱼，尤其是麻辣水煮鱼，它不仅好吃，还能吃很久，可以吃鱼肉，可以吃藏在下面的榨菜，红红的汤可以用来泡饭，凉了结成冻也好吃，隔天还能用鱼汤煮面。

喜欢吃鱼，就不要怕刺啊，毕竟跟一口口的美味相比，偶尔卡刺根本算不了什么。

如果公司很好，只是有些辛苦，那这样的缺点，充其量只能算是小小的鱼刺，喜欢这份工作的话，是能对鱼刺一笑了之。

假如鱼刺般的辛苦让你觉得无法坚持，那大概是因为，你并不喜欢这份工作吧，毕竟，热爱是可以驱赶疲惫的。

2

室友暗恋一个男生很久，每次谈到他，都一脸痴情，我明明坐在二十多岁的她的对面，却会误以为自己回到了中学的课堂。

她小心翼翼、厚着脸皮地靠近对方，为他放弃了一些机会和梦想，这种痴狂，让她仿佛有种懵懂的中学生模样。

可最近室友不太开心，她陆续发现了对方身上的缺点，她开始反思，到底该不该继续喜欢这个人。

我不知道，因为我不是她。

我只知道，有些缺点是鱼刺，有些缺点是刀子，有人会因为鱼有刺而拒绝吃鱼，也有人会因为满腔热爱而不怕死。

3

喜欢一个人，就不要害怕他的缺点。

喜欢一份工作，就不要畏惧它的辛苦。

所有的喜欢都是这样，所有的喜欢都不要害怕。

茫茫人海，滚滚红尘，能遇上一个喜欢的人，一件喜欢的事，真的太难得了，卡在喉咙的鱼刺可以拿出，错过的风景也许再难弥补。

九曲花街

□流念珠

美国旧金山的九曲花街，是世界上最弯曲的街道。这条街在另两条街之间的一个很小的街区里，却有40度的斜坡、八个急转弯。八个急转弯呈"Z"字形，车子只能从街的上方往下方单行。一队车友在九曲花街做过一个载水试验比赛。一人开一辆车，每辆车的车头放置一纸杯水，看谁能将车开到终点而纸杯不倒或水杯里的水洒出最少。

有8个车友参加，赛前谁都没信心那纸杯能坚持到终点而不倒。结果到终点时，车技相对不好的，虽说纸杯里的水洒了一些，但杯子没倒。车技一般的，纸杯里的水就洒几滴。车技最棒的，竟将满满一杯水运载到了终点没洒一点儿。每个车友都很满意，他们奇怪地说：车在平坦大车道行驶时，纸杯里的水都容易洒掉，怎么在这样弯曲的车道里，反没洒几滴呢？"我开车从没这么认真过。""我的神经绷得很紧，很小心地对待每一个弯道。""我在转弯时，眼睛眨都不敢眨一下。"

其实，道理很简单：当人身处险境时，会慎之又慎，往往出不了大问题；而当人春风得意马蹄疾时，麻烦便悄然而来。

有目标的人在奔跑，没目标的人在流浪

让你顶住压力的7个支点

□沈畔阳

成功和失败人士的不同在于，前者知道如何应对压力，懂得压力太大的话工作质量就会有所降低。因此他们开发出很多能够让自己镇静下来的方法，从而把事情做好。如下就是他们任何时候面对压力的7个支点。

1.关注全局

成功人士提醒自己在更大背景下，具体的某件事情其实并不重要。要是把前进路上的障碍看作成功的机会，把艰巨任务当成向世界展示自己是什么样人的机会，负面思维就无法对你施加影响。重要的是对自己克服眼前任何困难的能力充满自信，有了这样的心理素质，就一定能够把心中的压力释放出来。

2.一笑解千愁

一旦被压力攫住，成功人士能够看出压力的可笑之处并且笑得出来，而不会让负面思维的乌云笼罩自己的思维。研究表明，不论什么时候感觉生活中的压力影响到心情，付之一笑都有助于血液的正常循环，从而减轻身体上的压力症状。棘手情况下，笑得出来还有助于以谅解的态度看待错误和失败，让自己更加快乐，乐观而不是那么压抑。很多人以为对自己严厉才能表现更好，其实这样的观念是完全错误的，应该记住的是人非圣贤孰能无过，怜悯一下自己可能会有更好的效果。

3.会玩脑筋急转弯和拼图游戏

成功人士懂得用挑战大脑的方法来释放压力。有一种脑筋急转弯游戏，可以让人用数学和逻辑完成一个四边形，程度可难可易，可以根据自身程度进行选择。拼图游戏是又一种挑战大脑远离压力的方法，有一种由27个方块组成，分为完全不同的7个独特界面，是一种你完全可以试试的普通游戏。还有的拼图游戏，因为经常用在心理和智力测试中而众所周知，具有改进大脑功能的作用。完成这样游戏的能力，有助于看清自己的智力水平，总之越是积极用脑，就越能减轻压力。

4.让日程简单明了

很多人都知道，生活和工作中产生压力的主要原因，是诸如截止日期、官僚主义、苛刻老板、工作负担过重这样的因素，不得不做出决定也是主要的压力源头，只是绝大多数人不愿意说出来。每当要做决定的时候，不论是录用一个新员工、完成某项工作，还是与某个客户见面，我们的头脑里都会经历某种紧张情绪，这就是压力。成功人士知道如何解决类似问题，他们会采取例行公事的办法降低决定的数量，若是每天都要应对的事情，他们会在同一个时间做。你也可以早晨计划好一天要做的事，简单明了的日程可以大幅度降低压力水平。

5.在待办事情列表上加上时间和地点

如果有待办事情列表，一天下来却没有划掉任何内容，那肯定会感到压力很大。你要做的是按时把事情做完，这就需要有一个"如果……那么……"的计划，也就是众所周知的贯彻意向策划，它对于帮助摆脱压力真的很有作用。大约200个从时间管理、谈判到锻炼身体和饮食的研究表明，提前做好时间、地点、在什么地方完成具体任务的计划可以大幅度、低压力地增加实际完成它的概率。成功人士肯定会在他们的待办任务列表上写明具体时间和地点，例如，不说"要给约翰打个电话"，而是说"周三下午要给约翰打个电话"。这样一来，你就能按时轻松地打这个电话，即使当时忙于处理其他事情。

6.用5分钟做自己喜欢的事

一项心理学研究表明，这样做可以让你在疲倦的情况下给自己补充精力。使用这个策略之前，重要的是要明白有趣和放松，尽管二者并不相互排斥，其实不是一回事。以午饭为例，可能很放松，但是若不是和好友或家人一道进餐，也没什么意思，为此，吃饭这件事不会给你补充什么精力。还有，有趣不是说可以不费力气就轻易可得，上述引用的研究也表明，有趣的任务并不意味容易完成可能也需要付出很多努力，所以不要以为补充精力是件很容易的事。

7.想到已经取得的进步

面对压力，小胜能让成功人士不断前进，很多时候并非是否达到目的，而是每天的前进速度决定他们的感受。稍停片刻反思自己到目前取得的成就很有帮助，可以让你更加聚精会神应对前面路上的种种挑战。

106　如果你只看到一个阶级，又怎么认识整个人类。

有目标，你才能心之所向必及远方

没有紧箍咒，孙悟空成不了斗战胜佛

□ 沈嘉柯

《万万没想到：〈西游记〉可以这样读》的作者李天飞是研究《西游记》的行家，他对孙悟空戴上"紧箍儿"这一段故事，有自己独到的解读。大名鼎鼎的孙猴子，其实跟今天的年轻人一样，面对的是相似的迷茫和烦恼。

孙悟空打死盗贼，被唐僧赶跑了，这猴子气呼呼地四处晃悠，不知道何去何从，特别迷茫。于是他跑到老邻居东海龙王那儿讨茶喝。

相对于那些活了千百万年的老神仙来说，孙悟空就是个年轻人。在原著里，他天真幼稚，没什么远大志向，也没什么人生经验和文化，很容易被骗。别人让他养马，他还以为被重用。他后来闹脾气，爱慕虚荣，玉皇大帝给封了一个"齐天大圣"的空头衔，就又满足了，混起日子来。

之后醉酒闹事、偷蟠桃、盗金丹，惹出大祸，被压在五行山下五百年，好不容易遇到唐僧取经这个机会，才得以脱身。

很多人读书不细致，根本想不到孙悟空居然是这样的猴子。

龙王是这么跟他说的："大圣，你若不保唐僧，不尽勤劳，不受教诲，到底是个妖仙，休想得成正果。大圣自当裁处，不可图自在，误了前程。"

孙悟空仔细琢磨，龙王说得有道理。浮出海面去找师父，又遇到了菩萨，菩萨也对他说了一句话："赶早去，莫错过了念头。"

再后来的情节大家都知道了，由菩萨布局，唐僧给孙悟空戴上了"紧箍儿"。不听话，就念经，让你头疼无比，再顽皮的猴子也乖乖收心了，一路艰难跋涉，终于修成正果。

孙悟空的这段遭遇告诉我们的，就是一个人应该如何对待自己的心。

长者龙王说了真心话，你不受教诲，不尽勤劳，你就始终是个混混儿，即使有点儿法力和本事，也还是个混混儿。你想逍遥快活，没问题，继续在花果山当猴子的头儿，别想着成为什么英雄。

恰似我的老师所说："贪图眼前的玩乐，那就错过了更加广阔的世界，没本事见识更大的精彩。"

菩萨给了贴心提示：人啊，有立志的心就要珍惜，别错过了自己的热情念头，马上行动，去找你的师父，去西天取经。

因为我们都是凡夫俗子，有着共同的人性弱点，我们立志很容易，但要实践达成，必要艰辛付出，若贪玩犯懒，必定一事无成。思想变化大，随时随地动摇，当然要趁自己还没松懈，一鼓作气，养成进取的习惯。

最厉害的是佛祖提供的紧箍儿，象征着强硬的现实束缚。你靠自己的心志不能坚持，那就得靠强有力的外界力量。

戴上"紧箍儿"，这是一个巨大的转折。

你可以生活浮荡，没关系的，真实的社会生活会把选择摆在你面前。举个例子，人人都知道房子昂贵，买了房子就像是孙悟空戴上"紧箍儿"，但如果你不愿意戴上，那你在婚恋市场上就会备受挑剔。别人资产升值，你只能旁观艳羡。

一无所有的人，心性不定。你得到了不动产，你就会定下心，完完整整拥有它。你欠了银行的钱，要建立自己的家业，过上想要的生活，你就要尊重自己的信用，用心工作。

一个有产业的人，会倾向于遵守文明制度，传承财富，做一个稳妥进步的社会人。"无恒产者无恒心"，就是这个意思。

拿房子说事儿，只是举例，这只是人生的主题之一，不是唯一的。

最重要的，其实是我们对自己心志的掌握，了解它，尊重人性。事实上，《西游记》电视剧版里的情节，是孙悟空被那顶五彩斑斓的帽子吸引，自己戴上"紧箍儿"的。这其中的寓意十分深刻。

现在我想问的是：你愿意戴上"紧箍儿"吗？如果你小时候看过央视版的《西游记》，应该还记得，当孙悟空保护唐僧，历经九九八十一难，达成任务，心志能力足够强大，智慧足够广博之时，头顶的金箍儿自然就消失了。没有人再去念什么劳什子经咒了。

这个猴子一路的辛酸和艰难，成为光辉事迹；他自己成为真正成熟的大英雄，赢得各种赞颂，从此他为自己负责，没人管着了。

你成了这样的孙悟空，世界自然为你转过身来。

人并不是因为美丽才可爱，而是因为可爱才美丽。

我与幸福之间，只差一只猫儿

□ [日]村上春树　杨若思 译

上大学时，在夜里打工回家的路上，我看见一只小猫。

一喊它，它便一边叫一边跟着我走，一路紧追不舍，跟到了家门口。

无奈我只好给它一点儿吃的。猫咪就在家里住了下来。

我并没有专门为它起名字，有一天听广播，说有个人养的猫不久前失踪了，名字叫彼得。于是我想："得了，就叫彼得吧。"

彼得就这样生活在我家，长成了一只有点儿凶的小公猫。早晨肚子饿了，它就啪唧啪唧地拍打我的脸。不过一人一猫比较投缘，我们一起生活了好多年。

只要和猫儿一起坐在午后的阳光里，静静地闭上眼睛，时间就会温柔而亲密地流淌过去。

后来，我开了一家店，店名叫"彼得猫"。

一天的工作结束后，夜里，我就把猫放在膝盖上，一边啜几口啤酒，一边写起了我的第一篇小说，至今这都是美好的回忆。

经常有人问，为何您的作品总能让人感到温暖呢？

也许，这应该归功于陪我写作的猫咪吧。

我与安西水丸先生，常常在书籍的装帧和插画方面合作，这种交往始于很久以前。

并非仅此而已。水丸先生长期住在青山一带，工作室也在那儿，一到晚间便经常在附近游荡，或是去酒吧喝上一杯。

我也一直生活在以青山为中心的地域，时不时就会和他相遇。

走进附近的酒吧里，酒保也会告诉我："水丸先生昨天来过，还说这阵子没见到村上先生来着。"

东京虽说是大都会，但在一个地方住久了，就明白人的活动范围很有限。

水丸先生是个非常热心的人。

大约七年前我盖房子的时候，请他画和室的隔扇外加挂轴，他一口应承："行，我来干。"

他不辞辛苦，远道赶到我家，亲自动手磨墨，用毛笔画上了漂亮的富士山和鱼。

然而，他一个人待在那间屋子里画隔扇时，一只大得像美洲狮的猫儿把他画的鱼当成了真的，冷不防"哇"的一声猛扑上去。

水丸先生虽然身负重伤，鲜血淋漓，却还是紧握画笔不放，坚持把隔扇画完。

这当然是夸大事实的谎言。我家那只暹罗猫只是踱过去，兜了一圈，舔了舔爪子而已。

水丸先生害怕猫狗，一定把那只暹罗猫看得像美洲狮一般大了。

从那以后，遇到好多人问我："听水丸先生说，您家里养了一只非常凶猛的猫，是不是呀？"

我养的不过是一只娇小的、好奇心略强了点的暹罗猫。

可是听见那痛切悲鸣的邻居们，听说他当时是遭受壮硕的美洲狮袭击，多半也会深信不疑。

缪斯是我养的猫中最长寿的，它活了二十一年。

有一天，我和猫咪一起躺着睡觉。缪斯就像人似的，也把头放到枕头上。

我迷迷糊糊地闭上眼，刚要睡着，一个细小的声音传入耳中："但是，那种事……"可是身边一个人都没有，只有一只熟睡的猫。

我摇着缪斯的肩膀，让它醒来。猫被弄醒了。

"那个，难道你刚才说了什么？"我认真地问。猫咪瞅了我一眼，打了个大大的哈欠，伸伸懒腰，摇摇头走掉了。

我那时深深地感知到："这只猫一定在隐瞒着什么。"

世上绝大部分的猫我都喜欢，不过生活在这世间的猫儿当中，我最喜欢上了年纪的大母猫。

我和那只猫咪一起生活，是在我六七岁时，刚刚升小学的时候。它的名字叫"缎通"。

它有毛茸茸的毛、肥嘟嘟的后脖颈、凉凉的耳朵，有时喉咙发出咕噜咕噜的声音，像夏末的海浪声。

空寂无声的午后，让人想起荒废已久的空荡荡的澡堂。

当猫咪躺在洒满阳光的廊子里睡午觉时，我喜欢在它身边"咕咚"翻身一躺，闭上眼睛，将所有思绪从脑袋里赶出去，嗅着猫毛的气味，感觉自己也变成了猫的一部分。

我从猫咪身上学到，幸福是温暖而柔软的东西。它也许就在你身边，不在别处。

不跑者赢

□ 鲍海英

在动物世界里，猎杀者与被猎杀者，几乎每天都会上演残酷的弱肉强食血腥场面。在两者相斗的过程中，除了靠体力生存外，动物本身的智慧，也是决定它们生存的关键。在美国黄石国家公园里，当麋鹿遇到灰狼时，麋鹿就是靠斗智斗勇，才得以在灰狼身边生存下来。

在公园里，灰狼是一种残暴的食肉动物，而麋鹿依靠青草为生，自然处于食物链的低端。当麋鹿遇到灰狼时，一般情况下，它们只能选择快速奔逃，以摆脱被捕的危险。相应的，快速追击捕捉麋鹿，也成了灰狼的一种本能。在每一次的奔逃中，总有许多麋鹿不幸被灰狼追到，被扑倒在地，并被吃掉。

在这场猎杀与被猎杀中，聪明的麋鹿，慢慢总结出了一套对付灰狼的办法，那就是，向灰狼展示自己的力量。面对不远处的灰狼，一些麋鹿会小跑或快步走，但绝不是逃跑，这种小跑和快走，比正常的飞奔要慢，却能大量消耗灰狼的体力。它们是想以此来告诉灰狼，如果我真想跑的话，你是追不上的。但是，灰狼无论如何，要追到麋鹿，唯一要做的就是不断追赶这些麋鹿，直到一些奔跑的麋鹿体力不支，最终得手。

在麋鹿与灰狼的斗争中，科学家发现，那些奔跑的麋鹿，常常成为灰狼的口中食，而那些不急于奔跑、严阵以待的麋鹿，在灰狼的每一次围杀中，居然能够悠闲地生存下来。虽然这些不急于奔跑的麋鹿就在灰狼的身边，它们悠然自得，可灰狼们却视而不见。

为什么灰狼不去捕杀这些不逃跑的麋鹿呢？科学家的结论是，这其实是一种勇气和习惯的较量。与灰狼相比，麋鹿身体强壮，并长着长角，从力量对比上讲，如果狭路相逢，麋鹿往往能与灰狼僵持好几个小时，再用上角，它们同样能威胁到灰狼的生命。所以，在面对不跑的麋鹿时，灰狼是充满戒心的。此外，还有一个更重要的原因：追赶正在奔跑的动物，是狼在生存过程中形成的本能。这仿佛是一种诱惑，让它们难以抗拒。所以，那些奔跑的麋鹿，永远是它们的目标。长时间的奔跑，使麋鹿的体力消耗巨大。等它们筋疲力尽之时，就成了灰狼的美食。

因为害怕被捕杀，而拼命奔跑，结果那些拼命奔逃的麋鹿，却成了灰狼的食物。相反，如果麋鹿能在灰狼面前保持冷静，绝不逃跑，敢于和迎面的灰狼殊死一战，凶残的灰狼反而会有顾忌，不敢轻举妄动，最终罢兵言和。

钓鱼

□ 毛丹青

一位大作家的弟弟，想学习哥哥写作的窍门。哥哥让他一同出海钓鱼。

钓了好多天的鱼，弟弟烦了，问哥哥："你不是要教我写小说吗，可你一点儿都没有教。"

哥哥说："那现在开始教吧。我问你，你在钓鱼的过程中，什么时候最激动？"

弟弟说："钓到大鱼时。"

哥哥摇头说："我的意思是，在钓到大鱼的整个过程中，哪一会儿最让你激动？"

弟弟仔细回忆着。

哥哥启发他："你想想，是鱼猛地一咬钩子的时候，还是往上拽、用棍子打它头的时候？还是把它装到网里，它乱跳乱蹦的时候？"

弟弟想着，说："当它咬到钩子，鱼线猛地绷紧，就在绷紧的那条线上，一溜水珠往下掉的时候，我最激动。"

哥哥说："你懂得怎样写作了。你就写最让你激动的那一溜水珠，写好写细，那是最扣人心弦的一刻，抓住它，其余的也就好办了。"

弟弟后来回忆说："哥哥教会了我最重要的一手。"

被逼出来的顶尖人物

□董凡

2016年11月15日，谷歌宣布，斯坦福大学人工智能实验室主任李飞飞已经加盟公司，并将领导机器学习部门。李飞飞在她的专业领域是个家喻户晓的人物，但是在这之前，她是个连英语都不会说的打工妹。

16岁那年，李飞飞跟随父母来到美国，因为语言上的障碍，一下子陷入了困境。李飞飞明白，想要改变现状，她现在最需要的是过英语这关。为了练习口语，李飞飞来到一家餐馆打工。一开始老板不肯收她，原因是她不会说英语。她求餐馆里的一个中国同胞帮她翻译，老板给她开一半的工资就行。老板考虑之后答应先让她干一个星期再看。李飞飞非常珍惜这份工作，干活特别卖力，她不错过任何一个练习口语的机会。只要有人说话，她就跟着小声说。她很聪明，根据表情基本可以判断出他们说话的内容，不懂的就找机会问。下班回到家再跟着电视继续学，她把练习口语调到了疯狂模式。一个星期之后，她就会说些简单的口语了。老板没有解雇她，因为她的好学精神打动了老板。

李飞飞了解到申请在美国读大学，如果成绩十分优异，可以领取奖学金。她只要有空就复习功课，白天上班很辛苦，晚上很容易犯困。有时困得眼睛快睁不开时，就用冰块敷眼睛。每天到凌晨，父母再三催她去睡觉才肯放下课本。经过一年的努力之后，她申请了多所大学，最终选择了普林斯顿大学，因为这所大学给了她全额奖学金。

李飞飞读大学期间，父母双双失业，家里出现经济危机。李飞飞只要有空就去做兼职，洗过盘子，送过快餐。有个朋友知道她的处境，介绍她去给一家主人遛狗。她从小就害怕狗，但是为了不错过这个赚钱的机会，她还是硬着头皮答应了。第一次主人把一条气势强悍的罗威纳犬牵到她面前时，她吓哭了，不过还是强作镇定之后接过主人递过来的狗链。

22岁时，李飞飞一路磕磕绊绊以优异的成绩从普林斯顿大学毕业。多家金融公司递来了橄榄枝，包括高盛集团的offer。她却做了一个让大家意外的决定：到加州理工学院攻读博士学位。

一天，李飞飞看到孩子拿着几张图片辨认上面的物品，两岁的孩子能正确地认出猫和狗，还有冰箱等。她突发奇想，如果电脑也可以跟人一样辨别图片上显示的是什么，将会给人带来很多方便。2000年，李飞飞开始研究计算机视觉领域。她希望计算机看到一张图片，就像人脑一样能够分析。她和同事为来自互联网的十亿张图片进行分类、打标签，从而为计算机提供样本。其理论基础是如果机器观察到足够的事物，它们就能够在现实世界进行识别。在研究的过程中，经费出现了问题，她倾其所有，甚至边打工边维持。让她感到欣慰的是，有三位恩师倾力指导，还有不少学生真心追随。他们对她的专业素养高度肯定，甚至觉得整个CV（航空母舰）领域因她而不同。

通过不懈努力，她在人工智能和计算机视觉方面取得成就。她的研究成果使得计算机能够更好地理解图片，而不仅限于展示图片。这为无人车自动驾驶提供了可能，通过让计算机学习人脑然后自动做出决定。前不久，她的名为《如何教计算机理解图片》的TED（环球会议）演讲引起了许多人的关注，她也收获了各种奖励和荣誉。面对记者，她说："能够成为世界上研究人工智能领域的领头人之一，我非常兴奋，同时也感受到了肩负的责任，我会努力为社会创造更加美妙的科学技术，教育出更多出色的科技人才。"

有人说，她的运气太好了。她自己最清楚，走到现在，其实是被逼出来的。要说有运气的成分，那是因为她的梦一直在路上，从来没有想过放弃。敢于坚持，愿意付诸实践努力的人，运气真的不会太差。

逐鹿者不顾兔

□范一直

如今这世上越来越充满诱惑。莺歌燕舞、灯红酒绿，各种五花八门的享乐，足令"意志薄弱者"目迷五色，心旌飘摇。面对铺天盖地的诱惑，保持静若止水的心态，一以贯之地执着于高远的追求，显得越来越难。"逐鹿者不顾兔"（《淮南子》）之古训，在不少人那里已蜕变为"见兔而忘鹿"。

"逐鹿者"一旦认准目标，总是沿着既定方向前行，有"执着如怨鬼"的坚韧和"猛志固常在"的刚毅。真正的"逐鹿者"经得起各种考验和诱惑，能抵御形形色色的"花拳绣腿"和"糖衣炮弹"。

鹿兔两端可比作根本目标与眼前实惠的关系。首先心中有"鹿"，其次心无旁骛。"板凳甘坐十年冷，文章不写一句空。"如以逮到几只"兔子"为满足，大可不必坐冷板凳十年。但像范文澜主编的多卷本《中国通史简编》之"鹿"，不坐十年冷板凳，无从"逐"得。

欲为大树 耻与草争

□陈鲁民

作家杨绛曾借翻译英国诗人兰德那首著名的诗,写下自己无声的心语:"我和谁都不争,和谁争我都不屑。"杨绛虽似柔弱女子,实为参天大树,她一辈子不与人争,不是她不会争,也不是她争不过,而是她根本就不屑于去争。因而,遇有纷争,她一笑了之,默默地把根往深处扎,静静地把枝条向高空长,不知不觉间自己就长成了巨树。故想起一句话:"欲为大树,耻与草争。"颇具哲理。

《史记·淮阴侯列传》里讲,汉初韩信无端由楚王降封为淮阴侯,心颇不平。一次,他顺便去看望樊哙,樊哙跪拜送迎,十分恭敬。出来后,韩信苦笑:"没想到我居然要与樊哙之流为伍。"后来就成了一个成语叫"耻与哙伍"。在韩信眼里,自己就是大树,枝繁叶茂,根深干粗,率百万大军南征北战,立下不世之功,而樊哙们不过是树下的小草而已,韩信以与其为伍耻。这个成语后来引申为不愿与粗鄙庸碌之人为伍。

东汉著名的"大树将军"冯异,在刘秀统一天下的过程中,任征西大将军,为平定关中屡立战功。但他为人厚重高义,谦恭内敛,每当行军休息时,那些将领们就在一起争功,总是争得面红耳赤,冯异引以为耻,经常独自退避到树下,以求耳不闻为净。

唐代边塞诗人岑参,是个很有个性的人,他才华横溢,清高孤傲,一向看不起那些争名于朝争利于市的庸人,既不愿与他们为伍,更不屑与他们争来争去。于是两度出塞,久佐戎幕,在边疆建功立业并以诗明志,在《优钵罗花歌(并序)》诗中写道:"耻与众草之为伍,何亭亭而独芳!何不为人之所赏兮,深山穷谷委严霜?"他是以物喻人写自己啊。

这些都是堪称大树级的人物,均为翘楚。耻与草争,不是说他们已看破红尘,全无功利之心,更不是说他们只会逆来顺受,不会回击外来的挑衅与纷争。而是因为其有更高志向,对自己有更大期许,瞄准的是更远的目标,因而绝不会把时间与精力浪费在与一些宵小的无谓争执上,不会为了一些鸡毛蒜皮的小事影响自己前行的步伐。

当然,他们也要去争,但那是大树之争,是棋逢对手、将遇良才之争,是刘邦与项羽的楚汉之争,是王阳明的心学与程朱理学之争,是左宗棠与李鸿章的海防陆防之争,是玻尔与爱因斯坦的量子纠缠之争……他们选的是同自己一个等量级的对手,决不与无名之辈纠缠。所谓大树之争,看似默默无闻,其实在暗地里蓄养生机,悄悄地培植元气,他们轻易不出手,一出手必不同凡响。不像小草之争,一阵风吹来,便摇头晃脑,得意忘形;多少有点儿雨水,就急速膨胀,争夸颜色。正因此,世界上有老树、古树、巨树,而没有老草、古草、巨草;涝上十天半月,大树不动声色;旱上一年半载,大树依然如故,那些草草花花怕是早已难觅踪影。

因而,有大志向、大才情之人,既然以大树自诩,有栋梁之期,就不要与那些庸俗之人一般见识,就不必与那些宵小之徒争吵。遇到他们"谤我、欺我、辱我、笑我、轻我、贱我",不妨想想拾得和尚的话:"只是忍他、由他、让他、避他、耐他、净他、不理他,再过几年,你再看他!"

把雀儿抛向空中,它会展翅高飞。

但如果被扔上天空的是一只鸡,它能俯视的范围便只和你的力量有关。

我们对于冲天而起充满着渴望,认为高飞才是无上的境界,却很少有人去考虑鸡并没有翱翔的能力。

到达了力不能及的位置,除了摔得更痛,什么也得不到。我们的心总被欲望牵引,让我们期望不停地得到。因为憧憬,我们不停地向终点狂奔。或许在没有得到之前,我们不会想到沉重的收获会压垮并不强壮的躯体。

大多数人只知道多多益善,却不知一切超越自身能力以外的拥有,实际是一种负担。

还要飞吗?拥有了强韧的羽翼,随时都可以起航。

还要争取吗?一切适可而止。

飞

□释戒嗔

深情款款多想还能

□ 居经纬

阿莱告诉我，他喜欢上了一个女生，但是不知道怎么办，总觉得那个女生对他也有意思，但不太确定。

我说，表白呀。泡妞三步骤，吃饭电影，水到渠成呀。

阿莱说，不知道怎么表白，口才不好，情话不撩，怕弄巧成拙。

我说，好的，你等我一炷香时间，我给你制订个详细方案，保证你万无一失。

阿莱不相信，确定万无一失？

我说，不确定，起码退可守进可攻，至少不会让你败得措手不及。

阿莱没理我，我想他是做准备去了，后来我把方案发给他，祝他马到成功旗开得胜。

他回了一句，已经确认关系了。

怎么说的？我大吃一惊。

就跟她说，我喜欢你很久了。然后她说，我也是。

这恩爱秀得我无地自容。

一直以来我是把爱情看得太复杂了，有时候自己也困惑，爱情明明不是你死我活死磕到底，为什么要得失轻重权衡利弊，但事实往往真的这样。所以在每次开启一段新恋情之前，我真的做到了三思后行。

这里想到一件年少时的蠢事。

初二的时候喜欢一个女生，不想让她知道，但想接近她，所以想了一个办法，我去追她同桌。打着打听她同桌的幌子买东西给她吃，跟她说话，目的虽然达到了，但进一步发展的可能性变得举步维艰。

后来，三五年后吧，我才知道她也喜欢我，只是她认为我喜欢她同桌，她只好跟我做朋友，帮我传字条，甚至偷偷收藏她同桌拒收的小摆件。

想到这一点，比起阿莱，我自愧不如。

青葱时期的爱情并不具有太大的参考价值，大家情窦初开，难免天真烂漫。后来我爱上文学，开始对更加具象化的爱情有了轮廓般的了解，但总觉得有些文学作品对于爱情的表现太过夸张了。

在张爱玲的小说中，香港的沦陷成全了一个女人的爱情，白流苏和范柳原这一对凡俗的男女，在战争的兵荒马乱之中，被命运掷骰子般地掷到了一起，于一刹那间体会到了一对平凡夫妻之间的一点儿真心。

同样在《霍乱时期的爱情》里，一场经历半个多世纪的爱情史诗，穷尽了所有爱情的可能性。或许最后男女主角算是在一起了，但可以说他们的一生还是充满荆棘。

"船长看了看费尔明娜·达萨，在她睫毛上看到初霜的闪光。

"然后，他又看了看弗洛伦蒂诺·阿里萨，看到的是他那不可战胜的决心和勇敢无畏的爱。

"这份迟来顿悟使他吓了一跳，原来是生命，而非死亡，才是没有止境的。

"'见鬼，那您认为我们这样来来回回的究竟走到什么时候？'他问。

"在五十三年七个月零十一天以来的日日夜夜，弗洛伦蒂诺·阿里萨一直都准备好了答案。'一生一世。'他说。"

我不喜欢用"悲壮"一词来形容爱情，爱情可以是欢快的，是戏剧性的，是充满张力的，是一波三折的，也可以说它是无疾而终的，但牺牲与死亡绝不是爱情本身的属性。

我比较喜欢轻松点的爱情，就像我曾经在《幼稚情书》里写的那样，我写顾成和李小丢的久别重逢，完全没有苦大仇深的痕迹，就好像初恋初次约会一般——木讷却很甜蜜。

我说往事不堪回首，不提她了。

"李小丢，你不觉得你还欠我一个拥抱吗？"

"什么时候？"

"八年前，在你送我回去的时候，我们没有一点儿告别的仪式感。"

"所以现在要补上吗？"

"嗯。我是这么认为的。"

拥抱的时候，心跳像青草，像风铃，像晚秋熟透的果子坠落大地。

我的性格是挺接近男主的，不够主动但不放过任何"一招致命"的机会。这种男生挺坏的，不白白浪费一点儿气力，就能俘获心上人的心。

但更多时候，我缺乏"背水一战"的勇气。过分等待最佳时机的后果就是两手空空，什么也没得到。爱情这种东西，有时候考虑得太过周全，往往不是什么好事，起码说明一点，你还爱得不够彻底。

怎样才算爱得刚刚好呢？达到什么程度呢？

恋手

□ 蔡 澜

黄伯伯已经九十多岁了，头虽秃，但身体健壮。衣着随便，永远是白恤衫黑长裤，看起来像个退休的穷书记。每天早上散步六英里，人家见到跟在他身后的那穿白制服司机驾驶着的那辆劳斯莱斯，才知道对他印象错误。

和黄伯伯在一起聊天，发现每次有少女走过，他的视线不落在她们的脸或胸处，只是紧紧地盯着她们的手。

有天早上忍不住问他："为什么？"

这是黄伯伯的故事：

九岁时父母双亡，被迫去卖甘蔗、橄榄。没钱念书，偷窥私塾窗口，整本《千家诗》硬背了下来，虽然已熟悉方块字，但还是要靠劳力为生，演傀儡戏、唱南管，甚至被雇抬死人棺材，赚了几个钱当卖货郎，他每天挑了两个大木箱，走三乡六里，接触过百家少妇，也见过千家少女。

一天，我给雷击了，我看到天下最美丽的一双手！

我心里想：要是她肯让我摸一摸手，那我宁愿早死十年！

她忽然间好像了解我的心意，转过头来向我微笑答谢。只能在章回小说里出现的事，发生在我身上，但是贫富悬殊，亲事无法提起，我永远不能摸到她柔美的双手。

我一气之下来了南洋，二十年奋斗下来，赚了不少钱，我又不死心地跑回乡下看她。

"鸡棚里哪有隔夜蚯蚓？"老朋友说，"她早就嫁人。如今不生孙，也应生子！"

我失望之余，想回南洋，但还是忘不了那双手。散了些钱，调查到那少女的住处。真是有缘，她刚好在井边洗衣，一见到我，也很高兴地迎上前："你不是去了南洋发财吗？怎么到现在还是白恤衫黑长布裤的？"

她一面说一面用围裙抹着她浸湿了的双手。我一看，天啊！那双手已浮上了杂乱的青筋。我不相信自己的眼睛，我也不相信已经没有办法再看到那双美丽的手！到现在，我还一直在找。有一天，我一定可以找到。

这个因人而异，我并不觉得死去活来是爱的最佳状态，当然得心应手游刃有余也不是。

我喜欢《挪威的森林》里面的一段，至今记忆犹新。摘出来一起分享：

"最最喜欢你，绿子。"

"什么程度？"

"像喜欢春天的熊一样。"

"春天的熊？什么春天的熊？"

"春天的原野里，你一个人正走着，对面走来一只可爱的小熊，浑身的毛活像天鹅绒，眼睛圆鼓鼓的，它这么对你说道：'你好，小姐，和我一块儿打滚玩好吗？'接着，你就和小熊抱在一起，顺着长满三叶草的山坡咕噜咕噜滚下去，整整玩了一整天。你说棒不棒？"

这是清新脱俗的恋爱风格，也有近乎痴狂的个例。

廖一梅在《恋爱的犀牛》中写道：你永远不知道，你是我渴望已久的蓝天，你是我猝不及防的暴雨。你永远不知道，你是我难以忍受的饥饿，你是我赖以呼吸的空气。你永远不知道，我的爱人。你也许永远不会知道，你是不同的，唯一的，柔软的，干净的，天空一样的，你是我温暖的手套，冰冷的啤酒，带着阳光味道的衬衫，日复一日的梦想。你是纯洁的，天真的，玻璃一样的，什么也污染不了，什么也改变不了，阳光通过你，却改变了方向。

不同的个体表达都无法比较孰重孰轻，只要都代表真诚，我觉得都恰到好处。真诚是检验一段感情的试金石，至于用了什么语气，做了什么爱的行为，讲了什么样的故事，都无关紧要。你觉得那一刻，这个站在你身旁对你说"我爱你"的人，你觉得他是喜欢你的，而你又喜欢他，这就够了。

越发觉得年轻时候的爱情都胜在体力充沛天公作美，校园爱情更能体现这点，但美好皆是幻象，得以永存的实属少例。没办法，我只求在我完全熄灭之前，跟你来一次狭路相逢，期许一次终不能幸免。

但也总有踌躇的时刻。

想起赵旭跟我说的，法国人可以为了一壶温度恰好的烧酒误一班准点的飞机，一直没有机会效仿，也没想过要效仿，虽说理性生活需要一个无须过问的感性前提，但很多时候却是相反，遑论中规中矩的偏颇、俗尘俗世的风月，不足挂齿。毕业之后，很多时候都是矛盾的，不像学生时代的决绝，更别提霸道了。

以前我说，如果有风，那一定是我在想你；如果有雨，那一定是我在追你。说完就风雨交加，你还能怎样，天意不可违。现在我嚇嚇嘴，嘀咕道：我记得你爱我，或者我记反了。你听清了算你的，听不清拉倒。

夸人,我只服我四舅婆。

大家吃饭时,有姑娘甲过来问好,四舅婆就眯着眼:"瘦了,瘦了!身材真好!"

有姑娘乙过来问好,养得珠圆玉润,四舅婆就眯着眼:"皮肤好了,皮肤好了!真好!"

有姑娘丙过来问好,没见瘦,又形容憔悴,四舅婆就啧啧地夸:"这衣服花色好!哪里买的呀?"

有姑娘丁过来问好,容颜既没变好看,衣着也朴素。四舅婆就格外亲热,一把拉住:"这孩子,近来辛苦了吧,快跟舅婆坐在一起,跟舅婆讲讲。"

因此,人人都爱四舅婆。

我私下代四舅婆归纳:

有好的地方,夸好的;没好的地方,夸进步的;没有进步的地方,夸她显然用了心的。

我四舅婆的案例,比较广泛。

我个人的经验,针对夸女孩子容貌的,如下:

夸一句她先天好的局部。

怎么夸女孩子的容貌

□张佳玮

因为每个女孩子照镜子,都有一两处自己颇为满意,但很少有人在意的局部。不熟的人,只来得及看整体效果,很少端详局部。多看两眼,找到了,夸那里。

未必能夸到点子上,但是女孩子会觉得:"哦,他也发现我眼睛漂亮了呢!"或者,"啊,第一次有人夸我的侧脸美,真的吗?"

哪一种都让人愉快。

再夸一句她后天用心的地方——比如她着意的妆容或衣着。

未必能夸到点子上,但要朝那个方向走,让她觉得自己的努力没有白费。

"啊,今天这个打扮,终于有人注意了。"

最后,夸的时候不要用太夸张的语气,就平平道来。这样反而显得真诚。

许多时候,女孩子需要的不是你夸得多巧妙、多到位、多深刻。她们对自己的了解远比你深。

她们需要的,只是个诚恳的态度,给予她们的努力或天资一点儿积极的反馈。

在这个充满戾气的世界上,大多数人要的,也就是这么一点儿温和的赞许。

离开是为了回来

□刘若英

"你的旅行都有伴吗?"

"大部分都没有,在网络上查特价机票,看到日期合适、便宜的,就走了。"

"通常离开家多久会想要回家?"

"两个礼拜。"

好像多数人离开家到了一段时间就会想家,长时间奔波在外的我更认同"离开是为了回来"。流浪的结果总归一种极度想家的感觉,化解了离开前对身处世界不完美的怨怼,还是接受了、挂记了,是如此习惯的,原来的地方。我平常从来不会觉得台北有多美,但要是离开家的时间久了,就会觉得,其实我们台北市某些转角处的大树也挺美的。"就像你一回北京,立马就想去吃个烤鸭或涮羊肉,我也一样,快来碗蚵仔面线!"

这也好像独处跟相处,如果总是一个人,就不会特别需要独处。大家都想要独处,又当不了离群索居的隐士,那是因为独处与相处原本就互为因果,共伴相生。

仰望星空，也需要你脚踏实地

我们都说先做事，再说话，这话不假。

一个人好比一家企业，你的性格特质就是你的企业文化，你的人格魅力便是你的企业形象，你做的每件事都是你的产品，其他人通过观察你的产品和服务的质量，决定是否与你合作。安下心来，扎实向前，且行且思，且行且看，我们的路都有很远很远。

记住，一个人的行动，永远是这个人最好的代言。

赶走喜鹊

□沈石溪

> 山茶树上，喜鹊闹枝，可对我却再也引不起任何美感，我趁它们外出之际拆了它们的窝，把它们轰走了。
> 波农丁说的或许有道理，它们消灭弱小，是一种迫不得已的生存技巧，我能理解，但我是人，永远也无法赞同这种残忍。

春天一个阳光明媚的早晨，我的院子里飞来一对喜鹊，在那棵开满粉红色花朵的山茶树上筑巢。

我十分欢迎它们来做我的邻居。喜鹊是吉祥与喜庆的象征，喜鹊登枝，不就意味着我将交好运了吗？

因此，我削了一些短树枝，扔在屋顶上，为它们提供筑巢材料。

一个多月后，我站在山茶树下，听见树梢横枝那只椭圆形的鸟巢里传出叽里叽里雏鸟的叫声，啊哈，它们生儿育女了！

又过了一个多月，我能看见小喜鹊毛茸茸的小脑袋淘气地伸出窝沿，数了数，共有四只小喜鹊。

这是一个兴旺昌盛的喜鹊家庭。

我按照它们的生理特征，给四只小喜鹊起了名，一只叫蓝眼睛，一只叫花翅膀，一只叫白脚杆，一只叫歪脖儿。

添丁增口，雄喜鹊和雌喜鹊自然十分辛劳，从早晨开始，就一刻不停地飞出去觅食，衔来小虫子喂养它们的孩子。

那天中午，我在山茶树下削竹篾编箩筐，突然，听见头顶的鸟巢里传来叽叽呀呀激烈的吵嚷声。

雄喜鹊和雌喜鹊都外出觅食去了，我担心小喜鹊的安危，便爬到山茶树上，一看，没有什么外敌入侵，而是刚刚才长出一层绒羽的四只小喜鹊在打闹。

它们虽然不能飞，也还站不稳，但它们打斗得却异常火爆：个头最大的蓝眼睛把身体最弱的白脚杆从窝中央一直推到鸟巢边缘，发育最快羽毛油亮的花翅膀，头拱进羽毛稀疏的歪脖儿的肚皮底下，几乎要把歪脖儿抬了起来，还使劲往窝外顶。

白脚杆和歪脖儿的头与小半个身子已被挤出窝去，大概是意识到生命危在旦夕，竭力挣扎着，呀呀哀叫。蓝眼睛举起稚嫩的翅膀，不断去打岌岌可危的白脚杆，眼看就要酿成惨祸，我不得不出面干涉，把受欺负的白脚杆捧回窝中央。

然而，蓝眼睛仍不肯罢休，我的手一拿开，又故技重演，开始向白脚杆进攻。

就在这时，雄喜鹊和雌喜鹊回来了，它们嘴里都衔着一条虫子，显然，是赶回来喂食的。

我放心地下了树，我想，雄喜鹊和雌喜鹊看到蓝眼睛和花翅膀以强凌弱，肯定会制止它们胡闹。

奇怪的是，雄喜鹊和雌喜鹊却迟迟不进窝去，停栖在鸟巢外的一根横枝上，静静地站着，似乎在等待着什么。

这时候，不管是雄喜鹊还是雌喜鹊，只要朝前跳跃两步，轻而易举地就能终止这场危险的游戏。

雌喜鹊扭头往鸟巢望了一眼，轻轻放下嘴里的虫子，竟忙着开始梳理自己的羽毛。雄喜鹊做得更过分，对就在耳边的求救声，仿佛根本没听见似的。

叽——一声尖叫，白脚杆从高高的鸟巢跌下来，呜呼哀哉。几秒钟后，歪脖儿也同样死于非命。这哪里是什么游戏啊，分明是一场你死我活的窝里斗！

到了这时候，雄喜鹊和雌喜鹊才停止整饰羽毛，重新叼起虫子，跳到鸟巢边。

蓝眼睛和花翅膀同往常那样，急不可耐地押长脖子，咿呀咿呀讨食吃。

雄喜鹊和雌喜鹊很温柔地将食物塞进它们的嘴里，那神情，就像是在犒劳一对有功的小英雄。

我震惊，迷惘。我赶紧跑去找寨子里最有经验的老猎人波农丁，请教究竟是怎么回事。

他平静地笑了笑对我说，这种目睹子女坠巢而亡的陋习，其实是一种汰劣留良的自然现象；他说小喜鹊在窝里互相推搡，是要减少竞争对手，独霸食物；他说成年鸟这样做是为了减轻自己的觅食压力，为了集中有限的精力和有限的食物培养更强壮的后代。

一转眼到了秋天，蓝眼睛和花翅膀羽毛长硬会飞了。

山茶树上，喜鹊闹枝，可对我却再也引不起任何美感，我趁它们外出之际拆了它们的窝，把它们轰走了。

波农丁说的或许有道理，它们消灭弱小，是一种迫不得已的生存技巧，我能理解，但我是人，永远也无法赞同这种残忍。

妈妈，学校里有人欺负我

□ 花揪太太

周末的一天，花太载着队长去苏州，打算去逛一逛"中国最美书店"。那天高速公路一路畅通，天空的云美得不近情理，队长一路没太说话，快到目的地时，他忽然声音压抑地说："妈妈，学校里有人欺负我。"

世上所有的妈妈听到这句话时的反应大概都差不多：眼前一黑，心跳加速，从后背到脑袋都有点儿发烫发蒙。那一瞬间花太想起了三件事：

一是2015年令国人震动的美国高中生霸凌案，情节残忍，数名华人留学生被判重刑；二是专注于研究人性的东野圭吾涉及校园霸凌的小说不止一本，而他的结论是大人对此其实无能为力；三是在美剧《傲骨贤妻》里，黑社会老大Bishop心狠手辣，出场自带高压恐怖气场，可是当他得知自己的儿子被同学欺负时，思虑再三也只不过强压怒火，给那个小孩儿的家长打了个温和而无力的电话。

队长被欺负的起因是几次数学考试得了第一，曾经拿过奥数大奖的男生Kaden心里不爽，开始在课后找他的碴儿。最初只是拍拍打打、扔东西，现在已经发展成了习惯。

花太努力压抑住心里的不安，也忍住了第一反应"打回去"——把对方彻底打趴，从此再不敢嚣张，大概是小说或想象中才有的情节。花太说："你能多团结几个朋友来帮你吗？"

"我也试过，但我的朋友们战斗力不强，反而会被他们围攻。"队长又追加一句，"你也不要跟Miss Gloria商量，我判断老师也没什么办法。"

"好，我相信你的判断。"花太郑重地答应，她知道这是孩子最需要父母信任的时刻，"我估计找他的家长告状也不一定有用，他完全可能阳奉阴违，再把气加倍撒在你身上。"

后视镜里队长重重点头。"肯定会的，"他停了一下又说，"我一直没告诉你，就是怕你急着找老师和他的家长。"

"我知道这种事情不是那么容易就能处理好的，"花太一边安抚他一边找位置停车，"我们先好好玩，妈妈一定会帮助你彻底解决这个问题的，我保证。"

在书店的几个小时，队长专注于挑书，而花太一直在走神，她慢慢地找到了一些思路。回程时，花太已经有了几分解决问题的信心："这件事情，最理想的解决办法是你跟他成为朋友。"

"这怎么可能？"队长的声音又沉闷又悲愤。

"确实是非常困难，但是你已经知道了他为什么要找你的麻烦，如果你遇到数学难题的时候能主动去问他，很有可能会跟他成为朋友。把对手变成朋友最好的办法，就是请他帮你一个忙。"

他认真考虑了一会儿，说："这也有可能，我可以试试。"

"如果这一招不行，我们就启动B计划：包括他在内，我们约上两三个家庭一起出来玩玩，就是玩，不提这件事，你们很可能也会成为朋友。如果还不行，我就找他父母非常严肃地谈一下这件事，一起商量解决的办法——你想想，为什么Kaden要警告你不准告诉父母呢？他其实也害怕，对不对？"

"有可能。"队长的声音轻快了几分，也开始积极思考了，"我们能不能报警？"

"当然能，"花太赞同，"警察来了之后，学校和家长就会高度重视这个问题，Kaden自己也会害怕，这是个很好的办法。如果你在学校非常紧张和不开心，我还会带你去看心理医生。看心理医生费用很贵，那我就把账单定期发给Kaden的妈妈，请她帮忙分担费用。不管困难有多大，妈妈们只要看到了账单，就肯定会马上想出办法来的！"

队长和花太哈哈大笑，车里乌云压顶的气氛消失了，而车外已是满天绚丽的晚霞。一周之后，队长一上车就迫不及待地告诉花太："我跟Kaden已经是朋友了，我就问了他一道奥数题！而且我才知道，班上绝大多数同学都很讨厌他，以前我太苦恼了，竟然没发现，本来我可以团结很多人去对付他的！"

"那现在呢，你还想对付他吗？"

"不，"他一脸明快，"我们已经是朋友了。"

不给善良增加负担

□ 郝金红

英国作家乔伊斯年轻时迫于生计,曾经开过一段时间的餐馆。

餐馆开业后不久,乔伊斯发现,这条街上的垃圾清扫工的生活比他还要困难。很多清扫工都是失业工人,为了养家糊口,不得不起早歇晚地在街上干着既肮脏又累人的活儿,他们中有许多人忙得连饭都顾不上吃。

乔伊斯很是同情这些工人,于是他在餐馆门口贴出一份告示:凡是这条街上的清扫工,每天可到店中免费享用一份早餐。告示贴出后,的确有很多清扫工来乔伊斯的餐馆享用免费早餐。但乔伊斯感觉到并不是所有的清扫工都愿意接受这份馈赠,有免费的早餐,为什么不心安理得地享用呢?乔伊斯决定弄个明白。

这天早上,乔伊斯乔装打扮了一番,确定没人会认出他。他来到大街上,找到一个陌生的清扫工,问他:"乔伊斯的餐馆派发免费早餐,你去领过吗?"清扫工看了看乔伊斯,然后摇摇头:"不但我没去过,我所认识的几个同事,也没去过。"乔伊斯继续问道:"是因为你们工作的地点离餐馆太远吗?"清扫工还是摇摇头:"不是。""为什么不去呢?"清扫工放下手中的工具,平静地回答:"我们算了一笔账,这条街道上至少有二十名清扫工,如果每人每天都去餐馆吃免费早餐,一年下来就是一笔不小的数目。乔伊斯开这家餐馆也不容易,如果我们都去了,他的餐馆就会因此而亏损甚至倒闭,我们是不想给他的善良增加负担。"

凡是被善良的光芒温暖过的地方,总会有善良的反射与回馈。即使如一名清扫工,也懂得不去领那份免费的早餐,以免给善良增加负担。如果在人际交往中,再多一些这种对善良的理解与包容,我们周遭的世界会变得更加澄澈和纯真。

战马不能总转圈

□ 齐欣远

俗话说,栽什么树苗结什么果,撒什么种子开什么花。在鸡窝里圈养的鸟,很难想象会成为搏击长空的雄鹰;在温室里栽培的花,别想它会有一天迎击风暴。

西方有一个国家从来没有马,国王便派人买来500匹战马。但这个国家很久没有战事,国王想:"养这么多马,耗费那么多草料却派不上用场。"他便命令养马的把马带到磨坊干活。结果,当战争来临,把战马全部带到战场上,抽打战马,想要冲锋时,马却只是原地转圈。

战马本要在战场上驰骋,平时也应该按战场上的需要训练。但贪图眼前小利的国王把战马当驴使,在磨坊的劳累中磨灭了战马的本性,关键时刻,当然会功能错位。

故事的寓意是深刻的。我们天天想着要成为社会栋梁,却在家里心安理得地享受老人的伺候,过着衣来伸手、饭来张口的生活。目标是做人民的公仆,却按皇帝的标准来培养,这种培养目标和培养科目的脱节,在我们的生活中比比皆是。

想想都出冷汗。赶快振作起来,自己的事情自己干,决不做只会原地转圈的战马。

一次失败的离家出走

□路 明

1998年，我初二。有一天，我离家出走了。

这是一次预谋已久的出走，原因是：我厌倦了当一个好孩子。

我对着镜子，忧伤、沮丧、无可奈何。镜子里的自己，长着一张平庸无奇的脸：瘦弱、白净，还戴一副金丝眼镜，标准"小红花少年"的模样。

更要命的是，因为成绩好，加上管教严，我一直是"别人家的小孩儿"——走路中规中矩，说话细声细气。只是没有人知道，在我的内心深处，燃烧着怎样的火焰。

13岁的少年，两点一线，写不完的作业，却渴望像草莽英雄那样揭竿而起，像江洋大盗那样行走江湖。

那天的早饭是稀饭和白煮蛋。我吃完稀饭，把白煮蛋放进书包里，又从厨房拿了一只冷粽子。然后背上书包，右手插在裤兜里，紧紧攥着两张皱巴巴的钞票，一张5块、一张10块。钱是昨天向爷爷要的，理由是买学习资料。

出门，沿老街一直走，前方有一座石桥，过了桥就是中学。我走过桥边，卖卤豆干的阿婆抬头看了我一眼。带着做贼心虚的快感，我快速穿过一片旧街巷，来到了小镇的尽头。

镇北边是村庄，大地在我眼前徐徐打开。春天，油菜花盛开，三两农人在田里劳作。我走在田埂上，呼吸着新鲜的空气，一股悲壮感油然而生。你看，我自由了。我将浪迹天涯，永不回头。像切·格瓦拉走向丛林，像贝吉塔走向那美克星。我不由得想起了高尔基的《童年》，狄更斯的《雾都孤儿》，以及日本动画片《咪咪流浪记》。我情不自禁地唱起来：

落雨不怕
落雪也不怕
就算寒冷大风雪落下……
接下来的歌词我不好意思唱出来，什么"我的好爸爸"，"我要我要找我爸"，一律用"啦啦啦啦"代替了。

我没去找爸爸，我爸爸来找我了。

中午的太阳白晃晃，我坐在田埂上，吃完了白煮蛋，正在剥粽子。我爸骑着自行车，悄无声息地靠近。发现得太晚，逃跑已绝无可能。我爸是高中部老师，对我的动向从来了如指掌。嗯，一定是班主任跟他讲我没去上课，然后卖卤豆干的阿婆泄露了我的行踪。

我爸停了车，倒也不着急。他摸出打火机，半靠半坐在后座上，点了一支烟。

抽了几口，他摁掉烟头，说："走。"

我爸推着车走在前边，我垂头丧气地跟在后面。一路上，谁也不说话。到校门口，他开口了："我跟老李（我的班主任）打过招呼了，说你身体不舒服，请半天假。"

我说："嗯。"低着头往大门里走。他叫住了我："钱交出来。""什么？"

"跟你爷爷要的钱。"

15块钱，相当于30根雪糕，50个游戏机铜板，150只甩炮，说没就没了。我欲哭无泪。

我爸有点得意："这点小花招，哼哼，还能瞒过我……期中考到年级前三，我就不告诉你妈。"

他抽出那张5块扔给我，剩下的10块钱塞进上衣内兜。一甩腿，骑上车走了。

美在天成

□王 伟

一提到管理，人们就会想到"赏"与"罚"，认为这不过是制定出一套严密的规章制度，然后一丝不苟地执行。这种方式能"以不变应万变"，但并不是包治百病的灵丹妙药。

有一家企业的管理者本来下令下午加紧包装一批货物，明日发运，可是偏偏不凑巧，下午有一场精彩的足球比赛，小伙子们一个个急得像热锅上的蚂蚁，都想请假。

若是按照我们一般的设想，结果无非是两个：第一个是管理者悬以重赏，比如发相当于三天工资的奖金，于是"重赏之下，必有勇夫"，大家一致决定留下，心情舒畅地完成任务。第二个是管理者采取重罚，下午一律不准请假，不上班以旷工论处，扣掉当月奖金，于是"重罚之下，人必畏之"，大家谁也不敢走，任务得以完成。可是这位管理者却偏偏不落俗套，他出去转了一圈，回来时手里握着一沓足球赛门票，宣布："下午派专车送大家去看球，晚上全体加班。"于是欢声雷动。

承蒙管理者的一番苦心与盛情，小伙子们就是晚上通宵赶工，也会把任务完成，结果自不待言。

面对困境，如能顺应人心，采取灵活的应对措施，则既维护了员工的利益，又避免了冲突。

有目标的人在奔跑，没目标的人在流浪

愿你学会笑着低下头

□李月亮

在电影院排队买票，我前面是一对年轻恋人，刚排到他们，一位妈妈领着孩子急匆匆挤过来，直接冲售票小姐说："我们的已经开场了，先给我们出票吧。"

我前面的姑娘不乐意了，说："您排一下队好吗？"

那位妈妈完全不理，直接递钱给售票小姐："孩子急着看，麻烦你先给我们出吧。"

姑娘有点儿火，伸手去挡。

眼看要闹起来，旁边的小伙子轻轻拉过姑娘，笑着说："让她先来吧。"然后示意售票小姐先给那对母子出票。

姑娘生气。小伙子笑着拍她肩膀："不要紧，我们又不急。"

我顿时觉得这小伙子真帅。

有时候跟讨厌的人顶上了，非要较真的话，讲理讲得赢，打架也打得赢，但是赢了一件小事，却损失了时间和心情，划不来。不如低低头，让她过。

而重要的是，低了头，心里也不拧巴，还开开心心该干吗干吗，这就是种境界了。

去年我的朋友大妮单位集资盖房，盖好后大家抓阄分房，大妮运气不错，抓到三楼。正美呢，领导找她，说："单位一个老大姐抓到五楼，觉得年纪大了爬着费劲，非要换，你愿意跟她换换不？"

大妮说："我孩子才三岁，爬五楼也费劲。"

领导挺为难，说："那大姐特难缠，天天打电话找，关键她妹夫又是公司的直管领导，不好得罪。"

大妮想想，说："那就换吧。"

领导有点儿过意不去，说："委屈你了。"大妮说："没事儿，就当抓阄抓的五楼了，而且天天多爬两层还减肥呢，孩子过两年大了，爬五楼也不是事儿。"就这么换了。换完大妮也没觉得委屈，跟那位老大姐还乐呵呵地处得很融洽。大姐挺感动，跟谁都说大妮好。她领导也领情，今年有个去英国学习的名额，二话不说就派给大妮了——这里面可能有其他成分，但换房事件功不可没。

其实人都不是圣贤，对大妮来说，到手的利益要拱手让人，没点胸怀、没点格局做不到。而让出去以后还能想得开，不怀怨恼，真挺不容易。只是她做到了，好事儿就跟着来了。

有魅力的人

□梁凤仪

单程路是有去无返的。如果跟人相处的过程不是交流，你来我往，而是一条单程路，早晚会无人问津。

这就是说要做一个有魅力的人，不能不在人际交往上做到礼尚往来。所谓人敬我一尺，我敬人一丈，只有在这种情况下才会产生一种吸引人的魅力。

城内有一位富豪，人们觉得他的确魅力四射，因为他从没有预先答应给那些为他工作效命的人有好得超乎常理的报酬，但每当对方把任务完成，而且做出了好成绩时，他会自觉地给予很动人的一份奖赏。他的做人原则就是有来有往、投桃报李、永不落空。

人际关系必定是双程路，那才会有魅力。

其实，每个人都有一个容忍的底线。我们常常听人说"做笨人不会做两次"。故此，在生活上，必定留意自己接收到的各种人情有多少，即使不数倍奉还，也必须如数过户，才能表现一份魅力。

如果你问银行家，哪些借贷者最受他们欢迎，必是动用得频密、有出有入、有借有还的人最受欢迎。于此，又可见一斑。

真爱的第一个征兆，在男孩身上是胆怯，在女孩身上是大胆。

一次永生难忘的出行

□雷蒙德

20年前，我以开出租车为生。一天晚上，我接到了一位乘客的预约电话。当我赶到的时候，楼里漆黑一片，只有第一层窗户亮着一盏孤灯。在这种情况下，很多司机会按一两下喇叭，等一会儿，然后就开车离开了。但我见过太多穷困的人们，他们把出租车作为唯一的交通工具。因此我走到门前，敲门。"请等一下。"应答的是一个虚弱而苍老的声音，我还能听到在地板上拖东西的声音。过了好一会儿，门开了，一位80多岁的瘦弱老妇人站在我面前。她穿着印花外套，戴着别有面纱的筒状女帽，就像是从20世纪40年代的电影里走出来的人。她身旁放着一个小型的尼龙手提箱。看上去这套公寓好像很多年没人住过了，所有的家具都用布蒙着，墙上没有挂钟，柜子上也没有任何装饰物或家用器具。墙角放着一个纸箱，里面堆满了照片和玻璃器皿。"你能帮我把箱子搬到车上吗？"她说。我把箱子放到车上，又回来搀扶老妇人，她挽住我的胳膊，我们慢慢走到车旁。她不停地感谢我。"没什么，"我说，"我想要让别人也这样对待我的母亲，所以我就得尽力这样对待我的乘客。""哦，你真是个好孩子。"她说。

当我们坐进车里时，她递给我一个地址，然后问道："你能从市中心穿过去吗？""那不是最近的路。"我回答。"哦，没关系，"她说，"我不急着赶路，我就要去救济院了。"

我从后视镜看了看，她的眼睛闪着光。她继续说着："在这个世界上我没有一个亲人了，医生说我活不了多长时间了。"我轻轻地伸手关掉了计价器。"您想让我走哪条路线？"我问。在接下来的两个小时里，我们穿过了整座城市。她指给我看了当年她在其中当电梯操作员的那座大厦、她和她的新婚丈夫当年生活过的小区；她让我在一家家具店前面停车，那儿以前是个舞厅，她还是个小姑娘时常去那儿跳舞。当第一缕阳光冲出地平线时，她突然说："我累了，咱们现在走吧。"我默默地驾车向她给我的那个地址驶去。刚一停车，就有两个护理员朝我们走来，她们关切而又热心地注视着她的举动，看样子一定是在等待她的到来。我打开车的后备厢，把她的手提箱提到门口。

"我该给你多少钱？"她边说边把手伸进钱包。"不用了。"我说。"你还得谋生呢。"她说。"我还有其他乘客。"我回答。我几乎想都没想就给了她一个拥抱，她也紧紧地抱住我。"你给了一个老太婆片刻的欢乐，"她说，"谢谢你。"说完，她松开我，走进了微弱的晨曦中。门在我身后关上了，那是生命关闭的声音。

那天余下的时间我几乎说不出话来，我没有再拉其他乘客。我漫无目的地开着车，陷入了沉思。如果那位老妇人碰到一个狂暴的司机，或者急着交接班的司机，那会怎样呢？如果我拒绝跑这趟车，或者只是按一声喇叭便驱车离开，那又会怎样呢？匆忙回顾了一下，我认为我做了一件生命中再重要不过的事。

裴宽埋鹿肉

□倪西赞

裴宽是唐玄宗时期的大臣。

在初任润州参军时，有一天家仆乐呵呵来报："大人，有人送来一整只梅花鹿肉，我已安放在后院厨房里面。"裴宽忙问："何人送鹿肉来？人在哪里？"家仆道："来人说一点儿小小的鹿肉，都不好意思留名，说完放下就走了。"裴宽沉思片刻对家仆说："你把鹿肉拖到后面的菜园里去。"家仆把鹿肉拖到菜园后，只见裴宽已经挖好了一个大坑。家仆问："大人这是干什么，大人不吃鹿肉？"裴宽说："不是不吃，而是这鹿肉太馋人了，赶快把鹿肉埋了。"家仆说："大人，既然鹿肉太馋人，为何要埋了它？埋了多可惜。"裴宽摇摇头说："就是因为太馋人了，我快把持不住了，赶快埋了。"仆人不明白裴宽的意思，一边埋一边大叹可惜。

此时，刺史韦诜正在一高楼看风景，他发现裴宽和家仆在菜园埋东西。于是很好奇，和下属一同来到裴宽菜园，问裴宽在埋什么。裴宽对韦诜说："有人送来鹿肉，我正在埋了它。"韦诜说："这么好的美味不吃了它你却埋了它，是何道理？"裴宽说："欲者，钩也。我发誓不以收受贿赂玷污家门，我怎能违背自己所说的话，自己上钩呢？"家仆方明白裴宽的用意，韦诜听后点头称赞。韦诜回到家里，越想越觉得裴宽是个人才，将来前途不可限量，于是推荐他任按察判官，不久又将自己的爱女许配给裴宽。后来，裴宽官至礼部尚书。

人生处处有诱惑，贪欲者自上钩。

有目标的人在奔跑，没目标的人在流浪

一秒钟换角色

□ 吴建雄

我喜欢把每次飞行当成概率事件：你旁边的人是女的还是男的？你的飞机是晚点还是准点？下飞机一刻是下雨还是晴天？一直以来，我就对带有博弈性质的概率事件无比着迷。

我经常在上飞机前玩的一个游戏就是，假设在飞机上遇见一个和我一模一样的男人，假设，我坐靠窗的位置，他坐过道的位置，中间是我喜欢的那类姑娘。那么，你会和那个和你很像的人怎么PK（竞赛）？你要通

过怎样的方式才能赢得那个姑娘的芳心？

如果你是个热衷概率的人，你会发现这个游戏的问题在哪里。

总时间是固定的，一次飞行的时间，各自的时间分配是此消彼长型，而两个相似的人的基础假设，也摒弃了外形相貌的区别。在这样的假设中，你会怎么办？

我曾经拿这个问题问身边的朋友。有人说，直接表白，用十国语言表白；有人说，直接问她要联系方

式；也有人说，从见面第一眼就开始和她说话，滔滔不绝，不给对手机会。

那么，作为这道问题的"始作俑者"，我的回答是怎样的呢？

两招。利用先天优势和女孩调换座位，这样排列顺序就变成：她靠窗，我在中间，另一个我在过道。这样，对手的时间就没有了。

其次，不和女孩说任何话，而是下飞机后，帮她搬运行李，在那个过程中，问她要联系方式。

这样做，一是改变了局势；二是改变了自己的角色，从一个萍水相逢的乘客，转化为一名友好的乐于助人的绅士。这两点，对于企业竞争来说很重要，从主动到被动不一定局限在时间差上，也体现在定位的区别里。

接着，我们进入另一个游戏。

假设你是一个在理疗机构服务的盲人按摩师，机构里一共有五个人，这时一个客人来了，他需要在你们五个人当中挑选一个为他服务。他拿不

定主意，这时他开口要求你们介绍下自己。你会怎么吸引他的关注，让客人选你为他服务呢？

我身边朋友的回答如下：

"我会和他说我服务过的明星，这样他会更放心，也觉得很尊贵。"

"我会和他说我家里有重病父母，我需要他的同情。"

我的答案是："先仔细听他的声音，判断他来自哪里，用他熟悉的家乡话问候，并且和他说，您的家乡一定是个很美的地方，如果可以，在我服务您的时候，和我分享一下它。"这样一种感官互通的共鸣，最终会引发人们莫大的同情心。

以上两则游戏，其实都是在说一个道理：角色的变换往往会转劣势为优势，而在角色的变换中，出现"剩余价值"。

乘客的剩余价值是一个帮你拿行李的朋友，按摩师的剩余价值则是一个安静的聆听者。那么，如何能在现代社会的竞争中生存下去呢？我总结出简单的一句话：发现需求，并且否定一切已形成固定认知的事物，将不相干的东西联系在一起。

充分发挥你看似荒诞的想法：例如苹果，不是吃的，是空气清新剂、是除蚊器，有没有可能？又如，钥匙扣不仅是钥匙扣，还是个跟踪器，可以给阿尔茨海默病患者和5岁以下的儿童使用。再如，电视不是电视，是一个皮肤抗衰老理疗仪……通过大胆的假设，寻找创新的智慧。

当然，一旦你掌握这个创新的技巧，你就会成为物品剩余价值的创造者。

我认识一个出租车司机，他就是一个剩余价值的创造者。首先，他人品好，有固定的客户，从来不在道路上趴活，他会准时叫醒第二天有重要会议的客人，甚至他会给客人准备早餐（为了让客人多睡十分钟）；他有效地记录各个客人的信息，成为"社会活动专家"，为不同客人介绍有可能需要的朋友；他整合了身边的所有资源，虽然每天他还在开出租，但他在海南已经有了两块土地的储备。

人一旦找到自己的剩余价值，财富会来找你。

爱的尊严

□ 梁小雨

卡尔维诺整理的童话故事里有一个叫《高傲的国王》。

老商人的女儿偶然看见了国王的画像。国王长相极美,常年戴着七层面纱,而且他性格高傲,谁也不喜欢。那女孩很爱他,害了相思病,老商人便递上女儿的画像给老王后,恳求她给国王看一看。

国王不愿意看,听闻那女孩天天以泪洗面,便说给她七条手帕擦眼泪去吧;又听闻那女孩为他要死要活,国王拿出一把小刀。说:"让她去死吧。"

老父亲不愿意看着女儿这般痴迷于冷血的国王,便将自己在王宫中受到的侮辱转告给女儿。女孩想了想说:"我要一匹马,我要去闯世界。"

女孩带着钱和马,一路遇见了各种奇闻逸事,她行侠仗义,扶危济困,用自己的智慧和勇气得到一笔笔报酬。她最后得到的礼物是一根魔杖,送礼的人知道她依旧爱恋着国王,说这根魔杖能实现她一切的愿望。

她没有用魔法让国王爱上她。

她说:"我要立刻造出一座与高傲的国王的王宫同样高大的宫殿。"

第二天清晨,国王惊讶地发现自家隔壁突然出现了一座漂亮的宫殿,窗边还站着一位美丽的姑娘——商人的女儿。

国王心动了,揭开自己的第一层面纱,对仆人说:"拿着我最漂亮的手环去找这个女孩,代我向她求婚。"

女孩看见了,说:"用它做我门上的门环吧。"

第二天、第三天……直到第六天,已经爱上女孩的国王每天都揭开自己的一层面纱,委托侍从送上世间最好的珍宝向她求婚。女孩不为所动,将每一件价值连城的宝物像普通的物件一样随意使用,连王后的王冠,也成了厨房里放锅的支架。

第七天,国王与她在窗口对视,他揭开了自己的最后一层面纱,露出了真容。

商人的女儿说:"我答应嫁给你。"

商人的女儿有自己的尊严,她对世间的一切珍宝弃之如敝屣,不屑使用魔法获得心上人的爱。她想要的是尊重——我与你一般高,我们谁也没有面纱,就这样平等相见。

我爱你,但绝不接受你的侮辱或收买;我爱你,希望有一天你也同样痴迷于我。

疲惫的神明

□ 照日格图

好多的人和事情,当其处在低谷的时候,我们是看不到以后的。

马尔克斯的短篇小说《巨翅老人》写的就是这么个故事:下雨涨潮的那天,佩拉约扔完螃蟹回来发现地上躺着一个长有巨翅的老人。周围的人把他关进鸡窝,任人嘲笑和议论,还让他表演杂技供人们傻乐,并不知道那是一位天使。有一天佩拉约的女人在做午饭时,这位曾经疲惫不堪的巨翅老人终于吃力地让自己飞了起来,最后成了海平面上让人们遐想的点。

中国也有类似的故事,《聊斋志异》里说河北地界上,有一条龙掉进了村子,想钻进一位绅士的家里,被人们连轰带骂赶了出来,躺在门外浅浅的积水里。龙试着翻动身子,弄得浑身是泥,过了三天周围就飞满了苍蝇。有一天突然下了一场大雨,那条爬满了苍蝇的龙拥有了往日的力量,随着一声雷响,腾空而去。

网上有一句话"今天你对我爱搭不理,明天我让你高攀不起",进入生命低谷时,每个人都会卑微到我们无法想象的地步,可一旦条件成熟,就会变成真龙和天使。无论是神明还是凡人,在对方陷入低谷时我们都不应落井下石。也许伴随着我们的嘲笑声,他便已飞上我们需要仰望的高度。

有目标的人在奔跑，没目标的人在流浪

承认自己"很笨"，是推卸责任

□刘威麟

> 动不动承认自己很笨，是一种推卸责任的伎俩，大人自己这样就算了，别不小心教给了孩子，毕竟成就无论大小，自己做出来才算数。

某天在朋友家，指导她家小朋友写功课。

那个小男生突然说了一句话。

"没办法啊，我就是'笨'。"他说。

我很震惊，一个小学生怎么会说出这么成熟的话，而且这样说自己笨！是谁教他的？

我连忙制止他。

"怎么可以这样说？"

我连"笨"这个字都不想再重复给他听，我希望这个小朋友以后别再这样想了。

"叔叔认识你这么久，很确定你是我看过的智商最高的小朋友之一！"

我很怕他真的失去信心，所以一口气"灌"给小朋友一大堆称赞——

"所以，你要有信心一点儿，你知道你自己其实很不错吗？"

一边说，心里一边想，一定是小朋友的父母，平常没事就经常说自己的儿子笨。一个孩子，本来很有潜力的，当你天天说他笨，他真的就会整个放弃了。

不过，更颠覆的才要发生。

"不过，你说了这么多，我还是觉得自己很笨呢，"那个小朋友继续说，"叔叔，拜托，我算不出来，赶快告诉我答案，好吗？"

我哑然一笑。

我发现，这小家伙并不是真的认为自己"笨"。他其实是拿"笨"当借口。

有趣的来了，小男孩的母亲，送东西进来给我们吃，看到我这么认真地教她的孩子，她用充满感激的语气跟我道谢。

"哎呀，我自己就是什么也不会啊，小女子嘛，你知道的，很'笨'的，什么都不会！"那个妈妈说，"你看，交给你，什么都OK（好），以后我儿子的作业就麻烦你了！"

我简直要笑出来了。

我也确认，他们一对母子自称"笨"的这个说法，背后实际真意，并不是虚心求教，而是教了小朋友，从小就打定主意要"卸责"，要求别人帮忙，因为自己"笨"就全部不必做。

我觉得很可惜，因为，那个母亲显然想训练她的孩子成为未来很厉害的人，没想到，却先不知不觉地教了她儿子"装笨"，这下子可惨了，儿子到处"装笨"，到处找人当打手，代为处理他的所有事。

而且，这种"装笨，实际求别人"的事，不仅在这地方，还经常发生在职场上。

那个说自己"不会"的人，表面上看起来好谦虚啊。

其实，他不是在谦虚，他是"另有目的"。你别以为他"虚心求教"，其实他根本是在接近你。

以后也要注意，如果有人一过来就跟你说，她"很弱"，她不擅长，她好像什么都不行，都要多多学习。

她真的很笨，笨到像迪斯尼的乌龟或什么动物那样笨，看起来是谦虚，其实她"另有阴谋"。

常常说自己很单纯善良的人，不一定单纯善良。

常常称自己是直肠子、有话直说的人，不一定是直肠子，也不会有话直说。

同样的道理，常常说自己笨的人，也不一定笨！

动不动承认自己很笨，是一种推卸责任的伎俩，大人自己这样就算了，别不小心教给了孩子，毕竟成就无论大小，自己做出来才算数；"求来"的成就，就算再伟大，也都是没有意义的。

人与镜

□巴特尔

古人为政修身，讲究三鉴：以铜为鉴正衣冠，以古为鉴知兴替，以人为鉴明得失。墨子说："君子不镜于水，而镜于人。"

以人为镜，关键有三。

一是以谁为镜？哈哈镜不也是一种镜吗，但不足为镜。因为，形象的丑化不好，灵魂的扭曲更糟。二是如何对照？当然要用别人的长处来对照自己的短处。因为，只有不断地取长补短，方可更好地扬长避短。三是对照什么？应该对照其形，更应对照其神。其中，形似固然不可忽视，但神似更为重要。

人与镜，人可为镜，镜明得失。

思想麻醉人的力量远不如言语那么强。一个人说话多了，会对自己的话信以为真。

鲈鳗的悲剧

□ 石顺江

鲈鳗是一种生活在淡水里的鱼类，体态呈圆柱形，皮很厚，鱼鳞细软到肉眼几乎无法辨认。它身上能分泌出大量的黏液，从而保证自己身体的湿润，这样就可以在陆地上做短距离的迁移。鲈鳗的主要食物是小鱼、小虾、水生昆虫，有时也捕食蟹、蛙、蛇，及河边的嫩笋、青草等。

鲈鳗的营养价值极高，被人称为"水中人参"，捕捉鲈鳗的人自然很多，却极难捉到它。因为鲈鳗嗅觉很敏锐，一旦发现险情，便会迅速撤离，甚至会用它尖锐的牙齿咬人。台湾渔民在长期的捕鱼生活中，发现了一个极好的捕捉办法。鲈鳗经常爬到岸上吃草，在它经过的地方，身上的黏液会留下一条痕迹，下次再上岸的时候，鲈鳗还会继续走这条旧路。于是，一次又一次，黏液就加厚起来，阳光一晒，整条路就会发出光亮。渔民发现这个特点后，就在这条路上先横着埋下一排刀，每把刀都是刀刃朝上，在路的最后埋上一把直立的刀，这把刀必须非常锋利。然后，就可以跑到水岸边坐享其成了。

鲈鳗身上的黏液对鲈鳗具有保护作用。鲈鳗经过的时候，那些横着的刀会将其身上的黏液刮掉。当失去了黏液的保护后，鲈鳗的肚子就会被竖着的刀刃割破肚皮，虽然顽强的鲈鳗不会立刻死去，可一旦爬回水里，肚皮里会立刻灌满水，鲈鳗的生命就结束了。坐在岸边的渔民只等着水面上浮起鲈鳗尸体，就可以顺利打捞了。

一竖一横，横刀刮黏液，竖刀破肚皮，渔民仅用两招就轻而易举地捕捉到了鲈鳗。对鲈鳗来说，至死也不明白，将自己推向灭亡的竟然是那条走熟的路。

很多时候，人们总爱凭老经验办事，其实面对不同情况和问题，学会变通，适时适地改变策略才是正确的选择，而造成鲈鳗自身悲剧的根本原因就是不会变通。

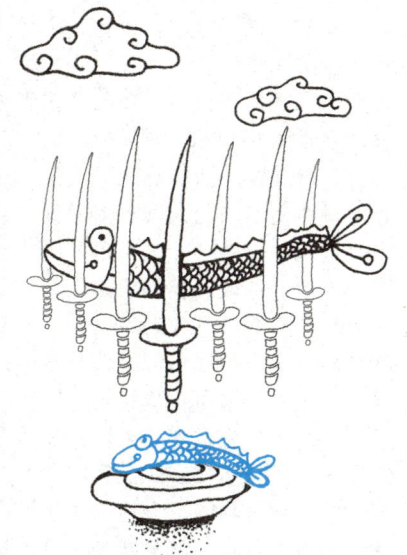

为谁而发奋

□ 张小娴

你会不会为一个男人而努力过自己的人生？

我从来不知道我有一位那么深情的朋友。认识她的时候，虽然她的才华已经受到赏识，但是，她的生活过得还不是很好，她的世界也很灰暗。这两年来，她的事业突飞猛进，也赚了很多钱。我们住在两个不同的城市。去年，我去找她的时候，她抢着请我吃饭。我取笑她：

"你现在是不是赚到很多钱了？"

那一刻，她竟然真的从心底笑出来。

今年初，她来香港找我，她的事业又跨进了一大步。她的世界也多了很多欢笑。

这天，从她的朋友口中，我才知道，这些年来，她所做的一切，都是为了一个已经跟她分了手的男人。

她要努力，要成功，那样就可以向他证明她是他爱过的女孩子之中最好的。虽然大家没有再联络，然而，他会知道她现在有多么出色。

那个朋友问我："你有没有曾经为了一个男人而努力？"

记忆之中，我是没有的。然而，能够为一个男人而努力，那毕竟是好的。起初，你是为了要他后悔而努力，当你渐渐迈向成功，你是为了你自己而努力。只要成功，当初是为了谁而发奋，也不重要。

最朴素的美意

□ 沈熹微

下午五点，忽有敲门声响起，原来是阿姨前几日见我在微信朋友圈嚷嚷想吃包子，亲手做了一袋送来。我拎着那袋刚出笼的包子，迫不及待地拈一个开吃，葱花还是绿的，肉肥瘦适宜，芽菜细细碎碎，满口鲜香，心里比包子还热乎。

世间最朴素的美意，莫过于赠人以食物。爱一个人时，会想做很多好吃的给他，盼望与他分享世上所有的美食。大学时，宿舍有个女孩子交了男朋友，对方是位运动健将，恰逢学校篮球赛季。女孩心疼，愣是在条件不能再简陋的情况下，用电饭锅给他做了满满一碗红烧肉加餐。那时我们笑她土。后来我也爱了人，情不自禁做了同样的事，方知那烹调的心境并非看上去那么简单。

记得是个雨夜，恋人搭乘的飞机晚点，从晚上10点，拖延到12点，又到凌晨2点。因为记挂着他没有吃晚饭，我事先炖了一锅排骨汤在炉子上，每隔一会儿就去看看，怕它煨得太烂，汤熬干，又怕关火太久失却温度，无法安慰到风雨里奔波的身心。那年轻而炽热的心啊，并没有因为琐碎麻烦的过程变得不耐烦，反倒处处希望能做得更为完满一些。遗憾的是，在爱的时候不会有完满可言，甚或可说爱得越深，越觉得事事都有欠缺。所有的忐忑、期待，须得到看着那人喝下第一口汤，露出满足的表情时才能全面平复。

在看望心爱的朋友时，我也喜欢带上食物。或久别重逢，或日常小聚，或初次见面，食物都不失为妥帖的心意，毕竟人总是要吃的。三毛《温柔的夜》那辑里，有一篇《相逢何必曾相识》，是写她做饭给朋友吃的故事。她在文中感慨道："给伤心的人安慰，给饥饿的人食物，为什么我能做的总是后者？"其实我想说，对于她笔下那些漂泊异乡的流浪者来说，难道食物不正是最好的安慰吗？

最近在读《造物有灵且美》，作者是日本著名漆艺大师赤木明登。其中有录入部分他与友人染色师望月通阳的通信。他说能登的火鱼很好，要给望月捎点。望月收到后吃了，认认真真回复道："真不愧毗邻日本海，海潮奔涌之处啊，鱼真鲜美。"较之于他们互诉技艺困惑、人生理想哲学的段落，后者固然深邃优美引人遐思，但写到食物的只言片语，让人在阅读中不由自主地微笑起来。真是非常温暖的两个人呢。

灵猴的懊悔

□ 程 刚

新西兰山林里有一种灵猴，这种猴与其他种类猴子一样，都是群居生活。

灵猴群落里有森严的等级制度，猴王具有至高无上的地位，一般有食物都是猴王优先享用。可总有这样的猴子，当树上掉下一个苹果的时候，别的猴子都不敢碰，只有它跑上前，三下五除二把它吃掉。

群猴看到它吃掉了苹果，瞬间炸开了锅，都对它怒目相向，这只猴子突然间意识到了自己的错误，抓脸打滚撞头，上蹿下跳，看上去十分懊悔，大家也没有追究它，反而有一些老猴跑上前，将它安抚下来。

可没过多久，这只猴子突然间会遭遇困境，因为这个群落将它拒之门外，再也不允许它融入这里的生活。不久，这只猴子只能孤零零地离开，再过一段时间，死在一个无人的角落里。

难道这是群落在追究它的责任吗？可在它犯错误的第一时间，大家极其愤怒的时候，都没有如此排斥它，而是在老猴的带领下接纳了它，可过了一段时间后，怎么就变得这么糟糕了呢？

经观察发现，这是因为这只猴子并没有知错就改，当它第一次抢食后不久，又会故技重演，虽然依然表现出强烈的负罪感，可猴群对它却越来越反感，接下来它再犯的时候，便不会再原谅它了，而是直接将它赶走。

贪吃的灵猴一而再、再而三地犯错误，最终害了自己，这给了我们人类很好的启示。懊悔，第一次是可贵的，第二次就会贬值，第三次便一文不值。

犯错比读书学到更多

□ [德] 罗尔夫·多贝里
刘菲菲 译

你会愿意让一位读过上千本医书但从未给病人动过一次手术的医生为你开刀,还是选择做过上千次手术但没读过一本医书的医生?

一位制药集团的首席执行官在和我一起吃晚饭的时候说:"在公司里巡视的时候,我可以马上察觉到哪些部门运行良好,哪些部门有问题;当我雇用员工时,短短几秒之内我就可以感觉到他是否合适;当我和供应商谈判时,凭直觉就知道谁想欺骗我;当我准备收购一家公司时,投资银行几千页的报告远远没有一趟短短的公司巡视有用。"

我问他:"你是在哪里学到这些的?哈佛吗?"

他摇摇头:"我在发展自己的事业时犯了上千个错误,从中学到了很多。"

知识有两种类型:用语言描述的和非语言描述的——我们往往过度重视前者。

在4年的组装时间之后,莱特兄弟在1903年12月17日成功造出了第

一架飞机。他们实现自己的这一梦想并不是靠学习前人的科学理论,因为当时还没有这种理论,在那之后的30年,飞机制造理论才得以成型。

谁发明了自动织布机、蒸汽机、汽车和白炽灯?绝不是理论家。我们对知识分子、学者、理论家(所谓有文凭的人)评价过高,而低估了实践者和干实事的人。

文字表述的知识都是清楚明白的,这种清晰在实际生活中却是不存在的。其实,写书的人和从不写书的人有不同的思考方式,因此我们不能将文章看成是对现实世界的反映。另外,文字会掩盖能力,表达能力好的人会赢得更好的机会。谁没有在邮件和报告中很好地表述,谁就往往得不到升职——尽管他本来有这个能力。

所以,重要的知识在实践中。请你把对文字的敬畏放到一边,在适当的时候停止阅读,做些可能会失败的尝试。

该快还是该慢

□ 张珠容

耶鲁大学在一堂公开课上做了一个有趣的研究:多数新手买车后首次在高速公路上行驶,几乎都不是匀速开,而是变速开,跟兔子一样,左窜右窜。而当坐在车内的人提醒要注意安全时,新手司机又会为一个问题纠结不已:我是该开快点还是开慢点?

其实答案很简单:当新手的车速接近路面车子的平均速度时最安全。为什么呢?因为如果周围车子都是兔子的速度,新手是乌龟的速度,那么他就要被追尾了,这是"慢了不安全";而如果周围车子都是乌龟的速度,新手却是兔子的速度,那么他就要追尾了,这叫"快了不安全"。

到底该快还是该慢?真正有经验的老司机不会光简单地说开快点还是开慢点,而是会先看看周围人开车的速度,然后调整自己的速度,让自己的车在车流中保持稳定的平均状态。

我们人人都是司机,我们的人生就是一条高速公路。在行驶的过程中,我们开得快未必就好。在相互依赖、相互竞争、资源有限的情况下,我们必须根据周围人的策略选择自己的出路,决定自己的速度。

我们不可能在晚秋时节还会找到我们在春天和夏天错过的鲜艳的花儿。

有目标的人在奔跑，没目标的人在流浪

余裕

□子沫

我遇到过两回这样的事，所以有点儿感慨，很想说说。一次是看《天鹅湖》演出，演出很美，可是，坐我前排的一位大叔从开演起一直拿手机不停地拍，兼发朋友圈，上半场一直未停歇过，他的举动影响到了我的视线，又不好说，只能忍着，把身体向一边偏。大叔可真忙碌啊，我不夸张地说，他几乎就没停止过。他看进去了多少，我不知道。

第二次，是一个实景演出场地。非常震撼，实景演出，感观是四面八方的，眼睛都有些忙不过来，此起彼伏的背景、音乐、台词，还有夜空、苍穹……这么优美的演出，我前面两位男女又在不停地拍，发朋友圈，一直是透过手机镜头在忙碌，也是整场未停歇……说实话，我深深地替他们遗憾。都忙活手机去了，哪有心思沉浸在演出中？他们是为别人在看啊。我难以理解这种行为。我比较自私点，看剧是很自我的事情，那么忙着分享为了什么？

这两次经历让我无端想起另一些事。

曾看过梁文道的一档访谈节目，话题是从去泰国旅行的游人用盘子铲虾视频开始的，梁文道说，现在每每看到这样的新闻，我倒没有愤慨的情绪，只是觉得可怜。他这话，说得很到位。他说，泰国有个普通人评论这件事：怎么会这样，他们很饥饿吗？只有吃不饱的人才会出现这种情况。接着，他提到"饥饿文化"，表现是不安、紧张、存东西、匮乏、不能吃亏。这个细想想，倒真是很多的。虽然现在物质丰富，但种种相关情绪比比皆是。他谈到一个细节，有一次他去巴黎一家名品店买一件衬衣，准备付款。旁边，一位国内去的阔太太，买了很多东西，也准备付款，那位太太把自己的东西护得紧紧的，并冲售货员说："不要弄错了，这些东西是我的。"售货员听不懂她的话，只能抱歉地笑。他很平静地对那位阔太太说："太太，你尽管放心好了，你的东西不会弄错的。"他说，当时，只觉得她可怜，买得起这么多东西，却有一颗贫穷的心，令人同情。虽然有钱，虽然阔气，可是紧张、不安，是一种饥饿和缺失。很可怕的心态。人是绷着的，不放松的，没有余裕，美感全失。

前段时间，友人谈到斯里兰卡的见闻，有些感慨。她说斯里兰卡男人看上去真漂亮真体面。我很少听到用这样的词评价男人，很有兴趣。她讲起来，说他们穿着干净，看上去健康，皮肤透亮，最重要的是整个人放松、不急，而且要命地体贴人，总是为对方考虑。她坐的当地人的车，每到一处，司机都好脾气地说，你慢慢看，慢慢吃，我在什么地方等你，不要着急。她讲了一个趣闻，某次问一家餐厅的老板，洗手间在什么地方（洗手间在餐厅外），老板放下手里的活儿，很仔细地为她指路，当时，一餐厅的当地人都很关心她找到卫生间了没有……她说，真是有意思极了，他们很关心别人的燃眉之急。

友人说太喜欢斯里兰卡，人活得尊严、体面，没什么钱，但好像从不缺钱，不急，没有我要什么的表情，很淡很静。所以面相好看。

内心有余裕，才有空间。

我们的友情是如何消失的

□卢思浩

越是朋友就越不应该站在指责的立场用教训的口吻说话，真实不代表刻薄，指出不代表批评，而是在尊重对方的前提下分享自己的想法。好友之间不存在高与低，不需要优越感，也不存在迎合，要照顾彼此的感觉，平等而又真诚。

以前我们朋友圈中有个共同的朋友，之所以说是以前，是因为他渐渐淡出了我们的朋友圈，他最大的特点就是会给身边的人泼冷水。D姑娘失恋的时候，他说"我早就和你说过了，你偏不听"；Kim帮他画了幅画，他没有一点儿感谢的念头，话语里反而显示出不满，仅因为Kim没有早一点儿传给他；朋友减肥的时候，他说"减什么呀，这么辛苦还是趁早放弃吧，我是为你好"，一句话把朋友的热情结成了冰。

友情致死的凶手之一，就是这句"我这是为你好"，亲情也是同样。越是熟悉一个人，就可能越是忽略对方的感受，越是容易忘记别人对你好从来不是理所应当的，越是容易忘记"哪怕是朋友，也不应该站在教训的立场上和他说话"。

你是我兄弟

□ 喵大菇

第一次接触"体育生"这个词,是因为你。高一下学期,成绩实在太差的你在选择的岔路口往"体育生"这条路走去。记得我为此还笑过你,心底有些瞧不起你,有时在寝室里碰上你刚训练完,大汗淋漓地冲进浴室,我会问你:"还好吧?"你却总是轻描淡写地揭过去。

你从不在我面前抱怨训练有多苦有多累,直到那天,因为某些事情,我在上课期间到了操场那边,正巧碰上你在训练。

遥遥望去就看见你围着操场一圈一圈跑着,你背上似乎背着什么,你一点儿一点儿靠近,我终于看清了你背上的东西——两根婴儿拳头般粗的麻绳勒着你的两肩,令我惊讶之余又有点儿鄙视的是,你被勒着的那两根麻绳后面竟然拉着一个轮胎!"至于吗,"我心想,"就像那轮胎有多重似的。"我不以为意地撇了撇嘴角,对你全身的汗渍感到怀疑。

因为发现了我的到来,你渐渐放慢了脚步,停在了我的跟前。你气喘吁吁地将麻绳卸下,我有些好奇了,于是乎,我眯着眼细细观察了下那轮胎,原来如此——那轮胎里竟然放了两个大铅球!

我一瞬间就有些心疼起你来了,为你感到不值。因为在我看来,体育生是没有什么前途的。这时你正不停地用手扇着微弱的风,看你累成这副模样,我好奇心起,悄悄跑到你身后拉了拉麻绳,想要拖动那"铅球版"轮胎。可没有想到,我一个米八的汉子,竟然一下没能拉动它!

真是奇了怪了,我用脚一踹,里面的两个铅球又多出了伴儿——那轮胎里竟然有三个铅球!天啊!三个铅球!兄弟,那时我真心佩服起你来了。也因此,我心底对体育生的"偏见"也少了许多。

曾经你是睡在我上铺的兄弟,虽然因为高二体育生要分寝室,你搬了出去。但我记得的,你,永远是那个睡在我上铺的兄弟。曾睡在我上铺的人那么多,我却只认你是我兄弟。

过去的锋芒毕露

□ 张小娴

小时候,对"锋芒毕露"这四个字无限向往。

真想做一个锋芒毕露的小孩子呀!于是,我常常在班里主动逗同学、老师发笑。虽不至于标新立异,但我渴望被每一个人注意。

我喜欢坐在教室最前排,让老师看到我。我勇于举手回答老师的问题;当然,没功课的时候,我会变得很安静。

我尽量参加课外活动,表现自己的才华。念小学的时候,学校里的每个修女老师都认识我。

上中学的时候,我参加了排球队,因为排球队是最出风头的。后来,我更是当上了队长。

我演话剧,又参加运动会。

我努力向"锋芒毕露"迈进。

突然,有一天,我不再向往这一切。

当我开始了解自己,我才发现我是好胜,而不是喜欢出风头。我喜欢独来独往,不喜欢被人簇拥着。我不爱站在台上。我根本就不是一个锋芒毕露的人。

我只想静静地做自己喜欢的事,别人最好不要来烦我。我害怕锋芒毕露之后的寂寥。做一个低调的人,日子会快乐许多。

人在成长的过程里,也会误解自己吧?当我们终于找到自己,是否会为从前做的事抹一把汗,或者是脸红起来?

最好的顾客

□ [法] 亨利·特罗亚　张成柱 译

厄泰尔普夫妇的花圈铺子恰好设在一个市民公墓附近。木质的店门上涂着暗绿色的油漆，相当美观。右陈列窗的上面，写着四句顺口溜："买花圈，勿匆忙，何苦跑遍巴黎城？厄泰尔普铺子里，物美价廉货样丰。"

这绝不是空话。厄泰尔普夫妇开业二十五年以来，一直生意兴隆。厄泰尔普夫妇总考虑着如何使货品的价格和质量让顾客满意。

一天傍晚，快关店门的时候，厄泰尔普太太正忙着结账，突然进来一个陌生人。他很瘦，看上去七十来岁，显得很忧虑，像真正要买东西的顾客。

为了不使他感到拘束，厄泰尔普太太温和地说："您想要什么，先生？"

他回答道："我想看看花圈。"

厄泰尔普太太领着顾客去看陈列的商品。铺子里，靠墙摆的全是花圈，像一座座小山，这些花圈有的飘带上写着"献给我的慈母"，有的写着"献给我最心爱的长兄""献给我亲爱的父亲""献给我最喜爱的外甥"……什么样的不幸都能在这些空泛的话中找到寄托。

她假装同情顾客的不幸，谨慎地说："常见到和您一样的先生，由于悲伤过度，往往不加选择，顺手随便取一个。如果我可以向您建议的话……"

"不用您建议。"顾客说。

"呃，"厄泰尔普太太说，"我们制作的紫罗兰花的，做工精致，引人注目，如果您失去的亲人是一位女性，我建议您最好送给她这一种。您同那位仙逝的人是什么关系，您不介意告诉我吧？"

一听这话，陌生的顾客现出痛苦的表情。他深吸一口气，低声说："亲戚关系。"

"对，"厄泰尔普太太说，"是男的，还是女的？"

"男的。"

"他是您什么人？"

顾客拉长脸，盯着厄泰尔普太太："您的好奇心太重了，太太。"

"不是好奇，"厄泰尔普太太磕磕巴巴地说，"我不得已向您打听这方面的情况，是想知道您买花圈是为一位表兄弟、一位老父亲，还是一位长兄……"

那人举手制止这种不祥的列举，说："每一种要一个。"

"什么？"厄泰尔普太太惊得透不过气来。

"每种一个！"那人气愤地重复了一遍，"当然仅限于男性的，这很清楚，在我看来！"

厄泰尔普太太咽了一口唾液，解释道："好的，先生，也就是说，一位亲爱的父亲、一个亲爱的兄长、一个亲爱的儿子、一个亲爱的外甥……"

"还有一个亲爱的伯伯，"那人惶惶不安地匆匆接着说，"一个亲爱的表兄、一个亲爱的朋友、一个亲爱的同事、一个亲爱的房客、一个亲爱的女婿！所有的一切！"他眼里闪烁着不可捉摸的光。

这人无疑是个疯子。厄泰尔普太太感到可怕，她一边向柜台退着，一边叫道："维克多……维克多……"然而，维克多在商店的后间，根本听不见。

"那么，"陌生人说，"行，还是不行？"

"您能等到明天吗？"厄泰尔普太太试探道。

"不，我忙，非常忙。我叫了一辆出租车，想把所买的花圈全部带走。您要是不同意，我就到别处去！"

他说这些话的当儿，厄泰尔普太太脑子里斗争得厉害。难道因为顾客举止奇特，她就应该放弃这一大宗买卖吗？"好吧，"厄泰尔普太太片刻后道，"我给您取。"

她头冒冷汗，把花圈逐个装进汽车里。装着装着，厄泰尔普太太忽然眼睛一亮，叫道："我明白这是怎么回事了！您家所有的男人在一次事故中全都遇难了！"

"一点儿也不错，"陌生人催促道，"但是，快一点儿，把那个送给伯伯的花圈放好一点儿，摆在这里！"

他想了一下，又说："再给我取个献给祖父的。"

"您也失去了祖父？"

"既然我对您这样说！"

"他的岁数一定很大了！"

"他年近百岁了。"

厄泰尔普太太松了一口气，拿过一个献给祖父的花圈和一张发票。他快速地付完钱，上了出租车。

厄泰尔普太太回到店里，见丈夫维克多慢腾腾地从店后间里踱出来。

"维克多！"她叫道。

维克多浑身哆嗦了一下，说："我在听着，亲爱的。"

于是，她把此事的经过叙述了一遍。她刚一停，维克多就皱眉骂道："可恶！"

"为什么？这个可怜人在一次事故中失去了家中所有的男性成员，而……"

"你对此信以为真，你相信那是意外事故？"维克多神经质似的说。

"不，"厄泰尔普太太说，"其实我也不那样认为。也许是我们的一个同行想充实自家的商店？"

"谁会付这么一大笔款？"维克多说，"你开玩笑！他没让你减一点儿价钱，而数量又不是特别多。我今后不能再让你一个人在商店里。这人是个色鬼。"

"色鬼？"

"一个为全家所有男性成员都买了花圈的家伙只能是个大色鬼。他想在近几天把家中的男性成员逐个干掉，或者一次性灭绝。真可怕，我们应该赶紧采取措施。你问过他的名字和地址吗？"

"我没有想到这些。"

维克多不满地说："遗憾！应该告诉西蒙，他会给我们想些办法。"

西蒙是他们的侄子，是个警察。当晚，维克多把他叫过来，谈了谈情况。听了叔叔的叙述，西蒙陷入沉思。过了很久，他点头宣称，这件事确实异乎寻常，但没有一条法律条文禁止一个人一次买多个花圈，而那陌生人的举动一点儿也不违法。

"但是，"厄泰尔普太太叫道，"我们断定这个人买了花圈准备搞大屠杀！"

"一旦罪行得逞并被验证后，我们就立即逮捕他！"西蒙叹息了一声说，"就这样。"

次日上午，厄泰尔普太太买了很多种报纸，坚信在第一版就能看到她所预见的凶杀消息。但是，她将这些报纸从头版的社论一直浏览到末版的广告，一条也没有。但厄泰尔普太太发誓绝不放松警惕。

一年快过去了，并没有出现那个不可捉摸的顾客杀人的新闻。厄泰尔普太太始终坚信这个悲剧将在人们不留意的时候上演。

一个星期五的傍晚，维克多正忙着订一批急货，厄泰尔普太太突然看见马路对面的人行道上正走着她要找的那个恶棍。他穿着黑衣，擦墙而过，避人视线。厄泰尔普太太心里像挨了一锤。她不假思索地站起来，穿过马路，跟上那个人。那个人突然在一座外表寒碜的寓所前停下来，接着摘下帽子走上楼梯口的小平台。厄泰尔普太太也走了进去。她看见他打开房门，便跳起来叫道："站着别动！"

他愣在门口，瞪着眼，张着嘴。

"让我进去。"她用不容置辩的语气说。

没等他回答，她就冲进房间。这原是一个不起眼的小房间，墙上贴着淡紫色、印着树木枝叶图案的壁纸。靠墙胡乱放了许多花圈。厄泰尔普太太一眼就看出葬礼用品没少一件，她来得很及时，得胜似的松了一口气。

"您有什么事，太太？"那个人一边关门，一边结结巴巴地说，"我不认识您。"

"我认识你，"厄泰尔普太太以审问犯人的口气说，"你叫什么名字？"

"莫里斯·巴罗丹。"

"婚姻状况？"

"未婚。"

"年龄？"

"七十……但是，您有什么权利问我这些？"

莫里斯·巴罗丹站在这位来访者的对面。他脸上的皮肉松弛下垂，面色发灰，鼻子窄长，忧郁的眼睛里充满泪水，插在短上衣内的左手不停地颤抖。然而，厄泰尔普太太曾读过优秀的文学作品，知道某些老家伙虽然外表老朽，实际上却很有力气。由于意识到自己的危险处境，她的双眼总是看着那个人的手。见那个人往门边迈了一步，她就叫道："不许动！"

"不要这样，太太，我是在自己家里，我有权……"

"你什么权也没有。你得听我的，是我卖给你这些花圈的！"

一听这话，莫里斯·巴罗丹用双手捂住脸，双膝略微弯曲下来。厄泰尔普太太看到她击中那人的痛处，接着说："是的，当时我没弄清你买那么多花圈的用意。但是，我很快就明白过来了。你这个坏人，竟然想要谋害亲人。我已经报警了……"

"已经报警了？"莫里斯·巴罗丹低声说。

他坐在一把椅子上，仍捂着脸，哽咽起来。在厄泰尔普太太听来，这种哭泣声是十分悦耳的。

"您不应该报警，"他呜咽着说，"我没有害人的心，我向您发誓……"

"我很想相信你，"她嘲弄似的驳斥道，"但是，请你解释一下，你从我这里买一整套花圈究竟是为了什么？"

他抬起头，苍老多皱的脸上挂满泪水，像被雨水打湿的破布。他哆嗦着嘴唇，磕磕巴巴地说："这是……这是一个秘密……我全给您说了吧……是这样，我老了……有心脏病……医生们都说我还能活几个月，也许只能活几天……在这个世界上，我没有亲人，没有朋友，什么人也没有。我想给自己'造'出所有的亲人来。我买的那些飘带表示因为失去我这样的'父亲''祖父''兄弟''儿子''伯伯''表兄''女婿''丈夫'和'朋友'，他们感到痛苦……我事先置身于所有假造的同情中，被多种的'亲属关系'所缠绕。从此之后，我就心安理得了，感到生活在'亲人'中间，被人爱着……"

厄泰尔普太太激动得喉咙哽咽。

他微微动着嘴唇，喃喃道："我在您眼里也许是荒诞可笑的，请原谅……"

"请求原谅的应该是我！"厄泰尔普太太叹息道。她抓起莫里斯·巴罗丹的一只手，紧紧握着。这当儿，他们的目光紧紧地交织在一起。厄泰尔普太太突然高声说道，"明晚请到我家吃晚饭，我们可以加深了解。"

莫里斯·巴罗丹就这样成了厄泰尔普一家最好的朋友。正如他所预见的那样，几个月之后，他死了。他的葬礼惊动了所有爱看热闹的人。

虽然只有厄泰尔普夫妇并肩跟在灵车后面，但灵车上却堆满了用玻璃球、铜丝和塑料花制作的花圈，看上去真像巍峨的高山。一条条紫色的飘带显示出一个繁茂而忠实的家族的痛苦。在花圈堆中，有一个由厄泰尔普夫妇献的特大花圈，飘带上写着一行金字："献给我们最好的顾客。"

有目标的人在奔跑，没目标的人在流浪

荷兰航班：一秒钟的迟疑

□ 魏蔻蔻

从中国返回荷兰的航班上，先生和我很幸运地被荷兰航空公司升舱了。

虽然我俩不能挨着坐，但是能在宽敞舒适的商务舱里将身体四肢伸展开来休息，飞完一段十余个小时的旅程，已经很满足了。

商务舱除了酒水饮品要比经济舱精致些，还会分派一些荷航的礼品纪念品。这些纪念品当中，有一种特别受欢迎，就是荷兰航空公司发行的"荷兰小房子"。

这些荷兰特色的小房子有近百个，各有各的编号，分别代表不同的经典荷式传统房屋，里面盛有少量荷兰的国酒琴酒。

在每年10月7日荷航的建航年庆日，它都会推出一所新的房子，房子的编号和荷航的年龄一样。

这些小房子一直是收藏者们的热衷藏品。

总算到了商务舱发送荷兰小房子的时间，大家都好奇此次会有几种样式，并默默希望着能挑到和自己家里收藏的是不同款的。

空中小姐举着放着小房子的托盘，走到每个乘客面前，让大家挑选拿取。

服务我坐的这几排的是一位中国空姐，她让我身边坐着的乘客挑完荷兰房子后，跳过我，直接走到后面去了。

我急忙喊住她，提醒说我还没选呢。

她微笑着，轻声用中文解释道："是这样的，荷航小房子我们一般都是优先分给买了商务舱机票的乘客。您是升舱的，要等到正经买了票的客人挑完了，您才能选。一会儿我会回来，让您挑剩下的。"

知道了缘由，我觉得合情合理，无可厚非，也没继续要求什么。

就在此刻，我听到坐在我斜后方的先生也在问空姐同样的问题，为什么他不能立即选荷兰小房子。

服务我先生那边的是一位荷兰空姐，她微笑着和蔼地回答："先生，是这样的……"

才开了个头，这位荷兰空姐突然顿住了。

停了很明显的一秒后，她继续用荷兰语说："是这样的，荷兰小房子我们会在提前预订了这里座位的乘客中分发第一轮。很快，就轮到您了，我会再过来。"

一个意思的回答，两种不同的说法！

显然，在这位荷兰空姐迟疑的那一秒钟之间，她是在组织语言，想着如何把这句话表达得谦和得体，表现出对每一个乘客的平等尊重，杜绝激发负面情绪的可能性。

比如，"正经买了商务舱机票的乘客"变成了"提前预订了这里座位的乘客"；

"升舱的，要等到正经买了票的客人挑完了，才能选"变成了"分发第一轮"；

"一会儿我会回来，让您挑剩下的"变成了"很快，就轮到您了，我会再过来"！

说实话，若没有比较，我会以为中国空姐的那段说辞没什么不妥。可是，听到了荷兰空姐在一秒钟迟疑后说出的这番话，还是让我有些触动。

想来，荷兰航空公司对其空姐的培训是一样的。故而，两位空姐答话间轻柔谦恭的语调、和善礼貌的微笑，完全如出一辙，表现了良好的专业素养。

和在荷兰生长的人不同，我们已经习惯了目睹和遭受形形色色、大大小小的评判和分类。

这些三六九等的标准，无非是钱多权重的或是缺金寡势的，谁是施恩气粗的，谁该是低眉讨好的。当了"大爷"的，看其他人就都是"孙子"，也用不着考虑任何人的感受。

在如此环境中成长起来的人，哪怕再和颜悦色，也难免会不自觉地用到一些"区分尊卑"的腔调。

人家买了商务舱的票，他们该优先。剩下的，会给你挑……

可能很多人都会觉得，既然能被升舱，已经很幸运了，不能再"贪心"，什么好事都想赶上，该感恩了。何况人家是好言好语地跟你讲明情况。

唯独忘了，这跟感恩无关！

因为谁也没奢望要被无偿升舱，既然是航空公司由于票务因素主动给升了舱，那就该对每个乘客一样。有待商榷的事情，用中性的措辞解释，没必要再提醒谁是买全票的而谁不是。

人是平等的，该得到一视同仁的尊重。

我挺感谢这位荷兰空姐用了一秒钟的迟疑，来呈现一种真正人性和平等的服务态度。让我知道，有些话，还有另一种说法！

人最大的修养是知人不评人

□ 王雯

轻易论断他人，无论是真心还是假意，很多时候都化成了伤害对方的利剑。

别人无车无房，你说因为他穷；别人作息规律，生活简单，你说人家单调乏味，毫无情趣。

知人识人，已经很难。然而更难的是，在知人之后管住自己的嘴，不对他人的生活妄加评论，横加干涉。很多事情，坏就坏在多嘴多舌。

《诗经》里面讲："人之多言，亦可畏也。"父母不免要干涉晚辈的生活，这已经够让人头痛了。但更让人头痛的是陌生人的多嘴多舌。

法庭的判决有根有据，即使惩罚也有具体的做法，惩罚完了也就完了。但好论人是非的人，总将人置于虚构的道德法庭之上，这种折磨旷日持久，是最煎熬的折磨。

没有经历过，凭什么妄断他人，得知了对方的一点儿信息，无论认不认识，总要以自己的背景出发以己度人，这对于我们似乎是很自然的事。但我们都不可能深入别人的心里，窥探他到底为什么活成这样。而我们得出的评价，无论是对自己还是对当事人，其实都无多大益处。

《论语》里有句话："如得其情，则哀矜而勿喜。"在他人的身上，我们看到的是自己。生活如此艰难，有些事情不需要拆穿。不拆穿，免得对方尴尬，免得自己显得咄咄逼人。来说是非者，便是是非人。不能与人为善之人，最终必为他人所疏远。

在人世间，最贴心的一句话永远是：我懂你。对待他人，无论是所爱的人还是萍水相逢的人，我们需要的只是"同情的理解"，只是沉默，只是等待时间为我们展露真相。

倒置啤酒赢生存

□ 付体昌

春天，小区内贴出广告，又开了一家小超市。

开张之际我曾断言，过不了多久肯定倒闭。因为距离它不到200米就是一家大型超市，货品种类和购物环境都甩小店十条街。

可三年过去了，小店非但没倒闭，生意反而越来越火爆。

这天下班后妻子给我打电话，让我顺便到小超市把网购的东西带回家，原来下午她不在，就让快递把东西寄放在那儿了。

说明来意，老板从台下拉出一个大塑料筐，里面都是还未取走的包裹，大大小小、满满当当。我找到自家的东西，跟老板道谢。他笑道，举手之劳。

我被老板的直爽打动，不买点东西似乎有点儿过意不去。在这个三十几平方米的小店里转了一圈。

拿起几罐啤酒。只见所有的罐啤都是倒放在货架上，罐底的生产日期非常醒目，因为倒置，罐口没有灰尘非常干净，打开就能直接喝。我被这个细节触动了，真是个细心的老板！

拎着啤酒出门时我想，在这弹丸之地的商战中，这家小店通过提供便民服务提高客户黏性，通过精确了解顾客需求改善细节，提高用户体验，这正是它的生存之道啊。

我们做事情只有善于换位思考，设身处地地多为对方着想，才能为自己赢得立足之地。

有目标的人在奔跑，没目标的人在流浪

温和成就的"航天员"

□ 杨兴文

中午下课的铃声响过之后，三年级学生陈冬从教室里大步流星地出来，匆匆忙忙地回家。陈冬出生于工人家庭，父母是中铝铜业洛阳公司的职工，他从小在工厂里长大，是工厂里喜欢惹是生非的淘气孩子，和同龄人打架斗殴，是经常发生的事。

到达小操场上的时候，看见操场上堆放着很多蔬菜，陈冬赶紧甩开双手，迈出双脚，飞快跳上蔬菜堆，在上面用力践踏，似乎蔬菜与他有难以

解开的仇恨。除了自己践踏之外，陈冬还朝着准备回家吃饭的同学叫喊，希望他们赶快上蔬菜堆去玩耍。

在陈冬的召唤下，刚刚从教室里出来的同学，呼吸着外面清新的空气，接二连三地跳上蔬菜堆，有的在上面跳跃、摔跤，有的握着蔬菜，丢去打其他同学，有的把蔬菜当作皮球，拿起来朝空中投掷，他们肆无忌惮，很快就把蔬菜糟蹋得稀烂。

看到学生踩蹋蔬菜，三年级班主任杨振幅立即来到操场上，其他学生赶快逃跑，只有陈冬还在蔬菜上跳跃，突然看见老师，他顿时惊慌失措，估计要遭到严厉批评。让陈冬出乎意料的是，杨振幅并没有阴沉着脸指责他，而是温和地叫他从蔬菜上下来。

等陈冬来到身边，杨振幅还是没有发脾气，仍旧努力抑制着愤怒，指出他的做法不对："蔬菜是学校刚刚买来的，准备发给全校的老师，你带着几个同学在上面跳跃，已经把很多菜叶踏坏，我如何向学校交代？稀烂的蔬菜老师们怎么吃？"

看着杨振幅严肃的神情，陈冬更加慌乱起来："老师，对不起，我知道自己已经做了错事，现在只能想办法向学校赔偿损失。"在陈冬承认错误后，杨振幅没有追究他的责任："你造成的损失，由我帮助你赔偿。以后在做事情的时候，希望你考虑到后果。"

杨振幅让陈冬回家吃饭，他将情况汇报学校后，随即请村民把烂掉的蔬菜拉去喂猪，然后用自己的生活费，去买来同样重量的蔬菜赔偿学校。过去陈冬格外调皮，多次遭到批评，仍旧积习难改，杨振幅的温和对待，竟然让他发生天翻地覆的变化，他发誓要好好表现，至少让班主任高兴。

在所有老师中，杨振幅是陈冬最敬佩的老师，杨振幅的宽容和担当，不断给予他成长的力量，促使他努力学习，以前的顽皮孩子，逐渐变成优秀学生。陈冬五官秀气，留着齐耳短发，脸上随时随地露着机灵的微笑，赢得师生的喜爱。

在洛阳市第二十二中学读书时，陈冬喜欢思考各种各样的问题，上物理课时他提出疑问："失重是怎么样的感觉？"物理老师张钦解释："就是失去重力的作用，人飘浮了起来，具体是哪样的感觉，我也说不清楚，只有亲自到太空中，才能体会到。"

张钦开门见山的回答，让陈冬对太空产生朦胧的憧憬，盼望自己能够到太空去，出于对太空的好奇，他专门去图书馆找到关于太空的图书资料认真查看。在看书以后，陈冬确定将来报考长春飞行学院，争取亲自到达太空，体会失重的感觉。

招收飞行员的体检，是非常严格的，尤其是军队，在洛阳初次体检，陈冬顺利过关，在郑州参加第二次体检，也没有遇到问题。两次体检过关后，父亲陈树林对儿子当飞行员有着很大的期待，渴望他第三次体检也能够顺利过关。

第三次体检在济南进行，陈树林亲自陪同儿子到济南参加体检，父亲在外面等待，他进房间去体检。体检结束出来时，陈冬失望地对父亲说，他的视力稍微下降，体检结果是1.2和0.9，而招收飞行员的视力要求最低是1.0，他的右眼只差0.1。

坐在返回洛阳的火车上，陈冬显得比较沮丧，陈树林只能耐心安慰儿子，视力的问题可能不怕，只要在高考中取得好成绩，就应该没有问题的。陈冬报考长春飞行学院，高考结果揭晓，他取得625分的优异成绩，已经超过重点线。

来到洛阳市第二十二中学，看见陈冬的高考成绩，长春飞行学院的招生人员特别高兴，他们从来没有看到过报考他们学校取得625分的学生。只是看见陈冬的第三次体检报告，招生人员发现他的右眼视力仅有0.9，与合格的体检视力标准差0.1。

陈树林善于察言观色，做事随机应变，看见招生人员犹豫不决的样子，他赶快进行解释："我儿子的眼睛平时很好，最近他高考复习强度较大，以致影响到他的眼睛，视力暂时稍微下降，以后会逐渐恢复正常，你

我越是孤独，越是没有朋友，越是没有支持，我就得越尊重我自己。

只碰不约

□ 江志强

作家三毛和漫画家蔡志忠是众人皆知的挚友。他们之间的交往，极为独特。用三毛的话说，叫"只碰不约"。

在《我的宝贝》一书中，三毛将蔡志忠称为"没有一丝强求意味的朋友"。她认为，该来的朋友，时间到了自然而来；该去的朋友，如果勉强得吃力，不如算了。

事实上，在三毛和蔡志忠第一次见面之前，彼此之间都用不同的方式和途径关注着对方，相互间早已"熟悉"。

关于他们的结识，缘于一次电话。这个电话是蔡志忠打来的，但蔡志忠的电话并非打给三毛，只是三毛代接了，彼此就此相识。当时，双方都已在各自的领域取得不小的成就。但，结束通话之后，彼此并未急着见面。

那年，蔡志忠出版了代表作《自然的箫声——庄子说》，产生很大反响。蔡志忠在赠予三毛的书上写道："请三毛多多……指教。"

看着蔡志忠的漫画，品读蔡志忠颇为有趣的留言，三毛觉得甚是有趣，感动不已，遂打电话致谢。

就是在这次电话里，他们不约而同做出一个约定："我们绝对不刻意约定时间、地点见面，一定不约，只看缘分。"

说到做到，二人真的没有约过。三毛感叹说："约的就是——不约。"

不久后，蔡志忠让人给三毛送来一只瓮，三毛识货，大呼："哦，窑变！"立即给蔡志忠致电感谢。谁知，电话那头的蔡志忠极为平淡地说了四个字："喜欢就好。"

直到后来见面之后，三毛才知道，蔡志忠将自己收藏的最珍贵的一只瓮送给了她。为此，三毛感慨不已："当我们全家人都欣赏过这只带给我巨大快乐的瓮时，还是没有见到送瓮的主人。"

终于，在一个极为偶然的场合，他们见面了。三毛到皇冠艺文中心办事，恰巧"碰"到了蔡志忠。

关于这次见面，三毛进行了极为形象的描述：我看了一眼那个青年，发觉眼前的人正是蔡志忠。而他，也突然看见我，两个人同时跳了起来，我尖叫一声他的名字，用手向他一指，好似正要出招，而人还悬在半空中。老天叫我们不期而遇，我那个尖叫，出于自然，而且是漫画式的……

茫茫人世间，三毛和蔡志忠的这份独特友情，就像一只盛满美酒的瓮，纯纯香香，干干净净，不染俗尘。物欲横流中，像他们这样独特的交往方式，能有多少呢？

正如三毛所说："抱着'无为而治'的心情去对待人际关系，发觉那是再好不过的。不执着于任何人与事，反倒放心。"

有目标的人在奔跑，没目标的人在流浪

蟒蛇的伤疤

□陆布衣

谢肇《五杂俎》卷九"物部一"记：大山中，有一种藤叫蟒蛇藤。捕蛇的人，往往穿着女人的红衣服，戴着花草，手上拿着蟒蛇藤，蟒蛇见了这样的打扮，也分不清是不是美女，立即盯着看，捕蛇人随即就用妇人的衣服将蛇头部蒙住，并用蟒蛇藤捆住它。

捕蛇人抓蟒蛇，就是要它的胆，那胆是好东西。如果取像粟米那样一点儿含在口中，任你怎么击打，都不会被打死。

蟒蛇用胆护身，但它的胆，不长在固定位置，而是随击而聚。如果只是取这个胆，那么，可以用毛竹击打蟒蛇一下，过一会儿，用利刃在击打的部位划一个口子，胆就掉出来了。取胆后，对蟒蛇也没有什么损伤，它仍然可以存活下去。

捕蛇人又抓到蟒蛇了，又要取它的胆了，这下，蟒蛇连忙直起身子，将肚子上的伤口展示给捕蛇人看：我的胆，已经被人取走了，你们放我走吧！

这里的蟒蛇，既笨又聪明。蟒蛇的笨，是被表象给完全迷住了。蟒蛇的聪明，是它只认一个理，捕蛇人既然是冲着我的胆来的，胆就是他们的利益，那么，我就随时处在危险中。胆已经被人取走了，利益也就没有了。

此时的捕蛇人，只能自认倒霉，算了算了，没有胆的蟒蛇，也没有什么价值。

所以，第一个向捕蛇人展示腹间伤疤的那条蛇，一定是天才，它拯救了整个蟒蛇部落。

谢作家描述的蟒蛇，科学不科学已经不重要，但蟒蛇的腹间伤疤，就如一面镜子，映照出人类的贪婪。

华服与首席

□张志兴

明朝官员石璞在任山西布政使时，一次夫人应邀出席官员内眷的宴会，发现其他官员的夫人都身着金珠绮彩，而自己则是荆钗布裙，有些不高兴。石璞便问夫人："你在宴会上坐什么位置？"夫人答道："坐首席呀！"石璞说："这不就得了！你不管穿什么衣服不也坐在首席吗？如果让我利用职权牟私利，你还能有这样的位置吗？我做官不是为了让夫人穿上华丽的衣服。那些着金珠绮彩者，以后想坐上首席，恐怕会很难的。"一席话说得夫人平静了许多。

石璞做官，不是为了得到华美的服饰，而是为了得到首席的位置，这就是石璞的价值追求。华服只能赢得他人的艳羡，而首席则体现的是他人的尊重。华服可以用金钱购得，而首席的位置用金钱未必能买得到。相比于那些当官就是为了发财、就是为了光鲜亮丽的人来说，石璞的追求应当是更高层次的。也正如石璞所言，那些着金珠绮彩者，难保不会东窗事发，到那时轻者削籍为民，重者锒铛入狱。首席，只能成为一种回忆。石璞放弃华服，是为了能更长久地坐首席。

当然，官场上的事情，你在位时必然坐首席。但是你一旦退位，能不能继续坐首席，那就全靠人格魅力了。显然，一个贪官，在退位之后，甚至被查办之后，还能得到人们的尊重，那是极其罕见的。而一个清官，在位时一心一意为人民谋福利，退位后却不受人们的爱戴和尊重，也是不正常的。

用美器消磨时光

□ 冯 唐

人是需要有点儿精神的，有点儿通灵的精神的。人不是神，无法脚踏祥云或者自带头顶光圈，人通灵的精神需要落实在一些通灵的时间里。明嘉靖、万历年间的陈继儒在《太平清话》中列举了一些东方文化中通灵的时间："凡焚香、试茶、洗砚、鼓琴、校书、候月、听雨、浇花、高卧、勘方、经行、负暄、钓鱼、对画、漱泉、支仗、礼佛、尝酒、宴坐、翻经、看山、临帖、刻竹、喂鹤，皆一人独享之乐。"

上述列举的通灵时间都需要一些器物实现：焚香需要香炉和香，试茶需要茶盏、茶壶、茶，洗砚需要砚台，鼓琴需要古琴。

能用，喝茶、饮酒、焚香，多数是宋朝的，相处久了，看到窗前明月，知道今月曾经照古人，会替苏东坡问，"明月几时有？把酒问青天"。

一盏。北宋建窑兔毫盏，撇口，直径约10厘米，黑胎，酱黄色釉，釉中有筋脉状黑褐色纹样，俗称兔毫，盏底修足工整，盏外施釉不到底，凝

聚处如泪痕。

一罐。宋金钧窑双耳罐，敞口，无颈，斜肩，圈足，内外壁满厚釉，底足不施釉。

一印。宋圆雕羊钮白玉印，微沁，两厘米乘一厘米见方，宋代喜欢用玉雕羊，雕工极细，羊神态自若，面部由多个棱面组成，体现宋代动物玉雕的特色。

我很难用语言形容这一盏、一罐、一印的美。

我一直认为，文学首要的目的是求真，探索人性中无尽的光明与黑暗。真正的美，只可意会不可言传。在真正的美面前，文字常常乏力。

白居易说杨贵妃，"芙蓉如面柳如眉，对此如何不泪垂"，然而这么多年过去了，白居易这句诗流传下来了，我们还是不知道杨贵妃到底长什么样子。

如果勉为其难，用语言形容这三件器物呈现的东方审美：

东方审美就是实用之美。

建盏的口沿很薄并且向外撇，喝茶的时候，上下唇贴上去，非常服帖，建盏的壁很厚，茶汤倒进去不容易凉；钧窑罐的形状很美，哪怕不插花，摆在案头就很养眼，釉厚，千年过后的今天，还是能当实用的建水，不漏不渗；千年过后的今天，玉印摸上去还是滑腻，顺手、顺心。

东方审美就是传承之美。

这三件器物，我都见过类似器型和做工的同类，在没必要改变的时候，古时候的匠人竭尽心力传承前辈匠人精心塑造的美，恭敬从命，细节一丝不苟，大局随心所欲而不逾矩。

东方审美就是自然之美。

它们似乎都不是主观设计的产物，古时候的匠人只是努力把它们恢复到了它们天生应该的样子。拿起青黑的建盏喝一口当年春天摘的古树生普，冷涩而后甘，山林的春天就在唇齿之间，"一杯落手浮轻黄，杯中万里春风香"。插一枝莲花到钧窑罐，仿佛养一枝莲花在一个小小的天青色的水塘，"雨过天青云破处，这般颜色做将来"。

审美的确需要天赋，但是天赋需要点拨，后天熏陶也能在相当程度上弥补天赋的不足。

多花点儿时间在这些通灵的事儿上，人容易有精神。多用些美物做这些通灵的事儿，人更容易有精神。精神即是物质，物质即是精神，本一不二。年轻的时候喜欢透过现象看本质，读万卷书、行万里路，常常将天地揣摩，希望终有一日妙理开，得大自在。

人慢慢长大，喜欢略过本质看现象，一日茶、一夜酒、一部毫不掩饰的小说、一次没有目的的见面、一群不谈正经事的朋友，用美好的事物消磨必定留不住的时光。所谓本质一直就在那里，本一不二。

以器物论，东方文化中有两个美学高峰。

一个高峰是商周之前的高古玉，礼器居多，"苍璧礼天、黄琮礼地、青圭礼东方、赤璋礼南方、白琥礼西方、玄璜礼北方"，光素温润，毫无烟火气。

另一个高峰是宋金的高古瓷，很多和茶、花、香相关的美器，用于上述通灵的活动，"点茶、插花、焚香、挂画"，单色不琢，和敬清寂，因为隐忍，所以美得嘹亮。商周之前的高古太遥远，那时候人的平均寿命太短，生活太魔幻，相比之下，宋朝是个不爱打打杀杀的朝代，皇帝偶尔都是骨灰级的文艺男，宋朝的审美对于我们今天的生活更具指导意义。

我案头常放几件古器物，多数

用镜头凝视贫困母亲16年

□陈世冰

因为一次偶然的机会，于全兴接触到了国家对西部山区贫困母亲的救助项目，从那一刻起，那些贫困母亲的生活现状、与贫穷抗争的坚韧，就像一块块烧得通红的炭，灼得他再也无法平静。

从2001年到2016年，他34次深入中国西部贫困地区，足迹遍布12个西部省市自治区、94个贫困县，探访306个村庄，拍摄记录了1100位贫困母亲。看过他的照片，人们纷纷倾囊相助，许多母亲因此而改变了命运。

于全兴幼年丧父，母亲独自拉扯着他们兄弟姐妹六个艰难地度日。母亲常用捡来的白菜帮子掺上玉米面做成美味的菜团子，给他们改善生活。大学毕业，他被分配到天津《家庭报》工作。2000年底，他受命参与组织"幸福工程"在天津地区的募捐活动。在活动中，那些"挣扎在生死线上的贫困母亲"拨动了他心中的一根弦。他想到了自己年少丧父、贫穷困顿的经历，以及抚养六个子女、饱尝生活艰辛的母亲。恰好此时，"幸福工程"中国组委会需要一位影像记者去记录中国西部贫困母亲的生活状况，于全兴向报社社长请命，要求担任这项工作。

2001年1月2日这一天，于全兴与真正的贫穷相遇了。在玉树州结隆乡，一个土坯垒起的"冬窝子"门口，一个女孩子穿着破旧的藏袍痛苦地蹲着，一手用力地顶着腹部，脸色蜡黄。"孩子，你叫什么名字，你怎么了？"于全兴问。"她叫巴青才仁，肚子疼，小病。"母亲才仁巴毛告诉于全兴，几个月前，疾病刚刚夺走她的丈夫，12岁的女儿巴青才仁成了家中的主要劳动力。两年前，巴青才仁常常被不明的腹痛折磨，乡里的医生说她患的是肝吸虫病，需要做手术，可是家里年收入只有600元，饭都吃不饱，哪来的钱做手术呢？于全兴决定改变拍摄行程，带巴青才仁去看病。他留下150元钱，让才仁巴毛置办些年货。才仁巴毛含泪双手合十，高高举过头顶，为他祝福。在离开的车上，于全兴感觉自己的胸口像被冰天雪地中的大石头压着，要裂开，却怎么也裂不开。

在州医院，巴青才仁所患疾病确诊为胆囊炎，整个治疗只需要70多元钱。回程的路上，于全兴拿起一个苹果递给巴青才仁，她接过去看了看，只咬了一小口便塞进袍子里，她准备带回家给妈妈尝一尝。于全兴拿出所有的苹果，交给她，"你必须把那个苹果吃了。"于全兴几乎是喊了起来，然后跑到屋外拼命抽烟。两个月后，得知巴青才仁的病好了，于全兴看到了"幸福工程"的意义，坚定了走遍西部的决心。那一年，于全兴跑遍了青海、甘肃、宁夏等9个省、自治区。

在云南山区第一次见到顾彩莲时，她与丈夫带着两个孩子，住在建于乱石堆中的茅草屋内。粮食不够吃，自己生病没钱治，靠编竹箩每年挣一百来元钱，逢年过节才给孩子买肉吃。四川阿坝黑水县的叶兴初，丈夫早亡，带着两个女儿住在一处石头垒就的窝棚里。9岁的大女儿成绩不错，但交不上40元的学费，于是辍学在家。于全兴掏出60元递给她，小女孩一愣，"扑通"一下跪了下去，被于全兴拉起来后，接着就跑去学校报名了。

2001年到2016年，于全兴拍了十几万张照片，"每一张照片背后都有一个故事"。

2002年以后，于全兴在"幸福工程"组委会的支持下，办了几次以"贫困母亲"为主题的摄影展览，这些"比文字更能打动人心的纪实照片"引起了轰动。

在北京的一场摄影展上，一个女大学生站在才仁巴毛的照片前哭了，她找到于全兴说："我感觉这位母亲在和我说话，我从她的眼睛里看到了坚忍，我一定要帮助她。"前来观看的人们也流下了热泪，纷纷伸出援手，向"幸福工程"捐了300多万元。联合国教科文组织官员参观展览时握着于全兴的手说："您做了一件非常了不起的事情啊。"

从第一次将镜头对准贫困母亲时，于全兴就觉得那些母亲就像他的亲人，命运将他们紧紧地联系在了一起。每次采访结束，于全兴都把随身的钱物、药品全部捐掉，只留下必要的路费。有一次因为意外多了两天的行程，他只好向朋友借钱才回到家里。他拍摄作品发表的稿费、获得的奖金、举办讲座的报酬，陆陆续续有50多万元，他悉数捐给了"幸福工程"。

为了更加精准地进行扶贫，于全兴在中国人口福利基金会网开辟结对

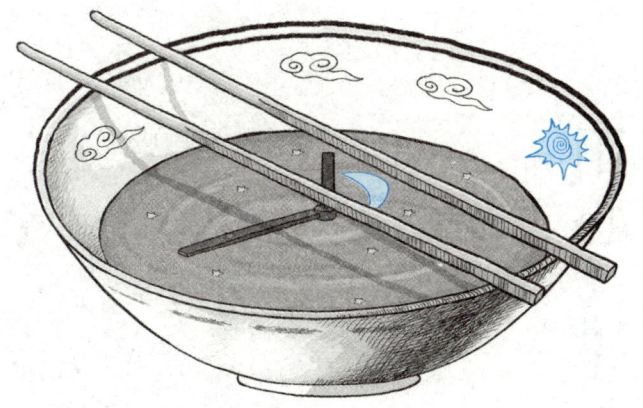

好吃勤做

□ 章诒和

大概由于母亲文化水平比较高,她极少啰唆,更无废话。她说的话很像"格言",我大多牢记在心,也努力付之于行。但实践的效果和初衷大半不符。这里,以母亲的三句话为例,做个简单的说明。

第一句:女孩子,不要占小便宜,否则要吃大亏。

实践的结果:我从未占过小便宜,但大半辈子都在吃亏,而且是吃大亏。

第二句:你要会讲话,会写字,也要会穿衣,这是面子功夫,为的是以后能谋个好差事,有碗饭吃。

实践的结果:写字、穿衣姑且不论,要命的问题是我一直不会讲话,最终导致了此后的命运。

第三句:女孩子,不能好吃懒做,将来看婆婆怎么收拾你——这话,母亲是笑着讲的。我把头一歪,问:"那能不能好吃勤做呢?"站在一旁的父亲忙点头,连声道:"可以,可以。"

我高兴地扑向父亲!此后,我奉行的原则就是好吃勤做了。

我的勤做,是一点点培养起来的。小学设有"劳作"课,老师教我们捏小泥人,做石膏像,做砚台,用高粱秆扎飞机模型,我兴致可高了。我用小刀削高粱秆,不小心把手指头削下一块皮肉来,鲜血直冒。妈妈赶来替我包扎,我不觉得疼,嘴里还哼着小曲儿。这是我"勤做"的初级阶段,到高级阶段,从杀猪、烧炭到打袼褙、纳鞋底,没有我不会的。

1978年,我回到北京,带着高度自觉且极其完美的"勤做"精神回到母亲身边。毫不夸大地说,我整日手脚不停。没活儿干的话,就做个精装纸本啦,自制咸鸭蛋啦,给旧衣服改个样式啦。我不停地在房间走动,把母亲搞得头晕眼花。

母亲也有夸奖我的时候,因为我经常下厨烧菜煨汤。我要以此报答母亲的养育之恩。

2003年,我随姐姐到美国探亲、旅游,顺便把高度自觉且极其完美的"勤做"精神带到了大洋彼岸。人家准备丢弃的炒锅,被我擦得锃光瓦亮。地上拾到的树枝、枯叶,我收罗来做成一幅立体图画,没人欣赏,就自己欣赏。一天,外甥带我去一家小酒店买葡萄酒。我一眼看到店主人身后有个玻璃大瓶,里面装的全是软木瓶塞。我顿时亢奋起来,一把将外甥拽到身边,激动万分地说:"瓶塞!我想要那些瓶塞!你能跟店主人说说吗?告诉他,我是搞艺术研究的,这些瓶塞又多又好,我要自己动手用它们做成一件艺术品,为美国之行做个纪念。问问主人,能不能送给我或卖给我?成全我的创作吧!"我说得真诚又急切。

外甥把我的话翻译出来,店主人点点头,微笑着递给了我。我真不知该如何表达自己的谢意!遂问:"能不能与我合影?照片也将被我用瓶塞装饰起来。"店主人非常乐意,我们笑着走到一起。

回国不久,我的手工作品《酒瓶塞》完成。美国小酒店里的合影也被我用瓶塞装饰好,放在一个显眼的地方。

好吃勤做,真的很好。

救助专栏,放上贫困母亲的照片、家庭情况的介绍、所需捐款数额,由网友点击认捐。在十几年里,有近千位母亲通过结对得到了救助,救助金额达到了500多万元。

2016年5月8日,于全兴的《母亲——中国幸福工程西部纪实》摄影展在天津图书大厦揭开帷幕。和以前摄影展有所不同的是,越来越多的贫困母亲通过"幸福工程"提供的小额无息贷款,换取牛、羊等生产资料,获得了脱贫机会。她们退去贫穷以后的"幸福",汇聚成了一张张带着笑脸的彩色照片。

有人问于全兴,这些年来你收获了"感动中国年度人物""中国影像文明经典杰出摄影家"等众多的荣誉,你还要拍到什么时候?

于全兴说:"中国还有1000万贫困的母亲,我要拍到我走不动了为止。"

用心良甜

□ 辉姑娘

我们常说"用心良苦",可每次真的品到那苦涩时,还是忍不住皱起眉头,周身不适。

儿时家境并不好,我却特别喜欢吃西瓜,每到夏天最热的时候,吃不到西瓜就开始哭,噼里啪啦地掉眼泪。母亲哄我的方式很简单,她把便宜的黄瓜蘸上白糖水给我吃,别说,我一吃,觉得口感不错,就不哭了!非常管用!

长大以后我听母亲说起这段往事,自己还笑母亲太傻,小孩儿多好打发啊,随便拿个什么东西转移注意力就忘记了,哪里需要黄瓜蘸白糖水这么麻烦!

母亲也笑却摇头,说:"你是我女儿,哪怕敷衍都要用心一点儿啊!"

外婆和母亲之间也发生过这样的故事。

母亲小的时候喜欢养小鸡,觉得毛茸茸的很可爱,结果养着养着,养死了。小鸡死的时候母亲没在家,外婆先发现了,就把小鸡掩埋了,等到母亲回来时发现小鸡没了,问外婆怎么回事,外婆说:"你的小鸡喜欢了隔壁的那只小鸭子,跟人家结亲了,走了。"

母亲那时还小,但也懂得结亲是件喜气洋洋的大事,于是觉得自己的小鸡有了好的归宿,喜滋滋地开心了好几天。

后来母亲每次说起这件事都说,你外婆啊真是个演技派。

"要是当时外婆直接跟你说小鸡死了,你会怎么样?"我问母亲。

"我啊……"母亲想了想,"可能会哭个半死吧,以后再也不会养小动物了。"她一边抚摸着脚边的小狗一边说。

看热闹

□ 马 德

有一个人的亲戚给皇帝当御厨,他从这位御厨亲戚那里听到过皇宫的一些内幕,于是,逢人便讲皇帝大臣以及妃子们的掌故,那种亲切,仿佛皇宫发生的事情就是他们家的事情似的。自然,听故事的人,都仰望着他,觉得他有一门朝廷亲戚,厉害得很。

窥见了大人物的隐私和秘密,仿佛自己就是大人物。跟权贵能说上几句话,仿佛从此就攀附上了权贵。此前,还是一颗纯粹看热闹的心,一旦跟这样的热闹沾上了边,一种更古怪的心理便开始作祟。有一部分人尊崇个人身后的背景,你有钱有权不说,还得有人,有后台。如果有一个这样的大人物用来吹嘘,就会胜出别人许多。

只要能比别人强,就是荣耀——这便是我们的生活哲学。

不仅是生活哲学,在这样的热闹里,还隐藏着生存哲学。宫廷内的尔虞我诈和钩心斗角,官僚间的明争暗斗和互相倾轧,在权力崇拜的引领下,衍生着诡计崇拜和厚黑崇拜。有人想,既然大人物都能这么做,自己为什么不可以呢?于是,上行下效,渐次熏染,形成了厚重而难以根除的权谋文化。

很多人读《三国演义》读得陶醉,从来没觉得其中所宣扬的权谋有什么不妥,从来没觉得设个陷阱、耍个心计有什么错误,因为,这么多年来,我们一直以丑为美,以狡诈为灵动,以坑人为聪明,在奸恶的人性之路上越走越远,却似乎走得正大光明,义无反顾。

我们沉陷在热闹中,也在这样的热闹中毁了自己。

养成好习惯，受用一生

俞敏洪说："一个人如果希望自己获得成功或者活得充实，需要不断地养成良好的习惯。良好的习惯又需要不断地强化，这样才能变成无意识的行为而让人自觉遵行。"习惯管理是一个经久不衰的话题。习惯是一种顽强且巨大的力量，播种习惯，可以收获性格；播种行为，可以收获习惯；播种性格，可以改变人的一生的命运。

优秀就是一种习惯，愿你在成长的过程中，不断完善自己，让自己养成众多的好习惯，拥有自己的信仰，成为足够强大的自己。

拒绝成长的戏剧性

□ 吴晓波

村上春树：30多年来，每年写一本书

在我喜欢的作家名单中，有一位是日本的村上春树。

村上春树年轻的时候，开了一家爵士乐酒吧。因此，所有熟悉他作品的人都会发觉，他的每一本书里面都会有一些自己对音乐的解读，他会把自己喜欢的音乐家、作品推荐给大家。他在音乐方面是挺有研究的一个人。

到了30岁的时候，村上春树写了一篇小说叫《且听风吟》，这篇小说当年获了很多奖。从此以后，村上春树一举成名。

在30岁时写出一本畅销书的年轻人，我们现在大概可以举出500个。那村上春树厉害在什么地方呢？他的厉害之处在于，当时是1979年，他30岁，从此以后他每年都能写出一本书。大家想一想，一个人每年都要写一本书，能坚持这么多年，好难啊！

一个人要每年写一本书，需要两种东西：

第一，需要一定的知识积累；

第二，需要对每年的作品做一个长期的规划。

也就是说，你今年写这本小说的时候，就想好了明年写什么，后年写什么，大后年写什么。它不是一个串联的行为，而是一个并联的行为。

而且你不可能每年都写出一本大部头的畅销小说，所以村上春树非常有趣，他一两年写一本长篇小说，中间会隔一本随笔集、短篇小说集、对话集、翻译作品，甚至还有绘本。这种长短交叉、轻重结合的节奏安排，让他在长达30多年的时间能够持续地写作。

职业性就是长时间重复干同一件事

我们常常说职业性，什么叫作职业性呢？所谓职业性，就是你能够持续地、有节奏地在长达10年、20年甚至30年的时间里，重复干一件事。

村上春树是这样，三岛由纪夫是这样，川端康成是这样，伍尔夫也是这样。

我所从事的这个行业中有一位管理学大师中的大师——彼得·德鲁克。他活了90多岁，在出版了第一部作品以后，持续写了40多部作品，一直到去世前的两个月，把最后完成的一本书稿交到了出版社。这就是所谓的职业性。

每个人都是职场上的商品

作家是这样，歌手是不是这样？歌手也是。一名歌手处在事业的巅峰期时，一定会每年出一张专辑、开一些巡回演唱会。演员也是这样，甚至连服装师也是这样。

日本有一位服装大师叫三宅一生。从1976年开始，他每年都到法国的巴黎时装节举办他的服装展览。

对此，三宅一生说："我之所以每年都要去法国举办服装展览，有3个原因：

第一，我要考验我的意志。我有没有意志力能够坚持每年举办展览？而且我还不能重复去年和前年的作品。因为每一个来到三宅一生时装展的人，都带着无比挑剔的眼光；

第二，我必须要保持对时尚的敏锐性。我每年的作品必须要告诉大家，对当年时装的颜色、风格、美学，我三宅一生是怎么认为的；

第三，无论是一名作家、一名服装设计师，还是一名歌手、一名演员，他的背后都有一条非常长的供应链。有人生产，有人营销，有人传播。如果你是一名作家，你8年才出一部作品，可能到第5年的时候，你的供应链上的人都已经死光了。你只有每年出一部作品，才能够让供应链上的每一个人被激活，你才是一件合格的商品。"

我们每一个人都是职场上的商品。你这件商品的价值一方面来自你的才华和灵感；另一方面，在才华和灵感之上，必须有一个更大的基石，就是你能不能持续地供应你的产品。

成功是一场长期的战争

彼得·德鲁克说："怎样才能算是一名成熟的企业家呢？很简单，只需看一件事，就是你有没有拒绝戏剧性。"

各位反思一下自己，你有没有拒绝戏剧性？你有没有稳定地成长？一家好的企业、一个好的职业者，关键就在于其能不能够提供一个稳定的、可持续的成长模式。

一个人之所以成功，一定不是心血来潮，也一定不是来自某一时刻的灵感迸发，而是必须要保持自己对一份工作的热情，以及对世界的好奇心，对自我的身体、知识体系的更新和管理。

容易吗？成功就是一场长期的战争。

做人，要会控制"闲"度

□张宝峰

人不能太闲。

一旦太闲，就容易想得太多，先是前思后想，接着左思右想，最后胡思乱想。别人也许无心的一句话，闲人听了就要浮想联翩，对号入座。

《西游记》中，孙悟空之所以大闹天宫，某种程度上，是因为他的闲。

刚当弼马温时，老孙其实很喜欢这份工作，算得上就业敬业，把那些天马养得肉肥膘满。谁知半个多月后，悟空闲了下来，这一闲，他就开始琢磨起自己官品的大小来，一听说弼马温最低最小"未入流"，就挥起金箍棒，打出了御马监。

后来，孙悟空被封为齐天大圣，整日里东游西逛，无所事事。许旌阳真人怕他"人闲是非多"，就在早朝时，启奏玉帝："今有齐天大圣日日无事闲游，结交天上众星宿，不论高低，俱称朋友。恐后闲中生事。不若与他一件事管，庶免别生事端。"玉帝一听，觉得有道理，宣悟空上殿："朕见你身闲无事，与你件执事。你且权管那蟠桃园，早晚好生在意。"

可玉帝忘了，管理蟠桃园仍是个闲差：施肥浇水等具体工作，也是由锄树力士、运水力士、修桃力士、打扫力士来完成，齐天大圣依然很悠闲，加上蟠桃鲜美，欲望又多，自然引发了后来的偷蟠桃、盗仙丹、闹天宫的诸多是非来。

《菜根谭》里说："人生太闲，则别念窃生；太忙，则真性不见。故士君子不可不抱身心之忧，亦不可不耽风月之趣。"

人不能太忙，太忙，身心疲惫，根本没心思没时间去仰望星空；人也不能太闲，太闲，心空落落，猜忌怀疑抱怨愤恨就会乘虚而入。"人闲桂花落，夜静春山空"是一种诗意的闲；百无聊赖无所事事，是一种病态的闲。人生在世，要学会控制"闲"度，适当找点事做。当你懂得了"忙"的方向和"闲"的意义，生命才会呈现出应有的状态。

闺蜜相轻

□佚 名

现在是闺蜜，不代表一辈子做闺蜜，女性的精神特质决定了闺蜜的交往法则。

两个成为闺蜜的女人，往往需要有一些共同的兴趣点。

六岁的我和住我家楼下一个七岁的小姐姐，就是因为都喜欢吃泡泡糖好上的，我俩是全楼小孩儿里泡泡吹得最大、保持泡泡不破时间最长的双料并列冠军。

那时我俩常在几个三岁小孩儿面前，你前我后地吹着无敌大泡泡，直到把他们看傻眼才满意地扬长而去。

后来，我花一天时间学会了吹双层泡泡，而小姐姐学了一星期没学会，一气之下宣布和我绝交，我当时既委屈又迷惑：你不会吹双层泡泡有我什么错呢？

长大后明白了，女生的心思和头发丝一般细密，现在是闺蜜，不代表一辈子做闺蜜，女性的精神特质决定了闺蜜的交往法则，通常是用隐晦私密的干货去兑换肝胆相照的友谊。闺蜜反目后能爆出惊人的黑料，也是因为闺蜜互相掌握的海量个人信息绝不止于戴几号文胸，抹哪个牌子口红，有没有香港脚那么简单，女生的霸道逻辑是，既是好闺蜜，就要敢于在对方面前把自己抽丝剥茧，赤裸相见，如果藏着掖着只能说明不够诚，不够铁。

七月与安生，曾经不也是一只碗里吃饭一个鼻孔出气，因为两人太志同道合，所以连喜欢的人都是同一个。只可惜什么都能分享，唯独爱情分享不来。

自古文人相轻，"是以各以所长，相轻所短"。两个同样优秀同样骄傲的女人，如果无缘成为闺蜜，如冰心和林徽因，较起劲来自然可以不加掩饰；如果有缘成为闺蜜，关系里也容易藏着一丝只可意会、不可言传的微妙。

有些事不必等

□姜钦峰

从前有个愚人，要在家里设宴请客，打算用牛奶来招待客人。考虑到客人很多，必须提前收集牛奶。他想：如果我从今天开始，每天去挤牛奶，到时候牛奶太多，就没地方存放；不如将牛奶都存在母牛肚子里，等客人来的时候，再把牛奶全部挤出来，既新鲜又方便。愚人觉得这个主意不错，说干就干，为了防止小牛吃奶，他先把小牛与母牛分开，分别绑在不同的地方。一个月后，宾客云集，愚人欢天喜地，把母牛牵出来，想挤牛奶，不料当即傻眼，一滴牛奶也挤不出来了。众人问明原委，既好气又好笑。

世上的事情，没有什么非要等到万事俱备之后才去做的，即使你有幸等到那一天，很可能物是人非，时机已过。就像前面那位愚兄，徒留遗憾，还惹人笑话。跟朋友闲聊时，常听到有人大发宏愿：等我将来退休了，我就去周游世界；等我将来有了很多钱，我就去捐款建学校；等我将来工作不忙了，我就去多陪陪父母；等我将来……可是，树欲静而风不止，子欲养而亲不待，有多少人和事经得起等待？

《四十二章经》记载，佛陀问弟子，你知道人的生命有多长吗？弟子回答，在数日之间吧。佛陀说，你不懂。佛陀又去问另一个弟子，你知道人的生命有多长吗？弟子回答，大约有一顿饭的工夫吧。佛陀说，你还是没有参透。佛陀再问一个弟子，你知道人的生命有多长吗？这个弟子想了想，答道：人的生命只在呼吸间。佛陀欢喜地说，你已经明白了生命无常的道理。

有呼吸才有生命，呼出一口气，吸不进来，生命便结束了。佛陀以此开示世人，要珍惜生命，不要虚度光阴，及时行善积德。还记得小沈阳那句经典台词吗？"眼睛一闭一睁，一天过去了；眼睛一闭不睁，一辈子过去了。"之所以被人们津津乐道，并非它有多么搞笑，而在于深刻，道出了生命的本质。

时间太瘦，指缝太宽，时不我待。我们无法预知未来，却可以牢牢地把握当下，及时行善，及时尽孝，做应做之事，行当行之路。不要等待，有梦想就去做。即使无法做到尽善尽美，最起码，别让人生留下太多遗憾。

赞赏对方最渴望的部分

□金川

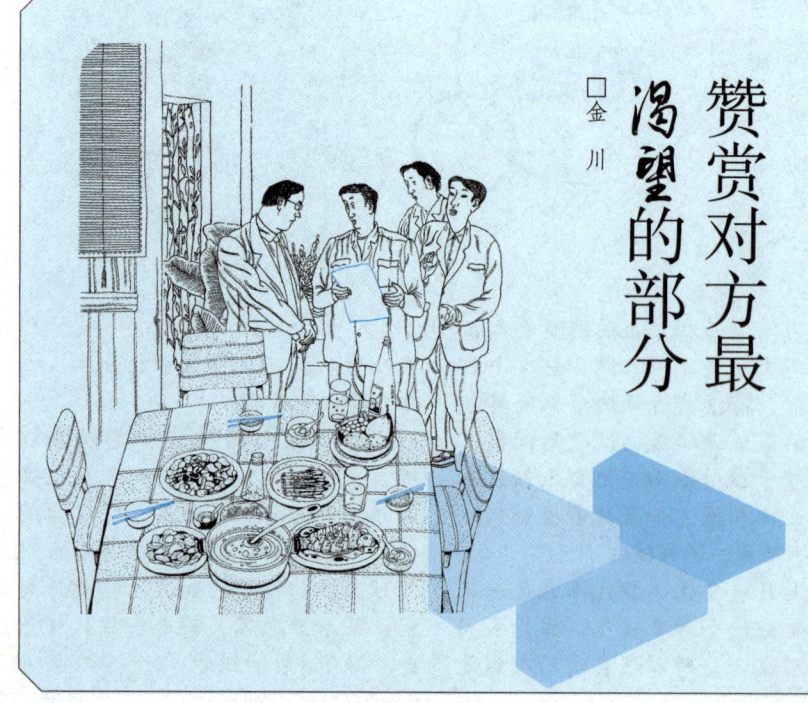

《康熙来了》的节目现场中，某嘉宾上台后为了表示对主持人的尊重，就主动说道："我很喜欢看这个节目，康永哥很幽默，小S很聪明。"这句赞赏的话说出口后，小S和蔡康永都没有明显的悦色，这位嘉宾也没给对方留下好感。显然这个赞赏没起到作用。

蔡康永曾经在节目中说过很多次："夸一个女生的话，你就直接夸她很漂亮就行了，像小S这样整天被人家夸漂亮的人，也还是最喜欢别人赞她美啊！你说她聪明、唱歌唱得好，都不如直接说她好美。"所以，不是所有的赞赏，都能收到好的效果。只有把对方放在心上，观察对方最渴望的部分，才能说出满足对方渴求的赞赏。

爱自己，才是一生的罗曼史

□ 佚 名

朋友约我去逛街，我说："我没空哦，我要去看一部爱情电影。"

"跟谁去看电影？"

"我一个人啊。"

"你一个人去看爱情片？脑子有病吧？"

于是我就想不通了，我一个人，为什么不能去看一部好电影？我去看这部电影，并不是打了谁的主意，要借助电影的氛围感动得一塌糊涂泪涟涟的时候跟谁拥抱亲吻，而是，我想看这部电影。

我不能因为我单身，就放弃一部好电影。我不能因为我单身，就放弃享受生活。我15岁的时候不会再期待5岁的时候想得到的洋娃娃，20岁的时候不会再期待15岁的时候想得到的MP3（音乐播放器）。所以你不要太迟。别让我等到最美丽的时候都过去了，那你来干吗，带领我参加夕阳红合唱团？

学校门口有一家很棒的咖啡屋，我路过的时候经常买点喝的，买两个蛋挞做零食，于是好几个小时都在奶油和咖啡的香味中。等有你以后，我会顺便给你买一杯热气腾腾的奶茶。

学校门口右转有家书店，没有课的下午，我就带着茶杯去那里度过一个充实的下午。估计等你来的时候，我大概能读完一整个书架。

我每天都给家人发短信打电话，分享一天当中好的坏的事。我奶奶上了年纪，耳朵有点儿背，所以每次我跟她说话就必须特别大声，一字一顿地重复，然后她还是听错，但是没关系，知道我在想着她就好。

我去过了一些想旅行的地方，有时候是自己一个人，有时候是跟朋友。我要去看海了，我不等你来了。可是我不介意，很久以后跟你再看一次。

我说这么多，就是想跟你说，在没有你的日子里，我生活得很好。离开你我活得下去，也可以活得很好，但是有你，我会快乐很多。

今天下午我去看了那部电影，然后我真庆幸我没有错过它。看好电影是不分跟谁在一起的，就像是过令自己愉悦的生活，不需要非要有什么硬性条件。

我会爱未来的你，但是会更爱我自己。因为，爱自己，才是一生的罗曼史。

蔡康永曾作为《超级女声》的评审，对选手的赞赏和评判到位又精彩，让选手们听得心花怒放。他评判实力唱将谭维维时说道："惊为天人，好像直接从蓝天大海传出来的天籁般的声音。我很少看到力量和青春的外表能够组合在一起，很优秀。"

对尚雯婕的独特嗓音，他这么赞赏道："运用声音很有胆识。如果你在小酒吧里唱歌的话，我愿意买票来听。"面对形象良好的刘力扬，他说道："我觉得你已经是一个明星了。你这个外形非常罕见，在台湾要好几年才会出一个。不过以后再有人提到你的名字，我会先想到你的样子。"

蔡康永的赞赏功力果然厉害！他针对每个人的特点和需求，一语中的，既真诚又实在的赞赏说得每个选手都乐不可支。生活中，我们也要学习蔡康永的赞赏功夫，在赞美别人的时候，也要做到因人而异、突出个性、符合对方心意才好。

比如同老年人进行交流时，尽可能多地称赞他那些引以为豪的过去；跟年轻人交流，就赞扬他的创造才能和开拓精神。

再比如，当你赞赏一位老师的时候，不妨说："你的学生×××已经出书了，这就是名师出高徒啊！"对于一位老师而言，对他学生的赞美就是对他最大的赞美。若对某位明星表达赞美之情时，一句"我最崇拜你"还不如直接夸对方的某个作品如何精彩，如何打动自己。

同理，到别人家做客，与其说上许多虚伪的客套话，不如多对他家中最费心血的家居设计，或者是最心爱的宠物进行赞美。

总而言之，在赞赏的过程当中一定要把握一个大原则，那便是让自己的赞赏之词言之有物，能够令对方的渴望得到满足，能够让他知道，你是把他放在心上的。

有目标的人在奔跑，没目标的人在流浪

与其结交朋友，不如减少敌人

□ 高士闵

日本京都大学校长山极寿一的经历很特别。40年前，还是大学生的他就被教授丢到非洲研究大猩猩。面对举目无亲，只有土著和盗猎者的困境，他锻炼出一套生存法则，得以在野蛮丛林中与当地土著建立关系，完成自己的目标。

往后数十年，不同国度的田野调查，也一再磨炼他面对不同文化与国家的能力。最后才有《狂放思考学》的出版，里面详述其如何在野蛮丛林中与当地土著建立关系，以完成自己的目标，并归纳出一套国际通用的职场生存学。与其结交朋友，不如减少敌人

朋友越多就越好吗？山极寿一认为：“随着时机和场合的不同，有时结交朋友反而会让自己暴露在危险中。”

就如同古语所言："敌人的敌人就是朋友。"反过来也是一样的，当你获得某人的帮助，也就不得不接受他的敌人。换句话说，"结交朋友=树立敌人"，这点大家要有心理准备。

另一方面，朋友越尽心尽力地提供协助，也代表你会越来越依赖他。如此一来，当对方突然离职或是发生其他变故，可能就突然什么事都做不成了。

所以跟所有人都维持若即若离的关系，就代表可以接触更多人。如果只和少数人混在一起，在别人看起来就是小圈圈，不会主动靠近，最后导致丧失许多机会。宁当"被害者"，也不当"加害者"。

刚到一个新的部门或公司时，身为新人的你虽然忐忑不安，既有的成员也会偷偷观察你。很多时候，最早出现在你身边的人，往往是那些善于自我彰显，或者是别有目的，心怀不轨的家伙。怎么办？

但我们应该抱有"来者不拒"的态度，就算心怀不轨也没关系。因为他们最后总是会把事情搞砸，此时我们就可以借由请教公司其他人，来吸引那些真正的好人。

即使被认为傻也没关系，因为一开始就抱有警惕心，虽然不会被骗，但也因此把好人们拒之门外，而且容易给人"对人不信任"的印象。

试试活在"他人的时间"。

作者在非洲借住期间，发现当地人没事就会聚在他身边。从我们的角度来看，就是一堆闲得没事做的人。其实不然，这是他们把自己的时间全让给我使用的表现。

现代人认为只有用酬劳、口语才能代表诚意，但忘记时间才是最珍贵的，对非洲人来说，因为在意你，所以就把自己的时间都挪给你用，就这么简单而已。

在职场上，如果上司突然紧急指派工作，我们通常会感到生气，因为自己的时间安排又被打乱了，也意味着又要晚下班。但这体现的是："虽然身处在公司这个共同体当中，过的却是自己的时间，而不是大家的时间。"

所以应该转变思考，当上司指派你新的任务，就代表你为团队多付出了时间，此时表现杰出，就能够帮上司、团队解决困难，也更容易被看见。

节省五秒钟

□ 胡晴舫

对富有社会来说，贫穷社会一向带有精神启迪的作用。人人都爱养尊处优，同时又想借"接近"贫困，以示性灵超脱。

随着地面交通恶化，有时，富人搭地铁无非出于痛恨塞车。

他留司机与劳斯莱斯轿车卡在车阵里，自己跳上地铁。只要能避开交通堵塞，他们也不惜坐直升机。每一寸光阴，对他们来说，都代表一笔生意。

一名我认识的香港地产大亨，搭地铁搭出心得来。他仔细算计过，车门打开时应该站在哪扇门前，坐哪节车厢，列车抵达目的地时，那节车厢的那扇门会正好对着方向往上的手扶梯。如此，他便能赶在乘客蜂拥而出之前，率先奔上手扶梯，节省"起码五秒钟"甚至更多。

这个世上，有些人有钱不是没有道理的。

豆荚不开口则已，一开口就露出满腹的果实。

远敬衣衫近敬人

□一池月光

很小的时候,母亲说过一句谚语"远敬衣衫近敬人"。

那是一个夏日的午后,我在家门口的大树下玩,一个衣衫褴褛的人过来问路,又讨水喝。我带着他走进院子,高声喊母亲。母亲从屋里走出来,见到讨水的人,问了几句话,回屋从大水缸里舀出一瓢清凉凉的水。

那人走后,我怯生生地问母亲:"妈,他穿得可真破,会不会是个坏人呀?"

母亲摸摸我的头说:"'远敬衣衫近敬人',他穿得虽然破,但是衣服洗得干干净净,一定不是坏人。"

母亲的话,让我觉得,做人,就该做一个内外兼美的人。

对于任何人来说,优秀的内在是必要的,但是,外在美也不应该被忽视。

庞统是三国时期一位极具才华的谋士,人称"凤雏",与"卧龙"诸葛亮齐名。徐庶曾对刘备说,"卧龙""凤雏",得一而可安天下!赤壁之战后,孙刘两家都在招贤纳士,按说声名正盛的庞统,本可以扶摇直上,建立一番功业,然而,他的不修边幅,葬送了难得的两次"面试"机会。

第一次面试,在芜湖,考官是孙权。鲁肃举荐庞统后,孙权大喜过望。庞统前来拜谒,孙权见他"浓眉掀鼻,黑面短髯,形容古怪",心中老大的不高兴,加上庞统言语中轻视周瑜,就随口说:"先生回去吧,等用你之时,再去相请。"庞统乘兴而来,败兴而归,但并没有因此吸取教训。

第二次面试,在荆州,考官是刘备。可惜很不巧,对庞统知根知底的诸葛亮视察四郡未回。见到依然不修边幅的庞统,刘备的反应和孙权一样,只给他安排了一个耒阳县县令的官职。

着装打扮虽是个人生活习惯,但也或多或少反映一个人的内心。尤其在求职面试的特殊场合,考官又是孙权、刘备这等猛人,如果仍不注重,就有点儿不知轻重了。毕竟,衣着言谈举止是"第一印象"。

庞统后来被器重,得益于张飞。

一次,张飞去耒阳县巡视,听说庞统每日喝酒,不理政务,立马就到县衙找庞统算账。见庞统"衣冠不整,扶醉而出",张飞很生气,可这时,庞统抓住了显示自己才华的绝佳机会,一百多天来积压的公务,他只用半天时间,就处理得干干净净井井有条,直把张飞看得目瞪口呆,回去后,极力向刘备推荐庞统。刘备这才拜庞统为副军师中郎将,与孔明共赞方略。如果庞统能在第一次面试失败的时候,就注重自己的仪容仪表,那么,他可能早就被刘备看中,建立更多的功业。

反观诸葛亮,则大不相同,刘备第三次相请时,诸葛亮装睡,可当童子说刘皇叔已等候多时时,孔明赶紧起身说:"何不早报!尚容更衣。"立马走进后堂,过了半天,才"整衣冠出迎"。诸葛亮对仪表的注重,既是对刘备的尊重,也是对自己的尊重。

叔本华说:"人的外表是表现内心的图画,相貌表达并揭示了人的整个性格特征。"芸芸众生,有美就有丑,我们可以不美丽,但是不能形容邋遢;我们可以不漂亮,但是不能举止猥琐……

如果你连外在都懒得去经营,谁会关注你内心的丰富与善良?如果你连外在都不注重,谁愿意花过多的时间、精力,去了解你是否具有真才实学?

做一个内外兼美的人,为自己,也为那些赏识你的人。

马和驴

□高 英

唐贞观年间,长安城西的一家磨坊里有一匹马和一头驴,它们是好朋友,马整天在外面拉货运粮,驴不停地在屋里拉磨。贞观三年(629),这匹马被玄奘大师选中,从京城出发经西域前往印度取经,直到17年后,这匹马才驮着佛经返回长安,重新回到磨坊与驴朋友相见。

老马谈起这次旅途中的所见所闻:浩瀚无垠的沙漠、高耸入云的山峰、波澜壮阔的大海……那些神话般的画面使驴子大感惊奇,它不禁惊叹道:"你见的可真多啊!那么难行的路,我想都不敢想。""实际上,"老马说,"我和你走过的路大体上是相等的,当我西进的时候,你一步也没有停。不同的是在玄奘大师的指点下,我找到了一个远大的目标,最终打开了一个广阔的世界,而你被蒙住了眼睛,一生只围着磨盘打转,所以永远也走不出这片狭隘的天地。"

做一个能带来小幸福的人

□刘同

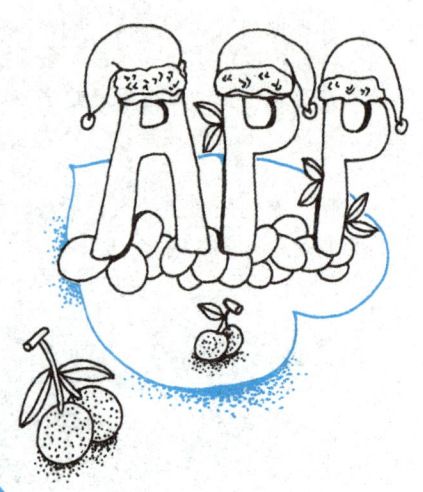

有位朋友每当圣诞节的时候，就会偷偷地把周围人的头像下载下来，用修图软件加上个圣诞帽，再发给我们。

每年都是如此。

常有人问：你那个圣诞帽好可爱，怎么加的？

然后作为他的朋友，就会有一种幸福感。

还有位朋友，只要有任何好的APP（手机软件），限免的APP，他都会在群里吆喝一嘴，说说这个APP好在哪里。

无论有没有人下载，他都坚持干这件事情。

我的手机里有了很多让人刮目相看的APP。

Jolin是顺德人，每到夏天的时候，他就会问我："同哥，要不要吃荔枝？"

无论我说要或者不要，答案一点儿都不重要，他都会接着说："我家那几棵荔枝成熟了，我给你寄一箱哦。"

然后就能收到一大箱他摘下来的荔枝，虽然瞬间被同事分完，自己也吃不上两颗，他又很折腾，但每年夏天都觉得有些不一样了。

我妈也是。

每次从老家回北京前几天，她就一个人默默地用卫生纸把土鸡蛋一个一个包好放在箱子里。

她怕我带回北京的路上会全碎了。

回到北京，我再一张纸一张纸拆掉。

完全能体会到我妈传递给我的所有。

其实想一想，生活中会有一些人总是坚持做一些他们觉得好的事情。

有时候你会觉得他们挺无聊的。

但这种无聊总会突然之间让你发自内心地一笑。

这种会给生活带来一些幸福感的朋友并不是很多。

想起时，就觉得自己挺幸福的。

做一个能接收到幸福的人。

也做一个能给别人带来小幸福的人。

感觉特别特别好。

那块误人的糖霜蛋糕

□钟伟民

汤玛斯·内格尔写了本《哲学入门九堂课》，书印得不错，但译笔平庸，勉强能猜到意思。

有一篇讲"自由意志"的，举了个例子：假设你去吃自助餐，走到甜品区，不晓得该拿桃子还是有糖霜的巧克力蛋糕；蛋糕惹人垂涎，但你知道吃了会发胖，会变丑，会没人喜爱，受人歧视，成为减肥广告嘲笑的目标；然而，你还是喊一声："肥死吧就！"吃掉了蛋糕。

第二天，照镜子，量体重，又后悔了，暗想："真希望没吃那块巧克力蛋糕，我其实是可以吃桃子的。"汤玛斯说：当时，在自助餐厅，你是有"机会"不拿蛋糕，拿桃子的。

他说的是"自由意志"，我关心的是"机会"：在我们的一生里，不管这一生有多么糟糕，上天肯定都曾经给我们几个机会，这就像上帝送来的几辆车，型号不同，性能各异，可能是自行车，可能是载人过桥到达彼岸的巴士，可能豪贵，也可能寒碜；但有一个共同点：我们可以驾着这辆车远行，直开到我们想要去的地方。我们这辈子，一定是有过这样的机会的。

可惜，总是一而再地错过了；我们没看见上帝送来的车，觉得那只是一堆废铁；或者，开着这辆车，天天去撞墙。我有过这种天天撞墙的朋友，一边撞，一边怨，怨天地不仁，让他撞得头崩额裂，满鼻子灰；人家做同样的事，都有成就了，怎么他撞来撞去，越撞越见鬼？"车是你自己开的啊。你不这么开，就会开上坦途。"这么告诉他，不听，再撞，做到老，撞到老；不断糟蹋机会，不断怨怼。

为什么要这样？想不透。我们都有"自由意志"，但"命中注定"，总挑那块有问题的糖霜巧克力蛋糕。

加拿大人的"一根筋"

□ 枫叶

在加拿大生活的几年里,经常能感受到加拿大人的"一根筋"。

初到加拿大的大学任教时,我发现每一个系的办公室里都备有各种办公自动化设施,电脑、复印机、传真机……同时包括纸张,全部免费供教师和学生使用。师生们如有需要可直接上手操作,无须任何登记,没有时间规定,也没有任何人监督。加拿大的教科书通常价格不菲,为了省钱,大多数学生总是舍不得买新课本,而往往是从上届的学生那里淘到打折的旧课本。

我注意到,几乎所有大学的书店都有这样一条规定:购买的课本如果七日内不满意即可退掉。有了这条规定,按照我的思维逻辑,我可能就会想:既然眼前有免费的复印机和纸张,也没有人干涉,为什么学生们不干脆连那打折的钱也省掉,先从书店里把课本买来,再到这里复印下来,然后再把课本完好无损地退还给书店——一分钱都不用花!可据我观察,来来往往的学生中,没有一位是拿着整本的教科书来复印的。我曾向一位加拿大的女学生提出我的疑问,我希望得到的答复是:节约公共资源。可这位女学生,似乎被我弄糊涂了,她想了想,问:"可是并没有对书不满意的地方,怎么退啊?""对啊……"我这转了几根筋的脑袋竟然一下子被这"一根筋"的脑袋问住了。

一次,我和爱人到宜家购买家居用品。因为之前已经有了明确的购买目标,我们把车泊好后,只在咪表上设定了一个小时的时间。加拿大对泊车的要求非常严格,每部车都必须依照泊车位置泊好,设定时间然后投放硬币,如果没有在规定的时间内返回,就会被罚款。我们很快就选购好了所需的商品,在下最后一层手扶电梯准备离开时,前边一位母亲为了帮助自己的孩子离开电梯猛地拉了一下孩子的胳臂。这一拉不要紧,孩子痛得哇哇直哭,母亲瞬间变得手足无措。学医的爱人马上意识到这是脱臼,他一边安慰着小孩儿,一边把小孩儿脱臼的关节顺利地复了位。孩子的母亲连连向我们表示感谢,临走前,爱人又向这位母亲说明了儿童脱臼复位的方法以及一些注意事项。当我们两个气喘吁吁地跑到泊车位时,发现一位中年女警已经等在我们的汽车旁,正低头写着什么。

"糟了!"我们一步跨上前去,急着向他解释为什么会超时:我们是怎么怎么样帮助一个胳臂脱臼的儿童复位……听了我们的话,这位女警察突然兴奋地说:"太棒了!你们愿意教我如何复位吗?我孩子的胳臂经常脱臼……"我们耐心地给她讲解了一番,满心欢喜地等待她的放行。

可万万没想到的是,在她的千恩万谢后,我们听到的却是:"但是,很抱歉,罚单已经开了,我不能再做任何改变。所以,现在请您接受罚单。"看着她那副"铁面无私"的样子,我和爱人是又气又急又好笑,差一点儿没晕过去。可能是有些"于心不忍",女警察又说:"实在抱歉,但这是规定,是我的工作,我无法改变。""对不起!"临走时,她又重复了一遍。

手里握着罚单,我和爱人面面相觑,哭笑不得。几日后向一位移居加拿大多年的朋友提及此事,他颇为感慨地说,加拿大就是这样,对各项规定和制度的执行非常严格,所以人们大都养成了自觉遵规守章的习惯。就拿交通来说,每天都有无数的督察人员四处巡视,检查交通违章的处理情况。如果发现哪位警察在处理某项违章情况的过程中有任何徇私舞弊行为,就会马上将此事上报。一旦查证,那位警察不但可能丢掉工作,甚至还可能会负法律责任。最重要的是,不管处罚如何,个人的信誉记录就会多出不光彩的一笔。在这个人们处处以"信誉"为凭证生活的国家,谁还敢不遵章守法?

在接下来的日子里,我和爱人发现,我们的身边到处都是"一根筋"的行为。在一个没有任何行人和车辆通过的路口,红灯亮起,一定要等15秒钟才通过依旧没有任何行人和车辆的路口;过马路一定要走人行横道,哪怕要绕一个很大的圈子才能到达近在眼前的目的地;开车遇到老人,一定会刹住车,不按喇叭,耐心地等待老人迈着小碎步挪过马路;嘴里嚼着口香糖,手里拿着废弃的包装袋,如果没有垃圾桶,就会一直拿着,直到丢进垃圾桶里;垃圾没有按照分类装好,一定会有热心的邻居不厌其烦地帮你重新分类;搞错了收垃圾的日子,一定会有人帮你把大包小包的垃圾重新拎回来……

我想,就是这些"一根筋"的加拿大人,用透着"傻气"的执着来遵守着身边的各项规章制度,维护着自己的信誉,更维护着社会的有序与和谐。

有目标的人在奔跑，没目标的人在流浪

好人生，属于好主人

□王月冰

多年前，在老师家中，我见到一个很有意思的人。

他也是老师的学生，和我们一样去看望老师。可是，在老师家，他就像主人一样，给我们泡茶、张罗饭菜，甚至吃完饭后，他还给年长者准备洗脸水。我们以为他和老师有特殊的亲密关系，老师却说，这是他第一次来这里，"这孩子到哪儿都像个主人，好像天生有种责任感"。老师告诉我们，这位学长家中条件并不好，学历也不算拔尖，却成功竞聘进了北京的一家知名公司。"应该是他这种'主人翁精神'帮了他。"

我后来去北京，拜访了这位学长。那时，他还租住在一间破旧的房子里，忙着装修，从二手市场淘了些旧家具改装，买来油漆自己刷墙。我说："租的房子你还这么认真呀？"他说："我住在这儿，那我至少现在是房子的主人，当然要把它打扮得漂亮些。"

经过一段时间的交往，我渐渐发现，学长不只是出租屋的"主人"，他也是很多地方的"主人"——坐公交车他会捡起别人丢在地上的纸屑；走在路上看到塞车，他会跑过去指挥车辆维持秩序；办公楼的电梯出了故障，他去报修……

对于他打工的那家公司，他更是"主人"。公司的一切事情，似乎都与他有关。在外面看到凡是能与他公司扯上点关系的信息，他都详细记下来。有一次下大雨，我和他在外面吃饭，他居然急忙丢下饭碗跑去公司楼下，只为看一下公司的窗户是否关好了。我说："你又不是公司的老板，何必这么上心？"他说："我在这儿工作，就是这儿的主人呀！"

上个星期我去老师那儿，老师告诉我，"主人翁学长"现在已是那家公司的副总了，还拥有了不少的股份。我点头，心想，他现在是公司名副其实的主人了。

面对同一件事，被动还是主动，做客人还是做主人，均在一念之间。可观念不同，做事的心情与效率，也大相径庭。如果面对一切都把自己当成路人，便只能永远烦躁地奔波在路上了。

好人生，属于好主人。

自己当第一，不如和许多"第一"做朋友

□刘威麟

某天朋友聚餐，有个朋友指着另一位朋友，和他儿子说："有一天，你也要和这个叔叔一样'专业'，当一个工程师，做一份好工作。"

好笑的是，这个朋友显然并不赏光，当场给这个爸爸"打脸"。

"对啊，真的是一份好工作，每天加班，每天受气，当一个'工具人'，"这位朋友以"工具人"做双关语挖苦自己的感情状态和工作状态，"专业的工具人哪！"

大家大笑，笑声带了苦味。

另一个"专业人士"也说话了。

"说实在话，我们公司最爽的，是那些有创意的，"那个朋友说，"那些搞创意的，画一画图，交给我们，我们就得乖乖地照他们说的做出来，所以，你应该劝劝小朋友，别靠专业技术，应该要有天马行空的创意！"

"对，"另一个朋友也附和，"反正就是当'上游'的那个人，专案的源头，比方说，企划啦、产品经理啦，就可以专门丢工作、丢任务、丢时程给'下游'做。"

这个论点，显然得到了大家的认同。这时候，我突然有感而发。

"不，那种人也很累，"我说，"还有一种人，更轻松。"

"这种人，不需要很专业，不需要很有创意，不必企划，不必自己顾一个专

会涂口红的女人

□ 子沫

某位聪慧的友人曾给我讲的两个细节，印象很深，值得记录：

会涂口红的女人。她认识一位电台的朋友，曾采访铁凝，注意到一个细节，铁凝涂口红前和涂口红后，判若两人，她这样总结：她是会涂口红的女人。这话我也深以为然，我见过铁凝的很多张照片，第一眼就注意到她的嘴巴，真是很奇怪的事，她很有画龙点睛的本领，精气神通过口红传递开来，非常之好。

大学刚毕业时，参加一次培训，在郊区，跟我住同一间房的一位女孩来自另一单位，她也是会涂口红的女人，一涂上口红，立马精神四溢，整张脸瞬间亮起来了。她说，她不涂口红绝不出门，不然像是没睡醒的。果然如此，哪怕是晚饭后外出散步，她也会涂口红，她说，女人随时随地总要显得有精气神。有时候，只需一点点，一点点就好，脸上有一个亮点就够了。

这位聪慧的友人总在削减我的偏见。比如，对摄影师，以前我比较无感，总认为四处拍，都成套路了，有什么意思？但是她把自己观察到的情景讲给我听，她说了两点。

第一点，摄影师看人的角度很不一样，比如，一位摄影师评价她，不是漂亮、知性、文艺或别的大路化的词，而是说："你爱笑，说话之间的空白是用笑来连接，你的运气不会太差。"他们捕捉的是人的神态，越过表面。他们有看人独特的视角、美的角度。

第二点，摄影师有预见性，他们会等待故事发生，充满好奇心。比如她曾经跟摄影师一起去一个市场拍片，很多摊点，摄影师独独选择了一个摊点，为什么？因为这个小小的摊点非常整洁清爽，安安静静，跟其他摊点的气场很不一样，他蹲在一边半小时，好奇地看，果然，后来，拍到了一张非常好的照片，就是那张女主人弯腰给孩子系鞋带的照片，友人看过那张照片，说非常感人，普通却有尊严，不那么轻飘飘。摄影师说不要随便下结论，不要去评判什么，只是做一位旁观者，去等待。

摄影师通常会越过表面关注背后发生了什么，仔细想想，这些折射到生活中，也是一种智慧。

案。"我说，"他不止面对十个人，他可能要面对一百个人。"

话还没说完，大家就起哄了。

"我知道，这个工作叫作老板。"

"或是特助。"

"不，"我继续说，"这工作不是老板，不是秘书也不是特助，不过，绝对是老板喜欢的人。"

朋友不信。

他们问，据我如此描述，此人既不专业，又不必创意，不必企划，也不能自己完成专案，这样的人，老板怎么会喜欢？

"老板会喜欢，"我解释，"是因为，这个人可以同时'搞定'一百位专业、有创意、可以独力完成专案的高手，进行'沟通'。"

他的工作不是展现自己的能力，而是沟通其他一百个有能力的人。

我认为，这是比所有能力都厉害的能力——

可以有效地"沟通"一大群（一百位以上）有能力的人，让他们各拿各的乐器，即便每个人都可以自己成一片天，却愿意看你的指挥，演奏一首悦耳的管弦乐曲。

你真的要教下一代孩子，成为自己单打独斗、所向无敌的"第一名"吗？

今天的专业，只待明天年老体衰，被后面的潮流趋势给推翻。

反而是刚刚所称的"第三种人才"，拥有比所有能力更厉害的能力，可以扮演"千手观音"，好像有一千只手，整合了一百个专业人或企划人。

这已不是一个比谁强的时代，而是一个合作的时代。

别叫孩子"自己当第一名"。

应该让孩子懂得和各式各样的"第一名"变成好朋友——教他们"放下"，别再想踩在别人的头上，拥抱竞争者，交个朋友，大门也会因此而开。

有目标的人在奔跑，没目标的人在流浪

花费时间和浪费时间

□林清玄

李小龙尚未在电影圈成名时，在好莱坞教授武术。有一天教完武术，他和他的弟子，有名的剧作家史托宁·施利芳在一起喝茶聊天，谈到了"花费时间"和"浪费时间"的不同。

"花费时间是把时间花在某一种方式上。"李小龙首先开口，"在练功夫时，我们是花费时间，现在谈天，也是花费时间。浪费时间则是糊里糊涂或漫不经心地把时间耗掉。我们有时把时间花费掉，有时把时间浪费掉，至于花费或浪费，就全靠我们自己的选择了。无论如何，时间一过去，就永远不会回来了。"

"时间是我们最宝贵的商品。"史托宁同意，"我总是把时间分成无数的瞬间、交易或接触。任何人偷了我的时间，就等于偷了我的生命，因为他们正在取走我的存在。当我岁数变大时，我知道时间是我唯一剩下的东西。因此，有人拿着什么计划找我时，我就会估计该项计划将花掉我多少时间，然后问我自己：'因为这个计划，我愿意从我所剩下的少数时间内，支取几个星期或几个月吗？它值得我花这么多时间吗？还是我只是在浪费时间呢？'如果我认为这计划值得我花时间，我就会去做。

"我把同一尺度用在社会关系上。我不容许别人偷走我的时间，我不再广结天下豪杰，我只结交那些能够使我的时间过得愉快的朋友。在我的生命中，我空出若干必要的时刻，什么事也不做，但那是我的选择。我自己选择如何花费时间，而不盲从社会习俗。"

史托宁说完后，李小龙望着天空，一会儿才问，是否可以出去打个电话。

当李小龙回来时，他微笑着说："我刚才取消了一项约会，因为对方只是要浪费我的时间，而不是帮助我花费时间。"然后他很诚恳地对史托宁说："今天你是我的老师。我首次知道我一直在跟某些人浪费时间，从前我从没想过他们是在取走我的存在。"

我一直很喜欢李小龙的这个故事，想到李小龙之所以只以很短的时间、少数几部电影就令人念念不忘，是因为除了他的电影和无数荣誉外，他有一种敏于深思的气质。

美是需要智商的

□李月亮

一位在美国读博士的男同学新近交了漂亮女友，甚是得意欢喜，常在朋友圈炫耀。几个女同学忍无可忍，在同学群里组团围攻他读这么多书还不能脱俗，还盯着女人的外表，且用下半身思考，没救了。

博士大力辩解，说："你们想得太简单，男人爱美女，不单是因为她美。"

女人们不信，博士就耐心解释。"美只是个现象，"博士说，"这现象固然相当重要，可隐藏在它后面的许多本质也很重要。"

比如，因为美，她会具备天然的自信，于是敢于展示自己。商场里最漂亮时尚的衣服，平常女人不敢穿，怕露怯，怕被人看，可美女敢，于是她们就更美，更自信，这是一个良性循环。

再比如，一个能一贯保持美丽的女人，一定是有智商的。怎么让自己更美，是个大学问，必须有相当不错的眼光和品位。

还比如，美是需要花费精力和代价的，不能熬夜，不能吃火锅吃冰激凌，要坚持运动，要天天敷面膜，这得有很大毅力才能做到，否则天资再好，没有后天的努力维护，也会一路减分，最后泯然于众人。

最重要的是，博士说，一个美丽的女人，周遭会充满艳美和仰慕，这使她很容易从内心里认可自己，于是快乐满足，轻松洒脱，不怨愤不沉重，并由此散发出难能可贵的气质，于是便有了某种气场，这气场，正是令男人心动着迷的东西。

过去男人抱怨女人只爱有钱人，女人的解释是，一个男人有钱或有地位，必然是因为他身上有某些优秀的品质：聪明、坚毅、大气等，而钱和地位使他们更加豁达、自信，这样的男人自然比那些整天纠缠在鸡毛蒜皮里的庸常男人更有魅力。所以女人爱的，不仅是有钱男人的钱，更是钱背后那个光芒四射的人。

原来男人爱美女也一样，不只爱那个姣美华丽的表面，也爱那背后珍贵优良的品质。

美貌与否，是老天给你的人生打的底色，美女自然可以顺着这个底色慢慢勾描，天长日久，渐入佳境。而不美的女人也可以在日复一日的修炼中，获得美貌以外的品质。

做一个有自制力且热爱生活的人

□ 杨熹文

几年前我和一个姑娘合租在同一屋檐下。

最开始的日子极为顺畅，两个女孩把这个租来的两室一厅布置得温馨有爱，我们在那个挂着风铃的小阳台上聊生活、聊梦想。

可是一个月过后，我们的生活悄悄地发生了变化。

起初，我的被子一周都在床上的一角蜷缩着；床头柜上的励志书掉到了床底下；窗台上摆着的花朵弯腰成了90度……一次路过姑娘的房间，我向里面望了一眼，发现竟和我的屋子惊人地相似。

渐渐地，我们生活中的其他地方好似也发生了改变。

电视上落了老厚一层灰；浴室里的下水道常常被一团头发堵住；垃圾桶满到连上周的剩饭都溢出来；某天夜宵的碗筷已经在水池里泡了三天。我们心照不宣地邋遢着，也并不觉得这样的日子有多糟糕。

我们之间突然出现剑拔弩张的状态，是因为一个男孩的突然到访。

姑娘打工的餐馆，总是频繁地出现一个叫马修的男孩，一边吃炒饭一边盯着她的脸。终于有一天，男孩约姑娘出去喝咖啡，约会结束的时候姑娘礼貌地说："要不要来家里坐一坐？"

事实证明这是一个非常大的错误，在姑娘约马修到家里时，她迅速意识到这个原本温馨干净的两室一厅已经腐坏到了什么程度。

在马修要了一杯茶而姑娘慌张地洗着两天前喝牛奶的杯子时，这个彬彬有礼的男孩借故告辞了，他看着姑娘说："还以为女孩都非常干净整洁，这次真的让我大开眼界。"

那一晚姑娘窝在沙发上，对我生出未曾有过的抱怨：艾米呀，你那碗都放几天了还不洗？你怎么连垃圾都不倒？你这衣服晒在外面几天了还不拿进来？我也不甘示弱：你不也一样？

我和姑娘的感情从浓烈降至冰点，却没有阻止生活继续变坏下去。

我常常在回到家打开房门的那一刻就瞬间走进情绪的怪圈，我在腐坏的水果、落满灰尘的电脑、很久没叠的被子面前久久叹着气，我怀疑自己，觉得自己一无是处，更别提有什么美好的未来。

不久，姑娘因为工作原因搬走了。

她走之后我就发了烧，一个人躺在床上眩晕地看着破败的屋子，我忽然意识到，也许不只是我生了病，我的生活也生了病。

我终于在某个早晨叠好了散乱一团的被子，皱着眉头把桌角那个太久没洗的咖啡杯拿进了厨房里，顺手连同另一些肮脏的锅碗瓢盆洗刷干净，把一周都没清理的垃圾扔掉。

说来奇怪，我的心情竟然在这十几分钟的整理过后变得极富成就感。

接下来的那一个下午，我擦亮了浴室的玻璃，清理了下水道的头发，擦去阳台上的灰尘。

等到黄昏降临时，我看着干净整洁的屋子，忽然觉得这半天换来的整洁给了我重生的希望。

我曾在一本书上看到这样一句话："一个人屋子的整洁程度就是这个人的生活状态。"保持自己态度和思维的整洁，让生活中事事条理清楚并远离拖沓。于是我就这样把自以为圆满的人生一直维持到现在，生活从未像今天这样快活充实。我保持着健康的体重，做着喜欢的工作，读着挚爱的书，爱着值得的人。

泥人和木人的隔阂

□ 海 星

木人和泥人是一对刚结识不久的朋友。

这天，他俩在河边玩耍，为了给对方一丝清凉，木人调皮地向泥人身上泼水，泥人吓得连滚带爬地逃走，没命地喊："杀人了，救命啊！"木人生气地抱怨道："这人真怪，开个玩笑，泼一点儿水在身上算得了什么？"

第二天晚上，两人又在河边见面了，天气有点儿冷，他们便走到篝火前，泥人担心对方受凉，抱起木人就往火边放，木人吓得魂飞魄散，失声喊道："杀人了，救命啊！"泥人把木人抱离篝火，不解地说："你这人也太难处了，怕你冷才抱你烤火，真不识好人心！"

木人和泥人就这样不欢而散了，此后俩人见了就远远地躲着对方，他们心里对对方永远留下这样一个印象：这人太难相处了！

有目标的人在奔跑，没目标的人在流浪

大部分的熬夜都无关努力，只是低效而已

□ 巫小诗

大约一年半之前，我得了一场漫长的感冒，整整两周都不见好。

于是去校医院做了血液检查，校医看着我的化验单，说这贫血贫得也太严重了，怀疑我的造血功能有问题，建议去省内最大的医院做一个完整的血液检查。

家人得知这一消息，都吓得不轻。我爸放下手里的工作，拎了一堆补品赶来长沙看我，那架势，就像我正在学校坐月子。隔天清早，在爸爸的陪伴下，我去医院检查，因为是省里最好的血液科，来看病的人多到可怕，从挂号到付费到领试管，各个环节都要排长队，爸爸让我在座位上等他，他胖乎乎的身子就跟着人堆一起挤着。

从后脑勺看到他依稀的白发，我突然感觉自己很不孝，他都年近半百的人了，还要陪着不爱惜身体的我一起折腾。我很清楚，是因为熬夜把自己的身体弄坏了，可这个夜真的非熬不可吗？明明可以白天完成的事情，我非要磨磨蹭蹭堆到深夜去做，实在太不应该。

下午化验结果出来，门诊的专家说我的造血功能没有问题，只是生理性贫血，好好调理身体的话问题不大。从这一天开始，我也几乎不再熬夜了。

是不敢，也是不好意思。不敢是因为怕死；不好意思，是因为愧对父母。

熬夜在大学校园里还挺常见的，写论文的、考前突击的……至于玩游戏的、看剧的和刷手机的，这些充其量只能叫晚睡，连熬夜都算不上。

半夜刷一刷微博和朋友圈，经常能看到这样的状态："复习到3点，眼要瞎了""这个点还在剪片子，我也是蛮拼的"，还有文艺一点儿的版本："你看过凌晨四点的北京吗？"

状态底下自然是一堆的嘉奖和安慰："你太努力啦，休息一下吧。""别太拼命，身体最重要哦。"当事者带着"我很努力"的心理认同，继续披着月光，把事做完。

在无数个熬夜的夜晚，我们大概也都是这样被自己感动，觉得自己很不容易吧。可是心中那个正义的小人啊，总是要在我们被自己感动的时候，跳出来骂上一句"你活该"呢。

有时候，我从下午三点开始坐在电脑前，漫无目的地跑神和闲逛，然后，直到晚上十点才敲完文章的第一段话，这期间，我发现我的手机很好玩，我的水杯很好玩，我的桌子、我的头发、跟写作无关的一切，都很好玩。

一般的约稿有一周的准备时间，专栏和常驻就更不用说了，一整个月。这么长的准备时间，我有时间发呆，有时间无所事事，本可以轻松完成的一项任务，被喜欢拖延的自己变成了截稿日期前的一个个无眠夜晚。

这样的我，不，这样的我有很多，暂且称为"这样的我们"吧，这样的我们，跟上课时睡觉，考前不吃不睡复习的学渣没有两样，而即便是如此不堪的我们，也在希冀着得到"你太努力啦，休息一下吧"之类的嘉奖与安慰，真是太臊得慌了。

这一两年来，我很少熬夜写作，但完稿的数量却比以前要多。我去图书馆写作、去自习室写作，把一个个大任务分成一个个小部分，今天写不完这篇小说，那我就写一个章节，甚至一个场景，一个比喻句。今天没有时间安静地坐下来，那睡前的时候、坐公交车的时候，我就在手机里备忘一些小想法，把碎片化的时间利用起来，这些时间，都是我从日常中借来还给睡眠的。

我不会拿"我喜欢熬夜，因为我熬夜的时候效率高"这种话来自欺欺人了，我知道，这就跟"我喜欢迟到，因为迟到的时候我会走很快"一样毫无意义，被逼急了而跳过围墙的那条小狗，并不是什么潜力型选手。大部分的熬夜都无关努力，只是低效而已啊。

大部分的熬夜都无关努力，那剩下的小部分呢？

剩下的那小部分很努力在熬夜的人，希望你能有足够的热爱，如果没有，那你或许应该考虑换一份工作，换一种兴趣，因为你的自由和健康，比一切都重要。

总有一些时刻，当时看着无关紧要，而事实上却牵动了大局。

据英国首相特雷莎·梅的一位不愿具名的同事透露,特雷莎·梅当内政大臣时,在会议上的举止是这样的:"内阁开会时,她就坐在那里,以一种雍容不迫的方式摆出恼怒的神情。"

读到这里,我立刻明白了这位女士的策略是何等绝妙——开会时一脸恼怒而又雍容不迫的神情,简直再好不过。高人一等又不显得粗鲁无礼,强大有力又不显得虚伪……着实令人望而生畏,极富尊贵的气派,简直完美!

在工作场所,坐在会议桌旁听其他人说话时,如何管理自己的神情是个重要问题。一般的企业高管每天平均要花4小时开会,如果有9个人参加这场会议,每个人均分说话时间,那每个人每天都必须花费3小时33分钟坐在原地,一边漫不经心地听着某人唠叨,一边打量着那些没说话的同事的脸。这么一想便可知,我们之前似乎一直处于误区。我们一直为了自己讲话时给人留下何种印象而烦恼,却没花时间思考我们沉默时给人留下了什么样的印象。

有一回,别人发给我一张我参加一个小组讨论的集体照,是某位听众拍摄的。两个小组成员都没有看发言者,而且神情呆滞。我看起来有点儿生气,怀疑地瞪着眼睛,嘴边带着一丝自鸣得意的假笑。人群中只有一个人做对了,他摆出了一副礼貌、怀疑而又好奇的神情。

我问同事,那是不是我开会时惯常的表情,对方坦言,的确如此。这让我深感不安。此前,我对此一无所知。

我们开会时的表情太重要了,在这方面绝不能随心所欲。会议上最常见的表情是无聊,至少对那些没说话的人来说常常如此,但这从来不是理想状况。茫然的没精打采会给人一种呆头呆脑的感觉,松弛的面部肌肉让你看起来又衰老又疲倦。

无聊得打瞌睡是最糟的。20世纪90年代,柯达公司首席执行官凯·惠特莫尔在和比尔·盖茨见面时睡着了,那件事比把公司搞砸更加让他臭名远扬。

开会时低头打瞌睡绝对属于灾难,但一般的点头可能棒极了。9年来,我在公司的董事会中占有一席之地,我已经花了几百个小时,观看这个国家最优秀的一些非执行董事点头。事实表明,不同类型的点头能在不同的时候派上用场。讨论的材料越复杂,节奏中等的点头就越能显得你聪明、接地气,表明"我正在考虑这件事"的慢速点头也可能很管用。

会议表情的规则和一般的办公室表情规则相反。微笑通常是个好主意,这会让他人感觉更好,但在开会时要避免,因为微笑可能让你看起来不严肃,显得巴结,甚至谄媚。

皱眉在办公室里通常是不好的,但在会议上不可或缺。皱眉暗示你在进行深度思考,让你看上去更像那么一回事儿,像是在认真思考,为参与会议讨论做准备。

你在会上的表情不仅会影响你的声誉,还会影响你的工作量。表情太过热切会导致人们把不想要的任务扔给你。仔细想想,这可能会给你增加不必要的烦恼,这时,你有权保持沉默!

最后还有一点告诫,这种表情只适用于你仅仅是次要角色的情况。在这种情况下,你对会议的时长或内容没有多少支配权。但如果你是头儿,这些招数就不灵了。这时,雍容还是有用的,但沉默一般不会起效,因为当你说了算的时候,你得担当更大责任。

人类并非无法摆脱自身与生俱来的习惯。就拿我来说,写下这些文字时,我已经花了相当长的一段时间在镜子前学着摆出雍容而恼怒的表情。一开始很难,但我不断尝试……天啊,我想我掌握要领了!

开会时的表情

□ [英] 露西·凯拉韦

有目标的人在奔跑，没目标的人在流浪

比惨不如比狠

□ 陈立飞

周星驰版《唐伯虎点秋香》的桥段里，周星驰和另一哥儿们儿为了进华府，相互比谁的人生更惨。最后那哥儿们儿用木棍把自己敲死了，并仰天长啸——谁能比我惨。

选秀节目里，有些选手诉说自己辛酸的经历，一路的不易，一定配上煽情的背景音乐。

我的内心戏经常是——老比惨多

没劲，有本事比谁对自己狠呀。

前段时间看《欢乐喜剧人》，一周推一个新节目，创作压力巨大，摄制组最喜欢记录各位喜剧大咖们在准备节目时的桥段来娱乐大众。岳云鹏最苦，眯着本来就不大的小眼睛，说两天两宿没睡觉了，吃饭都是催对方吃快点；另一组说太兴奋了，三个小时后就能吃早餐了，好开心；开心麻花们说："我们要搞笑，我们不睡觉。"

不是比谁惨，而是比谁对自己更狠。这个卖点我喜欢。

我老觉着，这个世界，一般取得些更高成绩的人，都是那些敢对自己下狠手，甚至有些"自虐"的人。一个人可怕的不是有多努力，而是可以持续那么久。

小李子奥斯卡陪跑22年，今年终于拿到了小金人；为了拍《荒野猎人》，变肥变邋遢，和熊搏斗几乎一镜到底，这是什么？这是为艺术献身啊。我个人觉得吧，为了艺术去减肥，值得欣赏；去增肥，太难以接受了，好不容易拥有的六块腹肌却要人为地变成得圆滚滚的，这太残忍了。一个人为了梦想，怎么可以这么拼？而且领奖的时候没有声泪俱下诉说这些年来的不易，依然是招牌的笑容，让大家多关注气候变暖——全程无尿点啊。小李子那一天真配得上全世界的赞美，朋友圈被他刷屏也是乐意。不是一部《荒野猎人》，而是致敬这些年来每一部作品所表达的尽心尽力。

自己在香港的时候，天天跑去公寓楼下的健身房锻炼，什么卷腹，杠铃深蹲，椭圆机，跑步机，想着自己未来某一天穿衬衫肚子上没有凸起的弧线，而且只挑修身款的，去年就在说着等身材再好一些的时候，就去定制一套西服……现在过去半年了，估计得定制个加大码的了。

而且我注意到一种现象，在健身房里经常碰到的熟悉面孔，往往都是那些身材好，有肌肉的。这边某男胸肌隆起，六块腹肌分明，颜值爆表，痛苦地做着腹肌撕裂；那边某女前凸后翘，腿形修长，扎着马尾，在跑步机前挥汗如雨。整个健身房，几乎是猛男靓女的秀场。他们体形已经够好，仍然对自己够狠。而身材不好的人，可能只占到20%，而且，流动性往往很大。

所以，新面孔往往是些吭哧吭哧立志要锻炼减肥，像我这般的loser（屡屡失败的人）。虽然说他们才是最需要到健身房的人，但现实是，健身成功者，才是这里的常客。

优秀也许不难，难的是一直保持这种优秀的状态。就像鸡汤所说——优秀，是一种习惯。

在给香港研究生毕业的年轻人，或者在校实习生培训的时候，经常放在嘴边的一句话是，在香港这类一线城市，你如果还用你老家的那种努力程度来要求自己的话，过两三年，你一定会陷入窘境，面对巨大的生存压力。香港的房子本来就贵，非香港永久居民，还要交22.5%的税，800万的房子，交200万的税。

所以，要么努力快点挣钱，要么努力快点成长，然后价值高位变现。这几年完不成资本或者自我价值的原始积累，只能一直在路面爬行，无法完成人生或职场第二轮的起飞或转型。这点就像融资，不能迅速拿到A轮融资，就肯定出局；拿到了A轮，相当于完成原始积累，能不能活下去不知道，但至少有资格上牌桌，能和对手比画两下了。

你不对自己下狠手，这个世界就会对你下狠手。

生活对于心灵有时会提出残酷的要求，但是必须逆来顺受。

别人的房间

□艾小羊

开咖啡馆当然会遇到很多开心的事,但有时候也会有不那么开心的事,比如店员最怕的就是看到带小朋友的顾客。能带来咖啡馆,又让店员望而生畏的小朋友通常五六岁,我们特意准备了一些绘本给孩子们,然而很少有孩子会安静地看,他们跑进跑出,大声喧闹,把咖啡馆当成了野营地。

一次,三个母亲与三个孩子,坐进了一间包房,结账时,一个七八岁的小女孩跟母亲一起出来,母亲边拿钱,边对她说:"你知道了吧,这就叫有情调的生活。"

女孩用手拨弄黄铜的手工磨豆机,说,下次你还带我来吃蛋糕。

我送他们出门,转头听到服务员的惊叫声。

他们用过的房间,每一张桌布上都泼洒了柠檬水、咖啡、饮料,用过的纸巾扔得满地都是,仿佛这个房间里刚刚坐过十个重症感冒患者。他们自己带了很多零食,剩了一点儿的零食与各种零食的包装袋随处都是,摆在藤椅上的两束干花也被拆开了,散落一地。

晚上,跟一个朋友聊起这件事,她也正为自己出租的房子被弄成猪窝而愤怒。

"别人的房间你的确不必很珍惜,但你自己是要待在里面的呀,房间是别人的,环境是你的,你就一点儿都不为自己的环境负责吗?"她的愤怒,其实也是我的困惑。

我的一个朋友嫁去韩国,在做导游。有一次忍不住发来几张酒店的照片。床单上满是食物的污渍,桌子上堆满了吃剩的鸡骨头,啃了一半的玉米,以及各种坚果壳,而垃圾桶是空的,就在这张桌子下面。

这是一个旅行团的孩子们离开后,打扫卫生的阿姨实在愤怒,拍照发给她的。虽然说是孩子,但其实也有十五六岁了,"他们把房间搞成这样,自己住着不难受吗?"她也发出了同样的困惑。

从来咖啡馆的亲子团,到朋友的租客,再到韩国游的孩子们,他们如此邋遢,只因为是在别人的房间里。

因为是别人的房间,因为付了钱,所以他们懒得动一根手指头,去保持环境的整洁,好像无论那儿多么脏,都与自己无关,反过来,即使那里是干净的,也不是他们的荣耀。

与其说这是私心,不如说是习惯吧,习惯于在别人的房间里变成另外一个自己,不爱惜,不珍惜,无所谓,很邋遢。就像那些被带到咖啡馆的孩子,没有人告诉他们,应该爱惜那些桌布,应该带走自己的零食袋。当他们成为成年人的时候,也会自然而然地觉得保持别人房间里的卫生,不是自己分内的事,哪怕他要在这个房间里生活一段时间。

有这样习惯的人,很难说他是一个追求高品质生活的人、一个懂得什么是情调的人,他们对于整洁的要求,也不是发自内心,而更像是完成任务。

从菜鸟到大师的距离

□张一楠

我有一位朋友,他的文化程度不高,初中都没有念完,但是在全中国做拉面是第一名。连续三年做拉面,连续三年第一名,年薪一百多万元。

后来有人问他:你的拉面是全国第一名,那么多人喜欢吃,你到底用什么和面?他每次都平淡地告诉别人:我是用汗水和面。

他每天练习做拉面,就一个标准,就是看有没有练出汗来。如果没有练出汗来,就绝不会停止。每天练出汗来以后,再穿上内衣,穿上衬衣,穿上西装。

他现在穿着西装做拉面,可以做到不让面粉沾在西装和领带上,一个白点都没有。他从16岁开始,天天练习做拉面,风雨无阻,从不间断,结果就这样练成了全国第一名。

其实,世间所有的行业里都没有大师,大师也曾经是弱小的菜鸟,但是经过千万次的练习,千万次的修正,千万次的反思和自我超越,他将普通人远远甩在了他视线之外的远方,他就成了大师。我想告诉大家一个惊天的秘密,从菜鸟到大师的距离,就是练习。

分座

□ 王 飙

一直喜欢分座的故事，如果说华歆与管宁割席分座所展现的是分明的憎恶的话，那么，佛经中所载的分座的故事，所呈现的则是爱与护的妙谛。

迦叶是释迦牟尼的弟子。有一次，释祖在说法的时候，从迦叶安然的神情中，释祖知道他已有悟入，于是，便招呼迦叶来到身边，并让出座凳的一半请迦叶上座。迦叶坚辞，但释祖强请他入座，并让他当众演说自己的悟识。

迦叶在释祖不断的激励和钳锤之下，终于心无滞碍，胸臆廓然。一天，释祖在灵鹫山上演法，说到关键之处，他持花示众，无人能懂，唯有迦叶会意地微笑，与佛祖心契意合。于是，释祖说："吾有正法眼藏，涅槃妙心，实相无相，微妙法门，不立文字，教外别传，付嘱摩诃迦叶。"

从此，迦叶得佛祖的心法，创教外别传的心宗，即禅宗；他的第二十八世弟子达摩西来，成为在东土开宗立说的始祖，传到六祖慧能之后，禅宗在大唐的土地上开花结果，成为中国佛教的主要流派；特别是分座的传统，一直在禅林中流传；可以这样说，也正是因为有了这样的一个传统，才让禅宗时至今日已历1500余年而长盛不衰……

深得禅家分座妙谛的最值得称颂之人当数欧阳修。当苏轼还是一个进京赶考的学子之时，欧阳修已是文名满天下的主考官了。但是，当他看到了苏轼的文章之后，惊呼奇才。有人对欧公说："此人年轻，应该压他七分，以免与你争锋。"欧阳修说："我自当让他七分才是，遇到这样的大才，我就是退休为他让出一条路来也不为过啊！"

后来，苏轼在欧公的提携之下，果然文章诗赋震动朝野。欧阳修分座与苏轼之举，不但没有掩其文章的风流，反而是双星齐辉，光耀千古，成为中国文坛上的一段不朽的人间佳话。

分座，考验的是一个人的气度和识宇，拥有大胸怀、大气象、大智慧之人，他们的得道，往往是为了让更多的人得道；他们追求卓越，往往是为了让更多的人成就卓越；他们筑梦辉煌的人生，往往是为了让更多的人有辉煌之梦可筑！

如果说割席分座是为表现泾渭分明之意的话，那么，让凳分座之举，才更能彰显人性的伟大和智慧的深远！

贫富习惯造就

□ 陈琪钱

据研究发现，每个人都有富习惯和穷习惯。穷习惯包括吃得过多、吃垃圾食品、吸烟、酗酒等，这些习惯都会对人们的健康产生负面影响。生活中，若是穷习惯多，你的生活一定不幸福。

十个关键的富习惯如下：一、制定每天、每月、每年的目标，知道希望和目标的不同。二、每天进行至少30分钟与职业有关的阅读。三、知道健康的重要性，每天锻炼半小时，多摄入低热量的食物。四、每天管理与他人的关系，使用策略来增强这些关系，如问候电话、生日电话及生活事件电话等。五、锻炼适度，饮食适度，花费适度，工作适度，游玩适度。六、每天要完成工作日历中至少七成的计划。七、积极乐观，把关注点放在成功的人和事上。八、把收入的10%至20%储存起来。九、控制思想和感情。十、尽量改掉自己的穷习惯，培养能使自己成功的富习惯。

十个关键的穷习惯如下：一、每天看电视超过一个小时，每天上网闲逛超过一个小时。二、每天吃热量超过300卡路里的垃圾食品，过度饮酒，或者夜里喝烈性酒。三、没有每日锻炼30分钟的习惯。四、人际关系建立在需要的基础上，交朋友带有很强的目的性，有需要时才找朋友。五、每天的工作没有完成七成以上。六、没有建立人脉或没有每月做义工5个小时。七、工作上得过且过，说得多听得少，说话不着调，不花时间和金钱去建立关系。八、没有把月收入的10%存起来，挣得少花得多。九、不能控制自己的思想和感情。十、把希望误认为目标。

多一步不想
□ 曲家瑞

这是一个发生在几年前的故事。

有一次，我去师大夜市吃东西，等餐的时候和同桌的一个男生聊了起来，他告诉我，他是另一所大学的毕业生。

"你不是师大的学生，怎么会跑到这里来呢？"

"我来这里游泳。"男生说。

"你已经毕业了，以后打算做什么呢？"我找话题随便聊聊。

"我要去苏格兰念数学博士。"他的脸上露出自信的笑容。

"怎么会想到去苏格兰念博士？"我好奇地问。

"我拿到了全额奖学金。"男生回答。

"哇，真厉害！"

"我其实连哈佛和耶鲁都申请到了，但是因为只有苏格兰的学校给了我全额奖学金，所以我选择去苏格兰。"

"你是做什么研究的？"

"数学运算。"

"你能拿到奖学金，肯定很厉害啊！"

"全世界懂数学运算的人太多了，你知道他们为什么要发奖学金给我吗？"男生笑了笑，告诉我一个诀窍，"因为我事先做了功课。申请学校的时候，我查了资料，得知下一届奥运会在伦敦举办，还查到奥运村就在我想申请的那所学校，所以我做了一个提案，内容是帮助他们的国家游泳代表队做数学运算，推测在不同条件下游泳选手的表现数据。"

"这样做真的有帮助吗？"

"有啊，例如我可以帮他们计算游泳选手穿什么材质的泳衣在水中的阻力最小，可以计算出不同的选手每分每秒的差距是多少，还包括不同的选手穿不同材质的泳衣会有什么样的差别，我推算出极为精准的数字，这些可能成为决定选手获胜的关键。"他告诉我，因为他热爱数学，也喜欢游泳，所以才会想出这个提案。

这个提案打动了苏格兰的学校，学校不但通过了他的博士申请，还愿意提供全额奖学金。

"即使是申请学校，也要多用点脑子，如果只是写贵校有多好，自己很想成为其中的一员，很难在那么多申请人中脱颖而出。"

"我觉得应该反过来想一想：学校为什么要收你？你能为学校贡献什么？我攻读的数学运算是十分精细的学科，就算今年无法帮他们的选手夺得优胜，下一届奥运会也有机会，所以这对他们来说很重要。"

很多时候，我们都以为成功的人是因为特别幸运，或是因为占有较多的资源，所以可以取得傲人的成绩。

实际上，要想在众多精英中脱颖而出，必须比别人多想一步，而多想的这一步往往是一个人最后能够胜出、成就目标的关键。

自然更替
□ [巴西] 保罗·科埃略
夏殷棕 编译譯

自然界中没有胜利和失败，只有更替。

冬天让位于春天，夏天让位于秋天。

羊吃草，狮吃羊。与谁更强大无关，只是生与死的更替。

在这样的更替中，没有赢家，也没有输家，只有要走过的舞台。人心若能理解，则获自由，便能坦然面对艰难时光，便能坦然面对短暂的荣耀。

二者均会消失，一个替代另一个，更替继续。人的灵魂则能从肉体中解放，找到归宿。

专车司机记事

□张嘉佳

今天一觉醒来，发现离开会只有半小时了，我就边穿袜子边打了辆专车。

等我连冲带爬滚到楼下，司机已经在等着了。酒店外面雨下得不小，司机开辆吉普车，戴着黑超（黑色超大墨镜）倚着车门。

我跟他打招呼，他看着天空，完全不在乎我的存在。

对这个行为我很理解。我曾经琢磨过，出租车司机的性格可以由全国的省份来代表，要么豪爽、要么啰唆，总的来说还在乘客理解范围之内，但是专车司机的性格就丰富多了，会出现冷酷、神经质等多种特征。

我遇见过跟我讲佛经的，有听德语歌的，车型不同，人品的差异就是车型数量的平方。比出租车有趣的是，专车能提供的服务也广泛得多。我遇到过有满后备厢都是红牛饮料的；有的提供毯子让你睡觉；有一次我忘记带现金，专车司机直接让我用微信转给他就好，简直像个移动提款机。

这次钻进车的时候我心里有了预判：看来这个司机比较沉默，不然与他的造型不配。

果然一路安安静静，什么声音也没有，包括导航的声音。

对这个行为我也能理解，前几天我就遇到个老司机，开车时钻小巷、穿居民区。我在副驾驶位置上开着手机导航，导航焦虑极了，拼命叫着"您已偏离路线"，叫得上气不接下气，最后变成了"您您您"。

老司机一把把我的手机捞过去关掉，神气活现地说："根据导航要走26分钟还会堵，现在您开始从十倒数。"

我数到一，司机稳稳地把车开到目的地，他居然是从垃圾站横穿过来的，据说是一条连卫星也不会发现的路线。

所以，我就信任地让"古天乐"穿梭，穿梭过了南浦大桥，穿梭过了过江隧道，开会时间快到了，我连那栋楼都没看到。

我终于忍不住说："师傅，还要多久？"

他吓得一个急刹车，然后缓缓转头看我："对不起，你一直不说话，我都忘了车上还有个乘客。"

"所以呢？"

"啊……一不小心，开回家了。"

朋友的圈子，自己的家事

□宋慧敏

每个粗通文墨的人，都会对宋词的故乡心生向往，那里随便添加一个朋友圈，即便是潜水，耳濡目染，文学造诣也会得到提高。江西诗派的"主页君"黄庭坚就经常推送一些诸如"文章最忌随人后"的观点，主张用典应该以故为新、化腐朽为神奇。

黄庭坚有个"苏门四学士"的群，"如黄庭坚鲁直、晁补之无咎、秦观太虚、张耒文潜之流，皆世未之知，而轼独先知"。群主苏轼这样推介他们。黄庭坚和苏轼还有个"北宋四大家"的朋友圈，苏轼、蔡京、米芾、黄庭坚。且不论他们历史功过，仅从书法造诣上而言，这四人承上启下继往开来，对中国书法的发展有突出贡献。他们是四座高峰，各有千秋。

黄庭坚进入上述朋友圈靠的是天赋加勤奋，元丰年间，他任太史，忙完公务，还要读书习字，这些都忙完了，他却不能洗洗睡了，家里还有高堂老母在等着他。

晨昏定省是古代儿子们的必修课。早上，黄庭坚上班前先去看母亲，一边聊着家常，一边倒掉便桶，刷洗干净。晚上下班回家，如果时间充裕，他就陪着老人吃饭，然后进书房读书、练字。估算着母亲快要休息了，再次到她房中，安顿老人休息。日复一日，年复一年。

黄家新来的人总想抢着给黄大人的母亲倒便桶，都被拒绝了。跟随黄庭坚年深日久的人告诉后来者，黄大人说孝在心，更要见行动，让老人时时事事感受到做儿女的诚意，具体体现就是这些细节，人生的风景就是这些细节组成的。

完成了这些细节之后，黄庭坚站在书房的廊前。远处，落木千山天远大，澄江一道

没有无线网络的幸福

□ 蒋骁飞

首都在一般人眼中，应该是高楼林立，立交桥纵横交错，但不丹首都廷布却像我国东部的一座比较发达的小城镇，建筑大都只有五六层。在廷布经常可以见到猫狗随意躺在大街上晒太阳睡懒觉，十分惬意，没有车辆打扰它们；不丹的公路上，也经常可以看到放养的牛群悠闲自在地漫步。

最让人不能理解的是全市居然没有一盏红绿灯，难道不丹人就不怕发生交通事故吗？

我们是傍晚时分抵达廷布的，走出车站，见一广场上停了十几辆人力车。车夫们见到游客过去，都站起来招呼，但并没有一拥而上，只站在自己的车旁微笑着做出邀请的手势。预订的宾馆距离车站大约有三里路，不算近也不算远，我们决定坐人力车去宾馆，也好看看廷布的夜景。

到了一座寺庙附近，有人建议进去看看，车夫就把车停下。大家被寺庙里面的雕塑和绘画吸引了，竟然忘了时间，不知不觉在里面逛了一个多小时。大家出门时，才想起还有车夫等在外面。见到车夫，有人对他道歉，车夫不在乎地笑道："没关系，你们是我们的客人！"在随后几天里，我们发现，不丹的车夫和司机有着超乎寻常的耐心，你临时有事，他也不催你，远远地在街头站着，直到你再次上车。如果你对他放心，他就会给你安排一切，那个线路一定是非常经济、非常地道的。你吃饭的时候，他就悄悄地退到不知名的地方去了，等你吃好了，他又出现了，好像他从来没有离开过一样。

在廷布游玩了几天后，我们就彻底明白了不丹人不设红绿灯的理由了——街道上没人超车没人抢道，一切井然有序，这种情况下，红绿灯岂不多余？

在宾馆里，有人习惯性地拿出手机上网，但搜索了半天也没有信号，在与服务员交涉的过程中才得知，不丹全境没有Wi-Fi。"怎么会这样？"异国旅客大为惊讶，"没有Wi-Fi，我们怎么和远处的人交流？"服务员不解地反问："你们为什么不和身边的人交流？"

服务员的话让人想起一个故事。地产大亨冯仑拜访不丹国师卡玛时，曾问：为什么不跟中国建交，是两国关系不好吗？国师回答道：不是不好，全世界有200多个国家和地区，和每个国家建交都要建立使馆，有使馆就得派人就得买房子，没有必要花这个钱，我们更需要钱来保障老百姓的医疗和教育，并且，跟很多遥远的国家即使没有联系对我们也没有什么影响。

最让我们想不到的是，在不丹的一周里，竟然见到了不丹王子两次。一次是观看王子的射箭比赛。在当地，如果王子出现在比如射箭比赛这样的公众场合，民众都可以去观摩，但是不允许拍照。另一次是在咖啡厅，没想到遇到年轻的王子也在这里会客喝咖啡。我们当中有人上前和王子握手问好，王子十分友好，对他说："欢迎中国朋友来不丹！"更让人想不到的是，王子离开时，竟然是自己骑着小摩托载着朋友绝尘而去……

在很多人看来，不丹落后、封闭，但在"全球快乐排行榜"上，不丹人的幸福指数却名列第八位，位居亚洲第一位。很多不丹人能安贫乐道、怡然自得地生活，为什么呢？我觉得这与不丹人那些已深入骨髓的生活观念有关——不贪占、不嫉妒、不妄想。

月分明。忽然想到远方一位朋友，黄庭坚发了一个帖子：桃李春风一杯酒，江湖夜雨十年灯。帖子如一阵风，吹皱朋友圈一池碧水，荡起一层又一层涟漪。苏轼评论是"独立万物之表"。翻译过来就是，亲，你的诗与天地同在，与日月同辉。黄庭坚给他回了三个龇牙咧嘴的笑脸。上次苏轼损他的书法作品是"树梢挂蛇"时，他也是笑脸奉送。亲情让人温暖，友情的意义是力量，是吾道不孤的自信。

有目标的人在奔跑，没目标的人在流浪

失信筑起的墙

□ 张 勇

时下，人与人之间的猜疑、不信任成了主流，信任作为社会道德价值判断的基础似乎在渐行渐远，从"彭宇案"到"小悦悦事件"，从"不要和陌生人说话"到"老太太摔倒千万别扶"……

人情淡薄与冷酷触动了多少人的神经？我们理解"不要和陌生人说话"和"老太太摔倒千万别扶"的良苦用心。但我们忘记了可能有一天，在一个地方，你我一不小心也会成为陌生人；可能忘记了我们终于有一天也会变老，也会不小心摔倒。

当坦诚相待和信任被警惕和猜疑所取代，受损的不仅是个人。

历史上不少惨痛教训都与信任缺失有关。

大唐天宝十五年（756），安禄山造反。哥舒翰受唐玄宗之命，守潼关拒叛军。潼关是长安天险，哥舒翰擅守城。在他的经营下，潼关固若金汤。叛军主力对潼关发起一次又一次的进攻，延续半年之久，都劳而无功。西进长安的目标变得十分渺茫。

当时局势对唐朝非常有利，一方面唐将李光弼与郭子仪率军接连大败叛军史思明部，切断了叛军前线与范阳老巢之间的交通线；另一方面，叛军东进被张巡阻于雍丘，南下又被鲁炅阻于南阳。安禄山腹背受敌，一度打算放弃洛阳，回老巢范阳固守。

若是果真如此，就不会有马嵬坡之变，也不会有《长恨歌》传世了。

但在奸相杨国忠的谗言下，唐玄宗害怕哥舒翰拥兵自重，成为安禄山第二，不断催促他出关与叛军决战。

哥舒翰知道皇帝已经不再信任他，如果再拒守不出，肯定死得很难看，只得带二十万大军出关。

叛军潜锋蓄锐，引诱唐军弃险出战。决战之际，又假装不敌，引诱唐军进入埋伏圈，使哥舒翰遭到平生未有的失败。

二十万大军，仅剩八千人。哥舒翰常胜将军的声名付诸东流。他被属下劫持，投降了叛军，后来屈辱地跪倒在安禄山面前，被当成劝降其他唐将的棋子。

劝降不成，他又遭囚禁，最后被杀。叛军过了潼关，一举攻下长安。大唐盛世至此急转直下。

这样的例子，在每个朝代都能找到一模一样的，历史滚滚向前，不信任周而复始。

信任是连接人与人之间的纽带，是因相信而敢于托付。

对人类社会而言，信任如同空气一样不可或缺。如果没有最起码的信任，我们的生活就寸步难行。当你买菜时，卖菜的小贩绝不敢把菜先递给你，你恐怕也无法证明扔到钱匣子里的钱就是你的；当你跌倒时，也没人敢扶你，因为别人不能确定你是否会讹上他。

而信任能够为人们交往中的这种不确定性提供一种较为稳定的心理预期，成为整个人类社会的黏合剂。

在海洋世界看动物表演，太精彩了，精彩到使人们几乎不相信自己的眼睛。海豚一齐在碧蓝的海水中跃出，随着音乐跳舞。特别是白鲸，深情地与人上演了人鲸之吻，并让驯养员骑在鲸背之上，在海水中游动。

人们很奇怪：这样聪明的动物是怎么驯养出来的呢？驯养员说："我们几乎一天十二个小时待在水中，要尽量多地和它们在一起，和它们交朋友，它才能真正地感受到你的爱，才能信任你。"

面对一些社会失信现象，很多人批评不守诚信、破坏信任的行为。批评固然是一种力量，但如果在批评别人不守信时，自己却破坏信任，那么批评便沦为黑色幽默，力量早已遁于无形。

信任的建树，往往不在于别人首先纠正不诚信的行为，而在于自己首先有信任的行动。

不等待

□ [日] 松浦弥太郎 张富玲 译

站在斑马线前，发现朋友刚好在对面，等绿灯亮了，两人都会迈出脚步。也许在过马路途中，朋友也会注意到我。

"你好。"

"最近好吗？"

对方可能会先出声向我打招呼。

也可能不是某一方先开口，而是双方自然地互相打招呼。

但即便如此，我还是想在信号变换之前先开口。

即便还是红灯，即便朋友还没注意到我，我还是想大声地喊：

"你好啊！"

就算引起周围的人群侧目，我还是想这样精神饱满地打招呼。

我们要过马路得等到绿灯亮，但是在与人交往的时候，我一直坚信实际上我们根本不需要"稍微等一下"。

和初次见面的对象开会，或是面对有点儿紧张的对象，双方总是互相刺探着对方的反应。

不过，良好的关系孕育自轻松的状态。

让对方安心，不使对方紧张，和举止礼貌比起来，我想这是更重要的礼节吧。

第一印象尤其重要。

第一次见面时的态度和气氛，会大大地影响到双方今后关系的走向。

对于那些现在我很珍惜的朋友，我仍忘不了和他们第一次见面的情形。双方坦率地卸下心防，互相传达"很高兴见到你"的心情，由此建立起彼此深刻的联系。

所以，我不会等待，总是尽可能主动地敞开心扉。

我总是很愿意将"很高兴见到你"的心情立刻表现出来，坦率地努力将"很喜欢你"的心意传达给对方。

通常，这么一来，对方也会敞开心门。"今后，我们应该可以成为很好的朋友啊"，这种教人开心不已的预感在两人之间微微洋溢着。

不要一味观察对方的反应，等待对方先释放出好感，而是自己先主动。光靠表情和态度，便足以传达很多。

和海外仰慕已久的书店经营者或艺术家、作家见面的时候，我也会做同样的事。

"能见到你，我真的很高兴"，当你在积极传达自己的心意以后，并因此得以打破这种语言的障壁，和对方交上朋友，你会感觉到很愉悦。这种经验我有过好几回。

举个在商务场合用得上的例子。如果是在天气很热的日子，就自己先脱下外套吧。一旦你脱下外套，对方也能自在地脱下。

然后你会发现，穿着外套显得一本正经的人，里面的衬衫可能是可爱的格子花纹，透过这些稍微窥见对方的真面目，以及对方作为一个人的个性、独特性。

不仅限于衬衫，如果能对眼前的人的内在有些认识，彼此都能放心地交往。

即便是交往已久的朋友，在需要深谈严肃的话题时，也要从打开心里的窗户开始。

如果不先确认这一点，我认为就无法深入地进行交流。

其实，不等待，换句话说，也就是"不被动"。

很多时候，"反正对方又没有请我帮忙，我不出手也可以"，像这种畏缩、冷漠的做法，我决心彻底舍弃。

不管是在家庭中，是朋友往来，还是涉及公事，我都不等待对方先开口，而是自己主动发声。

只有拥有这样的勇气，你才有机会遇到好的因缘，才能和重要的人维持深刻的关系。工作上的好机会也会降临。

不等待，即率先行动，积极主动。

这可能需要一点儿勇气，还不习惯的时候你可能会犹豫或觉得羞耻，但请相信，这其中有值得勇敢挑战的价值。

不是等待某人向自己搭话，而是自己先开口。不是等待对方改变，而是从自己开始转变。

明天在斑马线面前，不要等对方开口，自己先大声打招呼吧。

令人窒息的紧张会议，就自己先敞开心胸放轻松吧。

在讨论严肃话题的餐桌上，自己先打开心中的窗子吧。

你要离开的不是朋友圈，而是那个连你自己都不喜欢的自己

□ 鹤本丽琪

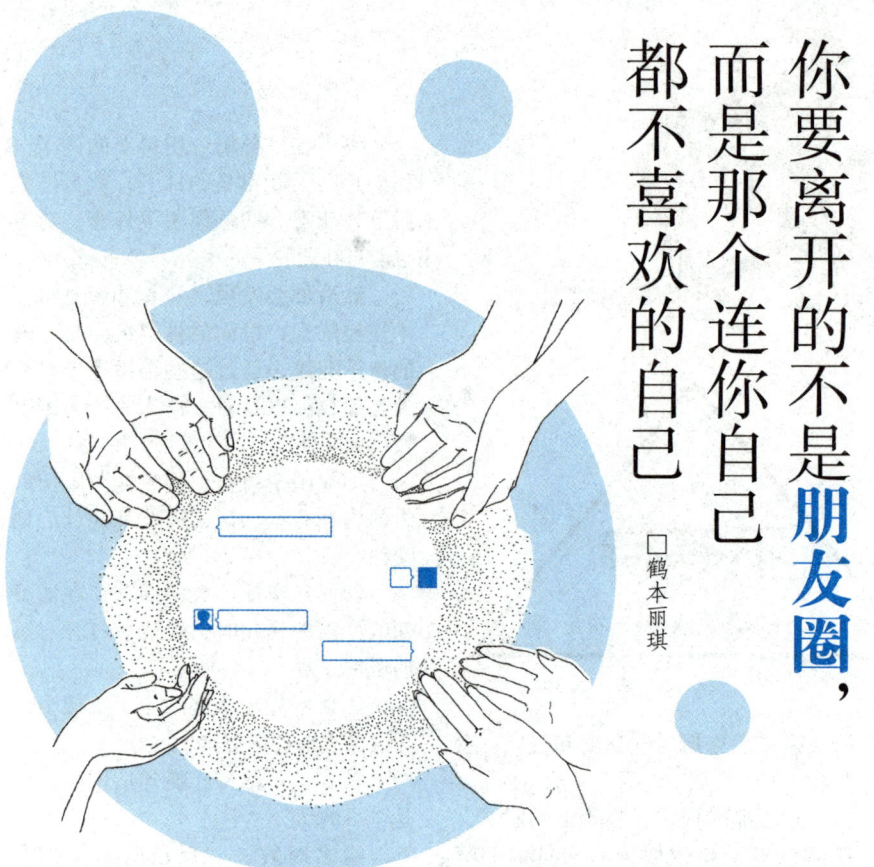

朋友圈就是一个微型中国，社交媒体把社会生活的方方面面浓缩到一个APP上，大面积占用人们的可支配时间。

今年2月份，在京发布的《社交网络与赋能研究报告》指出，身为互联网原住民的青年人，94%的人表示出门不带手机感到很不习惯，超过七成的人通常每隔15分钟至少看一次社交软件。

有人很烦朋友圈，疲于将通讯录里的几千个好友逐一分组；有人为彼此相对、各自低头的现实社交现状感到无奈；有人被24小时on line（在线）的工作群信息闹得睡不安稳、神经衰弱；人人成了低头族，对小屏幕的过度关注以至于出门摔跤撞人的"蒙态"成为常事……

社交媒体成为众矢之的，但如果离开它，你的生活会好一点儿吗？

世界安静了，但你很无聊。

退出你的社交软件，或者索性将

微信，是一种自由选择。没有什么需要时刻在线，唯有生活，以及那些真正重要的人。

你的手机屏幕里社交软件APP颤抖的身影一键删除，其实就是现代隐居。有人可以卖掉北上广的房子，选择去大理生活，安安静静地待着；有人喜欢弄个小菜园，种田栽花，与世无争地自得其乐。

但大多数人不能，就如高晓松可以诗意远方，但芸芸众生通常只有锅碗瓢盆。

认识了好久的人，你没有他的电话号码，只有微信；没了微信，你们就成为不相干的陌生人。

原本可以不带钱包到楼下面包店买早餐，用微信支付还能打个八八折；现在只能默默去ATM（自动取款机）取钱，折回来全额买单。

如果说人类是社会群体，那么社交媒体就是连接现代生活的网络。

社交媒体正在全方位渗透我们的生活，连接一切，连接我们。作为中国最大的社交软件，七成人都在使用微信。这意味着，如果你不使用它，你就自绝于人群。

社交时代病，应该由谁来买单？

找不着手机时惊慌失措，人人恨不得把手机植入体内，使之成为我们的"器官"。耐人寻味的是，我们对待自己的任何一个器官的关切，都不如这个"机械器官"来得频密。

退出微信12小时，是一场生活方式的视频实验——关于社交网络时代病，我们需要反省的，不是"连接"，而是"连接过度"。

微信是一种辅助，利用它可以让我们更快地相遇、更方便地联系、更深地了解、更好地掌握彼此的动态。过度连接，挤压了真实的空间。"屏社交"的最大魅力，是与真实的人无障碍地接触和交流——与朋友鲜活交往、与伴侣用心相处、与家人真诚陪伴。

适可而止，方见初心。

速食爱情见怪不怪，"加个微信呗"比"网恋"炫酷得多。有一种恋爱叫一起玩手机，如果没有微信，又当如何在一起？爱情太快，安全感很慢，从微信开始了解，也需要从生活开始了解。

电话摆在手边，让你的心思没有空间装下旁人，哪怕是最重要的人。控制社交软件强迫感，才能明白自己忽略了什么，真正重要的是什么。

从前表达内敛，一辈子不曾说过"爱"，在微信上慢慢练习，然后把微信对话框放在一边的时候，终于也能面对面说出口。

好朋友好久没有联系了，突然看见她发的家族照，已经生了个宝宝。

感觉身体被掏空，打电话诉苦太打扰，于是在闺蜜群里抱怨，大家就开始扯淡……

许久不见，可我了解你——这就是社交媒体的魅力。

微信，是一种自由选择。没有什么需要时刻在线，唯有生活，以及那些真正重要的人。

过得**有趣**不如过得认真

□yoxi

王小波说："一辈子很长，要和有趣的人在一起。"所以大家都努力使自己看起来有趣，因为"有趣"几乎变成了对一个人的最高评价。

但是怎么办，我好像生来就是一个无趣的人。

我有时晚睡，有时赖床，每天按时吃饭，经常吃咖喱鸡块饭，并不是因为它有多美味，而是因为它不太贵也还算有点儿好吃。有几个关系不错的朋友，一个氛围良好的家庭，每年去一个地方旅游。别人抱着吉他登上舞台唱歌，我有时去看，有时不去，周末泡在图书馆看封面摇摇欲坠的加缪全集。

后来又去看王小波，看冯唐和高晓松，借了大冰的书来看，愈发觉得自己没趣起来。

书里他们仗着吉他和酒精行走天涯，在高山和平原遇见不同的姑娘。有人揣着一千块在厦门闯荡得风生水起，有人在欧洲把陕西老农编的草鞋卖出高价。去帕劳潜水，去南极过年，或者从小城市到大城市摸爬滚打很多年，终于认识了三四万个豪爽有趣的朋友。

我看得热血沸腾，几乎想立马抛下一切从零开始闯荡这片风云诡谲又色彩斑斓的江湖，第一步就是打个电话回家："妈，今年咱去加德满都或者雷克雅未克过年吧？"

可是细想一下，我突然发觉，比起冰岛，过年时我更喜欢家里的冰箱。满满当当地放着鱼、肉、蔬菜和饺子，除夕夜一家人坐在灯光明亮的客厅里，嗑着瓜子看春节联欢晚会。

可能有时候我们无法抛下一切去理想主义地环游世界，可能那些始终流浪的诗人心里有我们所不能承受的故事，可能一圈一圈走下来，还是觉得童年楼下那家面馆的辣酱最为好吃。

豆瓣上的一个人讲，生活不只诗意化的远方，更重要的是如何苟且。生活不只酒精、吉他和妞，还有母亲的皱纹、父亲的白发和千里奔丧。竟觉得残酷又中肯。

前段时间一部叫《小森林》的电影刷爆了朋友圈，分成春夏秋冬四篇，没有情节，就是一个女孩种菜，做菜，然后自己吃，有时请朋友来吃。她天晴就出去劳作，下雨就在家里烤面包做果酱，甚至很少出小森村。

大家就耐心又平静地看完这四个多小时电影，甚至还想再看下去。番茄，小雨和风，锅，木勺和玻璃罐，这些平庸的物什这样看起来，竟也有几分可爱与美好。所以就这样认真地一直无趣下去罢了。

前几天好友阿潇突然问我："我织了几双手套，给你寄一双呗？"

然后发给我图，墨绿色的线织手套摆在她的桌布上，不是很精致，却有扑面而来的家常的温暖气息。我一下子又开心又羡慕。羡慕她总是可以把日子过得这么叫人欢喜。

其实她也不算有趣的那一类人吧，中规中矩地念书工作，与大学同学结婚，有时会出去旅游，在凤凰看一块印花蓝布能看大半天。但我还是喜欢她的生活。

住在阳光灿烂的丘陵，每年出去旅行一次，应该不算有远方。但她会穿好看的裙子去，认认真真地拍照，洗出来挂一面墙。

她也不会写诗，但她会慢慢学着酿好喝的果酒。午餐的时候铺好亚麻桌布，倒一点儿出来喝，心情都会悠扬起来呢。

有目标的人在奔跑，没目标的人在流浪

考试和马拉松

□ 薛 涌

我一贯反对应试教育，但也强调：留美最要紧的两大件，一个是托福，一个是SAT（学术能力评估测试）或ACT（美国大学入学考试）。

一位前学生的家长事后曾向我吐真言："薛老师，你的教育理念我一直非常认同，但我还是憋在心里一句话：孩子总要考SAT，那你为什么没有直接教呢？"

最近新收了几个学生，都是应试教育的受害者。他们的症状很相似：刷了两年题，越到最后分数越不涨，甚至偶尔还有回落。

这群孩子，虽然最终也被美国大学录取了，但内心充满恐慌。因为他们都知道自己根本无法阅读。

直到他们在我这里一字一句地训练两个月后，才豁然开朗：原来英语是可以这样慢慢学会的！他们无不懊悔过去浪费的时光。

为什么？

因为时下的大部分应试培训都是错误的。我们这种不应试的教育，反而为考试做了更好的准备。

这里有一张底牌，是你在培训部门几乎从来听不到的。这就是训练周期！

我们这些老师当年也是一路考出来的，否则走不到今天。

同时，我自己是个非常投入的长跑爱好者，半马经常在波士顿地方比赛的年龄组夺冠。

后来，时间长了我发现：马拉松和考试，有异曲同工之妙。

马拉松把训练分成三个周期。

第一个周期最长，是打基础阶段。大原则就是尽可能增加训练里程，使身体适应长距离的耐力挑战，哪怕速度慢一些也没有关系。

第二个阶段，是参入速度。毕竟，高水平的马拉松比赛速度相当惊人，没有速度，耐力再好也赢不了。

最后一个阶段，则是赛前调试，要把状态按照比赛的日程调整好，保证比赛日处于高峰期，发挥得淋漓尽致。

刷题应试，其实就相当于最后的赛前调试。你打听一下世界各种项目的顶尖运动员，哪个会一天到晚地赛前调试？

相反，我们听到很多"比赛过度"的说法，即一些大牌运动员，图大奖赛的奖金，一天到晚环球征战，最后疲惫不堪，水平大跌。

回头看看中国的应试。

有些家长，会一年内给孩子安排三次SAT或托福！每次考试，总有一两个月的准备时间。这些时间加起来，就挤占了大量正常读书时间。难怪有些学生会说：现在真是忙得没有工夫读书！就像一个过度比赛的运动员会在关键赛事上失败一样，一个过度考试的学生，真到节骨眼上往往缺乏良好的表现。

我们的阅读训练，则非常类似于马拉松的三段式训练周期。

第一阶段属于基础训练：读得长，读得慢。读得长就是大量阅读。读得慢也易理解，起步阶段，底子很薄。新单词层出不穷，每个单词可能有十几个或几十个常用意思，都需要掌握。

另外，四五行的长句子，要拆开来揉碎了分析，然后重新组装起来。这么分析上千个句子，语感就出来了，现场碰到长句一下子就能看懂。但要掌握所有这些，怎么可能快？

我们的第一阶段训练，覆盖了训练的大部分时间。第二阶段才适当规定时间框架，要求一些速度。

最后一个阶段，就是赛前调试。我们推出一个新概念，就是"倒计时准备"，保证严丝合缝地在考试那天把状态调整到最佳。

怎么倒计时？我们承认刷真题是最好的赛前调试。假设只有十套真题，你两天消化一套，那么就是需要二十天时间。所以，你最好在考前的二十三四天开始倒计时调试，到考前三四天时把真题全部消化完，最后几天总结归纳自己的弱点，有针对性地复习。

那么，这几个阶段哪个阶段最重要？

当然第一阶段最重要。因为那是培养实力的阶段。

想想看，百米冠军现在世界上当数博尔特。他赛前不调试，也能赢大部分比赛，因为人家底子在那里。你一个最快就跑12秒的，再怎么赛前调试，你没有基础，还是没有赢的希望。

你会聊天吗

□ 四四

这是个多主观的问题。不过它却有个客观的标准，就是你周围的朋友们喜欢跟你聊天吗？第一次见面的陌生人，喜欢跟你聊天吗？偶然在等电梯时遇到的半熟不熟的人，喜欢跟你聊天吗？

就是因为成人的天太难聊了，才应运而生如今热门的网络"哈哈党"，就是无论对方说什么，都用"哈哈"两字回应。

"我太郁闷了！""哈哈。"

"你说这些人是不是怪胎？""哈哈。"

"如果是你，你怎么做？""哈哈。"

只要我不把"话瓣"掉地上，随我"哈哈"，既不表露真正的态度，也逃避各种询问。果真是"无敌接话神器"。

坊间相传的这类"神器"还有："可不咋地""这样子啊""真的呀"……

市面上，那种教人"会讲话"的书，永远是畅销书。只是读完之后，不会聊天的依然不会聊天。因为"接话"神器偶尔用用可以，但是，如果让人发现了规律，只会觉得你在敷衍应付，反而一点儿也不可爱。

我认识的一位老大夫，年逾花甲，和蔼可亲。每当在路上碰见，90%的时候都会特别真诚地问我："吃了吗？"哪怕是刚从厕所里出来碰见……

但因为她的表情语气都相当"关心"，以至于我还真觉得受到了关心。但时间长了，我发现每次碰到她，都要被问"吃了吗"，于是老远就准备好了答案……

同样地，和抬头不见低头见的人偶然遇到，我们大都会聊"今天的服饰""今天的天气"或者"胖了瘦了""气色如何"……但如果相处的时间超过5分钟，一般这种寒暄的话题就撑不住了，就得赶紧搬出重大新闻——"你说马航到底去哪儿了？""俄罗斯的仗还打得完吗？""你知道哪里哪里爆炸了吗？"

实在没新闻聊了，还有一个特好用的话题，就是聊"共同认识的人"——那个谁谁，她最近怎么样了？我记得她之前去非洲旅行了……这种聊别人，不仅可以让自己不被聊，还能让对方特别开心话题不断地和你聊下去。这就是"讲八卦"的无穷魅力。

其实不得不承认，我们并不是多关心别人的八卦，以及时事要闻，而是为了让自己变得"会聊天"而已。但一次，我和一个职场前辈在"聊别人"时，她在一旁玩耍的孩子，忽然抬起头跟我们说："你们大人真无聊。"

我们果真是无聊的大人。当我们以为自己精通了所有"捧哏"的技巧后，却发现自己每天90%的时间，都是在聊"无聊"的话题。从不走心的，嚅动着嘴唇，扪心自问，我们到底已经有多久没在用心聊天？

其实，和你聊这些的人，没有一个是真正关心你的。大多数人都是为了"会聊天"，所以，如果你真正想和他们聊起来，比如你真正所想的三观，那你必然成为"话题终结者"。

话不投机半句多，真正能走心聊天的那几个"同类"，把他们区分出来就好。

这是作为成人，在聊天这件事面前，必须要有的觉悟：

60%的聊天不必认真，一边聊还可以一边玩手机，使用接话神器就搞定。30%的聊天，要由着对方的动机，把他们当客户，不要碰价值观，这其中也会偶然包括至亲的人。5%的聊天，是不经意碰上的，一见如故，一聊真心，请珍惜这短暂的言语释放机会。而最后的4%，需要你特别管理，那三四个知心聊友，见他们可要为聊天约个局，专时专用且定期说说真心话。

最后神奇的1%，恐怕就是你内心的自白了。算起来，可以说它占1%，辩证地看，其实占99%，我们都是在和自己聊天。

做一个会聊天的人，恐怕除去社交的部分，剩下的，依然是你自身，是否是个和谐的大人。

有句话不知当讲不当讲

□ 罗伟

朋友有时会以这样的方式试探我："有件事情不知应不应该对你说。"我一听,就想起电视剧的台词"有句话不知当讲不当讲"。接下来对上的台词是"请讲"或"我不会介意的"。但我不喜这样的接头方式。一听话头不对,我便说:"不听。"

但是,对方并不买账。既然起了这个话头,他是不会把嘴边的话硬生生地吞回去的。在几经铺垫之后,他还是把事情跟我说了。我就知道,没什么好事。听了之后,好心情顿时没了。

有很多东西,说出来是无关痛痒的。说出之后非但不能改变现实,反而给人凭空添乱。比如,有人在背后诋毁、中伤你。你原本对那个人的禀性了如指掌。听了那一番话之后,你既不能改变现实,又不能对别人进行"打击报复"。所以,这样的话,听来何益?只能把自己的心情和生活弄得一团糟。特别是"解毒"能力不强的人。心本就善,又担心自己是不是做错了什么事,给别人添了麻烦,害得别人这样说自己。左思右想,辗转反侧,一夜无眠。所以,背后说人坏话定然不妥;那么,背后听人坏话,又有什么必要呢?

如果你的一位朋友和女友分手了,他用了好长一段时间才平复内心的情绪,开始变得平静下来。

有一天,你在街上看到了他前任女友,并且,和另一个男人走在大街上。你会不会回去很神秘又有点儿八卦地跟他说"有一件事情不知应不应该告诉你"?最后,你还是忍不住把你见到他前女友的事跟他说了。你把他前女友的身形打扮,把她在街上的欢乐幸福,把她的每一个细节都描摹得一清二楚。你生怕他想不起她的一颦一笑,你生怕他想不起她生活中的每一个细节,还是你生怕他想不起他俩手牵手走过的朝朝暮暮?

虽说你并无恶意,你只想告知他前女友的信息。但是,你毕竟做了一件坏事。就像一面动荡的湖,好不容易平静下来了,你却给它投下了一颗大石子,弄得水花四溅,波浪动荡。你于心何忍?分开就分开,相濡以沫,不如相忘于江湖。过了就过了,有些事情,不必再提及。提起非但无益,反而会给别人带来困扰。

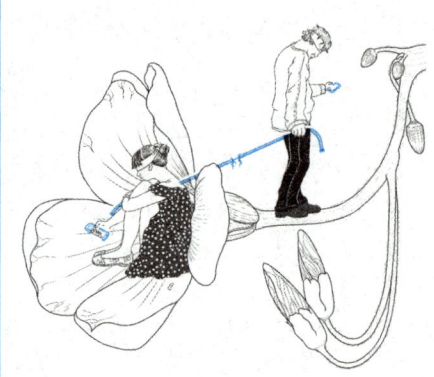

日本的委婉

□ 刘润生

有一天,我炒菜的时候忘记开油烟机了,一位叫则子的日本朋友看到之后委婉地说:"是不是油烟机坏了?"我说:"噢,是我忘记开了。"刚伸手要按按钮,则子跨步过来帮我打开了油烟机,说:"太好了!没有坏呢。"我跟她说谢谢之后,则子眉开眼笑地对我说:"先生做的菜很香,所以让油烟机把这些香味送出去,让邻居们也闻一闻。"我顿时被她折服了。

与其他语言相比,日语最大的特色就是暧昧和委婉了。

在日本,关于暧昧有一个很经典的故事。夏目漱石在东京大学做英语教师的时候,有一次让学生翻译"I love you",学生把"I love you"直译成"我爱你"。夏目漱石看了之后说日本人是不会这么说的,应该意译为"月色真美啊"。

在日本的外国人无法体会日本人这种话中有话的暧昧。比如上司要辞掉一名员工,他不会直接说:"你明天不用来上班了!"他可能在员工要下班的时候,一脸和气地对员工说:"辛苦了!一直以来,你为公司做了这么多事,我们真的非常感谢你!"或者说:"公司最近任务不是很多,以后你不用天天来上班也可以哦!"

日本人生气的时候也不会直接把脾气发泄出来,所以钝感的外国人可能无法察觉对方是否生气,相反,还觉得大家相处得一团和气。

但在日本人和日本人之间,他们通过"读空气"就知道对方是否生气了。

曾经看过几位日本朋友用中文和日文分别表演同一部话剧,话剧中有一个上门讨债的情节。在中文版的这个情节中,两位演员已经吵翻了天,日文版的两位演员却好像在正常聊天。我问那位演上门讨债的日本朋友更喜欢哪一种版本,他说喜欢中文版的,因为可以把自己的情绪发泄出来。

日本人的暧昧有时候是一种教养的体现,有时候也会导致对问题的模糊处理,没能直捣问题本质。如何做到"和而不同,斗而不破",对于日本人来说这一直是一个让人苦恼的问题。